U0004904

德國旅行家

10大城市自助行＋商務旅行攻略

作者◎林呈謙

魅力德國 GERMANY 想像無限

~~一生必訪歐洲大國・音樂家與哲學家的故鄉~~

深度・品味

- 德國小精華10天
- 德國全覽18天
- 德國經典13天
- 北德傳奇12天

德國旅遊第一品牌 上選旅遊
台灣唯一深耕德國25年
02-2712-5511
www.sunchoice.com.tw
交觀甲5647 品保北0910

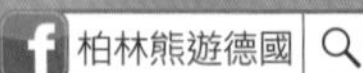

目錄 CONTENT

地圖索引

作者序

德國是歐洲人口最多的國家，也是歐盟最大、最重要的經濟體，其壯大的經濟實力，在汽車、機械、電子、光電、化工、自控設備、精密儀器等相關產業皆表露無遺。數百年來，德國便以其在歐洲中心位置的地利優勢，舉辦無數的工商展覽，創造出無限的商機。

德國各辦展城市間彼此互相學習、競爭，基礎建設和交通建設都十分完備。德國人有務實、誠實的態度，因而能提供詳實的資訊，且各地物價平穩，又是一個工商繁榮、經濟發達的現代化國家，只要適應一下，一定可發現，在德國旅遊的邏輯其實相當簡單，每個城市都有許多共通點與一致性，而且許多公共設施都十足為商務人士著想，難怪世界各地的各行各業，願意齊聚德國參展。

在觀光旅遊方面，德國的自然景觀、歷史文化與人文風情，樣樣令人著迷。更可喜的是德國的觀光客還不致太擁擠，加上極為方便的旅遊軟硬體設施，真應該好好利用每一次到德國的機會，來趟輕鬆優質的休閒之旅。

誠心盼望大家在本書的德國十大商展城市及周邊景點都能「行得順暢、吃得美味、買得開心、玩得愉快。」祝福旅途中的工作、遊憩，以及生活品質都可順利成功並提升。

本書花費很久的時間準備資料，但難免有疏漏，懇請各界先進賢達不吝批評指教，也希望讀者大眾賜予熱情的支持與鼓勵。

由衷感謝！Herzlichen Dank!

有了以下各界的支持與協助，本書才能順利誕生：教我德文的老師們、不斷給我支持的讀者們、在德國照顧我的友人們、一直鼓勵我的家人們、不辭辛勞的出版社夥伴們、在旅途中給我協助與扶持的同事們、鼎力提供照片的朋友們等。

關於作者　林呈謙

林呈謙，彰化田中人，畢業於台中一中、國立中興大學、美國密西根大學機械工程碩士，之後再到德國斯圖加特大學進修，並在德國工作。2001年回國後，在竹科高科技公司服務，2005年再赴德國，2006年取得柏林經濟應用大學歐亞企管碩士，回國後服務於科技業，樂於擔任亞洲與歐洲溝通之橋樑。

從小因接觸古典音樂及樂高(LEGO)積木而對歐洲產生濃厚興趣，高中、大學時代不斷學習德文，後又在德國旅行、留學、工作、

生活，對德國有了深刻的了解。本著想與國人分享德國且基於射手座對旅行的熱愛，過去十餘年來撰寫並出版《開始在德國自助旅行》、《柏林活頁書》、《開始上網省錢遊歐洲》(皆為太雅出版)、《德國商務休閒之旅》(上旗出版)等書。將多年蒐集並更新的資料及數十次赴歐商旅之心得，以十大商展城市為基礎，針對自助與商旅的需要精心編撰，加上太雅出版社的細心編輯，終於完成這本內容豐富、實用的旅德書。

←我的歐洲啟蒙老師——樂高(LEGO)

編輯室提醒

出發前，請記得利用書上提供的Data再一次確認

每一個城市都是有生命的，會隨著時間不斷成長，「改變」於是成為不可避免的常態，雖然本書的作者與編輯已經盡力，讓書中呈現最新最完整的資訊，但是，我們仍要提醒本書的讀者，必要的時候，請多利用書中的電話、網址，再次確認相關訊息。

資訊不代表對服務品質的背書

本書作者所提供的飯店、餐廳、商店等等資訊，是作者個人經歷或採訪獲得的資訊，本書作者盡力介紹有特色與價值的旅遊資訊，但是過去有讀者因為店家或機構服務態度不佳，而產生對作者的誤解。敝社申明，「服務」是一種「人為」，作者無法為所有服務生或任何機構的職員背書他們的品行，甚或是費用與服務內容也會隨時間調動，所以，因時因地因人，可能會與作者的體會不同，這也是旅行的特質。

新版與舊版

太雅旅遊書中銷售穩定的書籍，會不斷再版，並利用再版時做修訂工作。通常修訂時，還會新增餐廳、店家，重新製作專題，所以舊版的經典之作，可能會縮小版面，或是僅以情報簡短附錄。不論我們作何改變，一定考量讀者的利益。

票價震盪現象

越受歡迎的觀光城市，參觀門票和交通票券的價格，越容易調漲，但是調幅不大(例如倫敦)，若出現跟書中的價格有微小差距，請以平常心接受。

謝謝眾多讀者的來信

過去太雅旅遊書，透過非常多讀者的來信，得知更多的資訊，甚至幫忙修訂，非常感謝你們幫忙的熱心與愛好旅遊的熱情。歡迎讀者將你所知道的變動後訊息，善用我們提供的「線上回函」或是直接寫信來taiya@morningstar.com.tw，讓華文旅遊者在世界成為彼此的幫助。

太雅旅行作家俱樂部

如何使用本書 How to use

精選十大商展城市為基礎，輔以商務順遊，再加上周邊城鎮之路線行程，帶你領略最完整的德國風貌。

美食血拼特搜

德國物美價廉，美食包羅萬象，該吃什麼、買什麼，看這裡準沒錯！

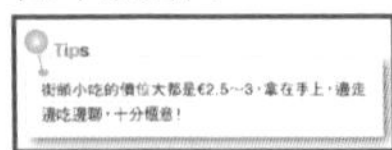

TIPS：作者親身體驗的旅遊撇步、貼心小提醒。

旅行小抄
旅人最愛！各種口味三明治

街上也有各式魚類、蝦類的海鮮三明治以及炸海鮮點心盒，Schlemmeyer熟食店則是以肉類三明治最具有代表性，美味的大塊豬肉切片夾在麵包中，令人難以抗拒。

各種三明治排排站

旅行小抄：城市地圖詳列出主要景點、餐廳、和購物街區等，規畫路線更有效率。

精采商旅

獨家分享商務安排祕技，更提供全年商展資訊整理，為旅行做足萬全準備。

交通資訊

機場聯外與市內交通之路線及購票介紹，附上各城市地鐵詳圖供站點查詢。

城市巡禮

作者以自身多年旅德的見聞與經驗，為讀者導覽各城市豐富的歷史文化。

城市地圖詳列出主要景點、餐廳、和購物街區等，規畫路線更有效率。

推薦景點

介紹經典的必訪景點、獨家推薦景點，以及藝術文化勝地、名人朝聖之地等，皆有詳細的DATA資訊。

知識充電站
何謂日耳曼

德國人的德文是die Deutschen(英文：the Garmans)；日耳曼人則是die Germanen(英文：the Germanic people)。日耳曼人在中古時代生活於歐洲中部與北部，西元4～7世紀民族大遷徙之後，已沒有所謂的純日耳曼民族了，其後代遍布在德國、北歐、荷蘭、奧地利，甚至英國。

知識充電站：告訴你關於德國的文化歷史小知識。

美食、購物

以街區分類推薦購物和美食，附上最近地鐵站資訊，可依自己的喜好安排每日路線。

住宿概況

以常用交通工具分層，介紹各種住宿，可依主要的旅行範圍做選擇。

德國旅遊錦囊

全德通用的旅遊資訊都在這裡，滿足旅途中的食、衣、住、行、育、樂所有需求。

近郊觀光

從十大城市出發，規畫適合各種旅行風格的1～2日遊路線，讓你深刻感受德國的在地風情。

近郊專屬BOX

透過【更多其他景點／城市周邊延伸】，提供多元的行程選擇。

本書地圖icon說明

- 商展場
- 景點
- 購物
- 旅館
- 餐飲
- DB 德鐵 Deutche Bahn
- S 通勤列車 S-Bahn
- U 地鐵 U-Bahn
- 機場

本書icon說明

- 地址
- 電話
- 交通
- 地鐵
- 營業時間
- 票價
- 網址
- 公休日
- 地圖
- 注意事項

認識德國

歡迎來到德意志聯邦共和國！

Willkommen in der Bundesrepublik Deutschland (BRD)!

無論是休閒旅遊或是商務參展，德國是一生當中一定要來造訪的國家。

就工商業而言

這裡有最傳統但運用現代手法的農業、工業，也有最先進最精密的高科技產業及繁盛的商業與服務業。而無數各式各樣的工商大展，將各國人士齊聚一堂，讓你拓展商機、開闊視野。

就人文藝術而言

德國歷史悠久且位於歐洲心臟的地理位置(擁有9個鄰國)，孕育出多元、包容的特性。其文化遺產之豐富，城堡、宮殿、老城遍布全國；古蹟、博物館、音樂廳隨處可見，少有國家可比擬。

就自然環境而言

德國人注重生態及環保，青山綠水永續不絕。南方的阿爾卑斯山、西南方的黑森林，加上萊茵河、多瑙河、易北河等大河，以及迷人的波登湖、蒂蒂湖、國王湖等，還有蒼翠的丘陵，如哈次山、巴伐利亞森林，乃至於北方的海濱，景觀變化如此豐富，怎不令人陶醉？

就旅遊品質而言

全德旅遊設施完善，水準優良且整齊。加上不錯的治安、平穩合理的物價，以及守法守序的民族性，旅途必定十分愉悅安適。

「德意志」所走過的歷史軌跡

萊茵河畔的古堡訴說著德意志悠久的歷史

紅屋頂海散發著濃濃的中歐德國味

歷史上的德意志，是由一塊塊的地區或城邦所組成。二次世界大戰後，傳統上以普魯士為主，亦即德國在奧得河以東的土地，因戰敗成為前蘇聯及波蘭的領土。原美英法占領區在1949年成立德意志聯邦共和國，亦即西德，其後幾年，依照歷史疆域，西德劃分為10個邦，沿用至今。蘇聯占領區於1949年成立德意志民主共和國，亦即東德。前東德地區分為15個區(Bezirk)，1990年，「德意志民主共和國」關門大吉，前東德併入德意志聯邦共和國，亦依歷史疆域劃分為5個邦，統稱新邦(Neue Länder)。

中文簡稱為德國的「德意志」是由德文的「Deutsch」一字音譯而來，德國的德文為Deutschland。這個字構成了一切跟德國有關的字，如德國男人為Deutscher，德國女人為Deutsche。但英文稱德國為Germany；法文稱德國為Allemagne；瑞典則稱德國為Tyskland，足見各民族對德國與德國人的定義分歧。恐怕連現今德國人的祖輩，在德意志統一之前，都未自稱德國人。

16邦國互別苗頭

16個邦輪流舉辦的德國統一日慶祝活動

德國共有16個一級行政區(德文稱Bundesland，簡稱Land，複數為Länder。中文有人稱「邦」，有人稱「州」，但沒有人稱「省」)。每個邦都有自己的歷史淵源、風格、文化和傳統，並有各種方言與獨特性，唯一的共同點就是都對自己的邦國感到自豪。各邦網址為www.德文邦名.de。

德國各地區都有特色，多為古老與現代感並存的風貌

知識充電站

德國人愛鄉重於愛國

由於二次世界大戰的傷痛，使德國人不大敢說愛國，頂多只會說要團結。但德意志民族有很重的地域觀念，過去數百年來，一直是處於大小邦國林立的情況，至今仍會覺得自己家鄉的東西都是最優的，鄰城的種種都不如自己家鄉，可說是愛鄉重於愛國！和德國人互動時，請多讚美其家鄉的食物，以及特產、風景等美好的事物，切忌批評。

迅速掌握 16 邦多元特色

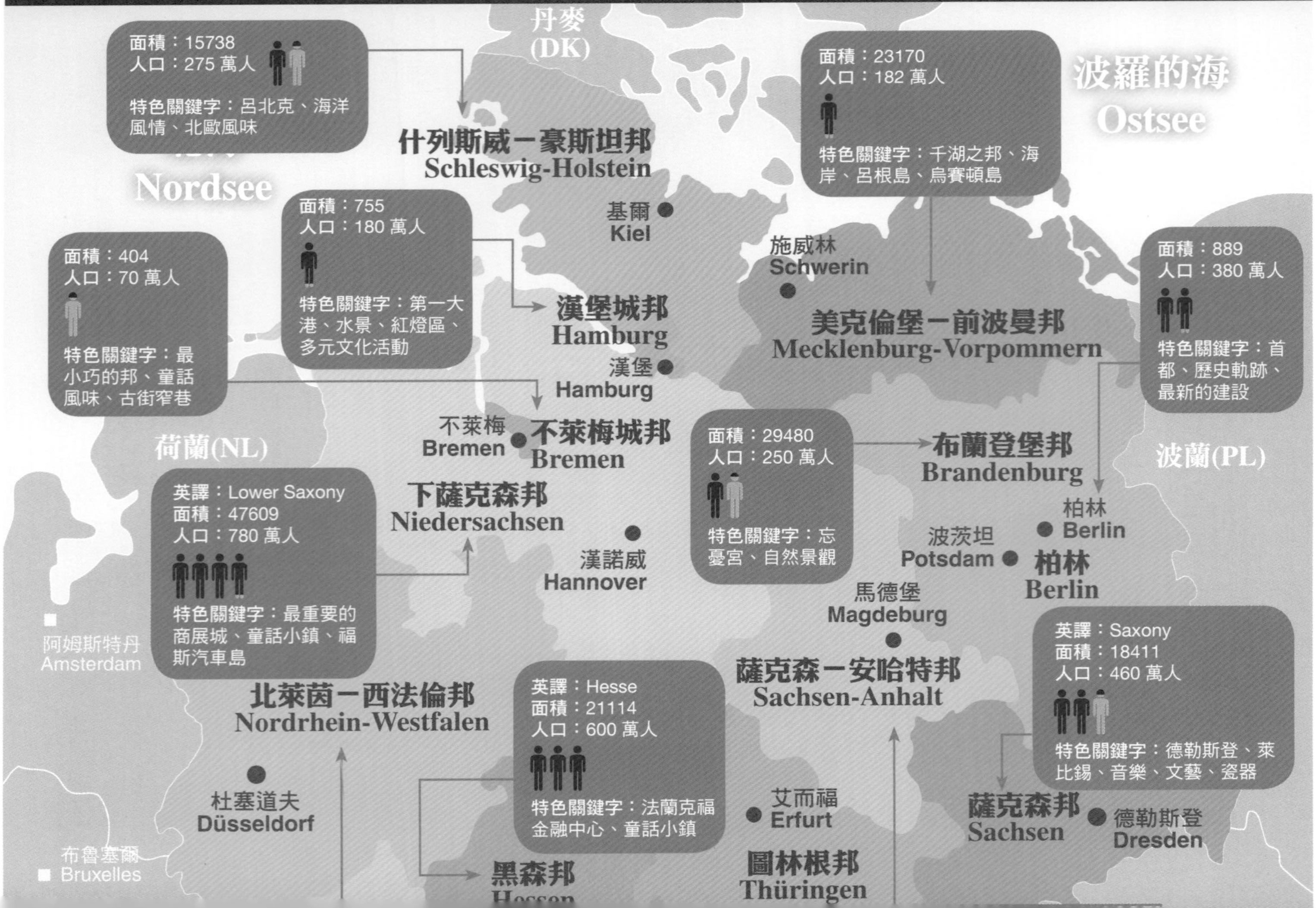

丹麥 (DK)

面積：15738
人口：275 萬人
特色關鍵字：呂北克、海洋風情、北歐風味

什列斯威－豪斯坦邦
Schleswig-Holstein

面積：23170
人口：182 萬人
特色關鍵字：千湖之邦、海岸、呂根島、烏賽頓島

波羅的海
Ostsee

Nordsee

面積：755
人口：180 萬人
特色關鍵字：第一大港、水景、紅燈區、多元文化活動

基爾
Kiel

面積：404
人口：70 萬人
特色關鍵字：最小巧的邦、童話風味、古街窄巷

施威林
Schwerin

漢堡城邦
Hamburg

美克倫堡－前波曼邦
Mecklenburg-Vorpommern

面積：889
人口：380 萬人
特色關鍵字：首都、歷史軌跡、最新的建設

漢堡
Hamburg

不萊梅
Bremen

不萊梅城邦
Bremen

面積：29480
人口：250 萬人
特色關鍵字：忘憂宮、自然景觀

布蘭登堡邦
Brandenburg

荷蘭(NL)

波蘭(PL)

英譯：Lower Saxony
面積：47609
人口：780 萬人
特色關鍵字：最重要的商展城、童話小鎮、福斯汽車島

下薩克森邦
Niedersachsen

漢諾威
Hannover

柏林
Berlin

波茨坦
Potsdam

柏林
Berlin

馬德堡
Magdeburg

阿姆斯特丹
Amsterdam

英譯：Saxony
面積：18411
人口：460 萬人
特色關鍵字：德勒斯登、萊比錫、音樂、文藝、瓷器

北萊茵－西法倫邦
Nordrhein-Westfalen

英譯：Hesse
面積：21114
人口：600 萬人
特色關鍵字：法蘭克福金融中心、童話小鎮

薩克森－安哈特邦
Sachsen-Anhalt

杜塞道夫
Düsseldorf

艾而福
Erfurt

薩克森邦
Sachsen

德勒斯登
Dresden

布魯塞爾
Bruxelles

黑森邦
Hessen

圖林根邦
Thüringen

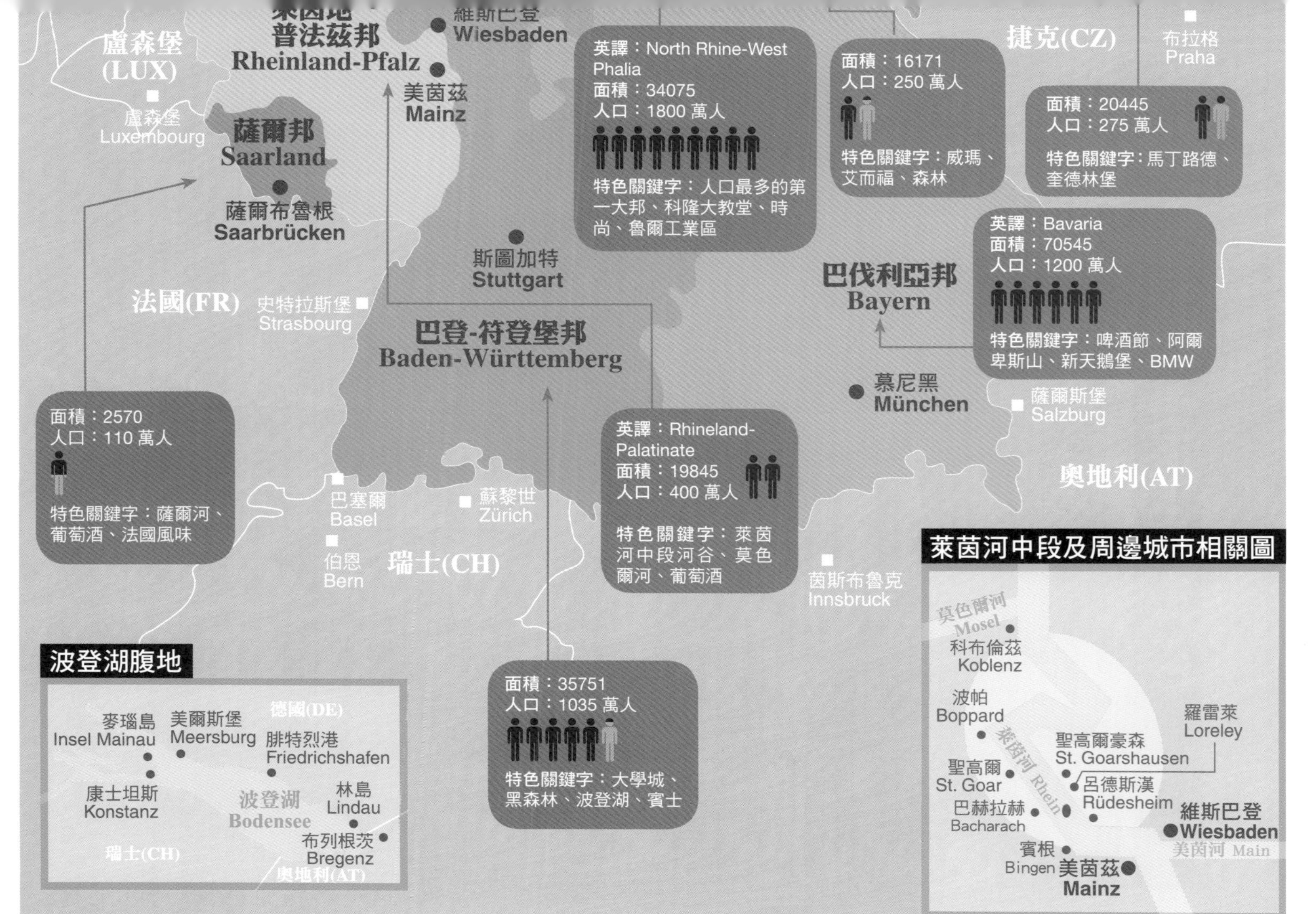

面積單位：平方公里　單位：200 萬人

TOP 10商展大城

若依城市人口由多至少排列，德國前四名的城市皆有百萬以上人口，依序為位在東北南西的柏林、漢堡、慕尼黑和科隆。至於第五大都市，因有約10個5、60萬人口的都市，每個人的説法都不一樣，10大商展城市包括法蘭克福、杜塞道夫、漢諾威、萊比錫、紐倫堡及斯圖加特等，皆為德國的工商重鎮。

知識充電站

城市代號隨處可見

每個城市都有其代號，常見於車牌號碼的開頭，代表該車籍所在城市。若只有一個字母，即為該字母開頭的城市中最大、最重要的城市，例如法蘭克福是F。兩個字母則通常是第二重要或中型的城市，例如德勒斯登是DD。最多到3個字母(小城市)。

斯圖加特的城市代號是S，所以車牌也是S開頭

慕尼黑太陽能光電展

一年一度、號稱世界最大的消費性電子展IFA在柏林

德國全圖

丹麥 (DK)
北海 Nordsee
波羅的海 Ostsee
威斯特蘭 Westerland(Sylt)
呂根島 Rügen
基爾 Kiel
史特拉爾松德 Stralsund
羅斯托克 Rostock
烏塞頓島 Usedom
呂北克 Lübeck
威斯瑪 Wismar
奧得河 Oder
不萊梅港 Bremerhaven
漢堡 Hamburg
斯塞新(什切青) (Szczecin)
易北河 Elbe
荷蘭(NL)
不萊梅 Bremen
沃福斯堡(狼堡) Wolfsburg
波蘭(PL)
波茨坦 Potsdam
奧得河畔法蘭克福 Frankfurt an der Oder
漢諾威 Hannover
柏林 Berlin
歐斯納布魯克 Osnabrück
馬德堡 Magdeburg
埃森 Essen
哈梅恩 Hameln
馬丁路德之城－維騰貝格 Lutherstadt Wittenberg
史普瑞森林 Spreewald
明斯特 Münster
威悉河 Weser
杜伊斯堡 Duisburg
波鴻 Bochum
多特蒙德 Dortmund
德紹 Dessau
科特布斯 Cottbus
薩勒河畔的哈勒 Halle(Saale)
哥廷根 Göttingen
杜塞道夫 Düsseldorf
哈次山 Harz
史普瑞河 Spree
萊比錫 Leipzig
科隆 Köln
萊茵河 Rhein
卡塞爾 Kassel
德勒斯登 Dresden
阿亨(亞琛) Aachen
艾而福 Erfurt
威瑪 Weimar
開姆尼茲 Chemnitz
波昂 Bonn
法蘭克福 Frankfurt am Main
茨維考 Zwickau
比利時(BE)
科布倫茲 Koblenz
波帕 Boppard
維斯巴登 Wiesbaden
拜魯特 Bayreuth
盧森堡 (LUX)
特利爾 Trier
美茵茲 Mainz
美茵河 Main
龐貝格 Bamberg
捷克(CZ)
P.11
海德堡 Heidelberg
威茲堡 Wurzburg
莫色爾河 Mosel
曼海姆 Mannheim
內喀爾河 Neckar
紐倫堡 Nürnberg
羅騰堡 Rothenburg ob der Taube
薩爾布魯根 Saarbrücken
卡爾斯陸 Karlsruhe
斯圖加特 Stuttgart
雷根斯堡 Regensburg
巴登巴登 Baden Baden
根茨堡/樂高樂園 Günzburg/ Legoland
杜賓根 Tübingen
烏爾姆 Ulm
伊薩河 Isar
帕紹 Passau
史特拉斯堡 Strasbourg
福萊堡 Freiburg im Breisgau
霍亨索倫城堡 Burg Hohenzollern
奧格斯堡 Augsburg
普利恩/金湖 Prien a Chiemsee
慕尼黑 München
法國(FR)
多瑙河 Donau
茵河 Inn
黑森林 Schwarzwald
蒂蒂湖 Titisee
康士坦斯 Konstanz
富森/新天鵝堡 Füssen/Neuschwanstein
上阿瑪高/林德霍夫宮 Oberammergau/Linderhof
薩爾斯堡 Salzburg
貝西特斯加登/國王湖 Berchtesgaden/Königsee
波登湖 Bodensee
P.11
林島 Lindau
卡米許-帕騰基爾先 Garmisch-Partenkirchen
巴塞爾 Basel
腓特烈港 Friedichshafen
楚格峰 Zugspitze
阿爾卑斯山 Alpen
奧地利(AT)
瑞士(CH)

德國10大特色印象

沃福斯堡福斯汽車城(VW Autostadt)

慕尼黑BMW World與總部

傲人的經濟實力

德國是歐盟中人口最多的國家，也是最大、最重要的經濟體。舉凡汽車、機械、電子、資訊、光電、化工、自控設備、精密儀器等都有傑出表現，有些項目甚至獨霸全球。最重要的盟邦，在歐洲是法國，在美洲是美國，都是既競爭又合作。在亞洲則與日本關係緊密。近年來中國與印度興起，德國積極與中國及印度交流，不遺餘力。

多元民族大熔爐

在德國隨處可感受多種異國文化

傳統上德國人是日耳曼民族，曾給人排外的刻板印象，二次世界大戰後，自南歐及土耳其引進外勞，其後代多已是德國籍。

來到多元化的德國，有髮型多彩且奇特的龐克族，可能三五成群，或牽著長毛大狗；也有光頭族，常穿黑色緊身衣褲，有些有仇外思想，有些仍崇尚納粹主義。

近年除了南歐債信危機及中東戰亂等問題，自2015年起接納來自中東與非洲部分地區破百萬難民後，儘管全社會努力讓新住民融入，仍引發許多政治問題與社會問題，使得反對接納移民的極右翼勢力與民粹主義頓時竄起，另還有恐攻。德國身為歐洲經濟龍頭，穩定局勢的任務也更加艱鉅。

德國的政治中心——聯邦議會(國會)Bundestag

國會前廣場

成功的政治手腕

德國政局算是相當穩定，第二次世界大戰後，每位西德總理及統一後的每任總理，都曾領導一任至兩任以上，沒有頻換內閣之情況。每位總理都是國際政壇的重要人物，首任總理阿登諾(Konrad Adenaur)穩定戰後東西德分裂的政局，化解核戰威脅，下一任Ludwig Erhard在前任的基礎上，開啟了西德經濟奇蹟。布蘭特(Willy Brandt)以東進政策(Ostpolitik)聞名於世，並向東鄰國家表達二戰時造成災難之悔意。在位長達16年的柯爾(Helmut Kohl)於1990年完成兩德統一，接任的施洛德(Gerhard Schroeder)推動經濟改革，雖未在任內成功降低失業率，但使後任梅克爾(Angela Merkel)享到成果。梅克爾是德國第一位女總理，在她主政下，德國經濟在全歐洲可謂一枝獨秀，並是減輕歐債危機的一大力量。梅克爾之後，德國會如何影響歐洲與全球，將是世界的另一新焦點。

嚴謹的媒體風格

德語區有上億人口，不論電視台、新聞報紙、雜誌都十分豐富且多元。德國最大的兩個全國性半官方電視台是第一台(ARD)及第二台(ZDF)，最大的權威性報紙也有兩個，分別是法蘭克福報(FAZ)及南德報(SZ)。電視新聞的播報風格通常一板一眼、毫不輕佻，娛樂性的八卦新聞會另有專門的節目，不放在正式新聞中；兩大權威報也十分正經、制式，版面以黑白為主。發行量大的雜誌有鏡報(Der Spiegel)、星報(Das Stern)、Focus和Bunte等。

聯邦總理府前常有記者採訪報導

驚人的環保態度

德國是世界上的環保模範國，對土地永續經營的觀念深植民心。最明顯的感受是油價和電費都很貴、寶特瓶退瓶費極高，以及塑膠袋十分少見(在超市需付費購買，價格不便宜)等。垃圾分類更是徹底，住宅區隨處可見白、綠、棕玻璃瓶的大回收桶，在德國生活一定要嚴守規定，否則隨時準備挨老阿公老阿嬤一頓罵。

福萊堡近郊的太陽能社區

德國無石油資源，近幾十年來致力發展再生能源，舉凡太陽能、風力發電、地熱(Geothermal)、生質能(Biomass)等領域之技術開發與實際應用皆居世界領導地位。

德國大學歷史悠久且不斷創新，此為柏林洪堡大學

福萊堡大學現代造型的圖書館

印象6 獨樹一格的教育學制

德式教育在世界上自成一格，並影響其他周邊國家。傳統上，小學4年後便需決定要往技職或學術方面發展，技職教育為5或6年的中學，加上約3年的職業教育；學術方面則要唸9年高中，畢業前有Abitur大考，依成績申請大學。大學入學的年紀為我們的大二，至少需5年才能拿到學位，理工學位為Diplom，文法方面為Magister，唸出來己比我們的碩士(Master)畢業生的年紀還大。所以可說傳統的德國學制沒有學士，而是只有碩士學位。至少還需再4～5年，才會拿到博士學位(Promotion)，頭銜為Doktor。工商科系的博士生跟業界常有合作，畢業後可直接進入業界。

欲到德國留學，需有長期抗戰的準備，擁有國內學士學位者，需3～6年才能唸到學位；若擁有國內的碩士學位，通常需5年可拿到博士學位，皆是低學費的制度。近年來德國也有教育改革，各邦的時程年限制度有些不同。且有越來越多大學開辦國際學程(International course)，學位名稱為英美制度的Bachelor(學士)與Master(碩士)，也有用英文教授經濟、MBA方面的課程，約一年半後取得學位，但這種課程不是低學費的。留學詳情請洽德國大學網站與台北德國文化中心。

休閒度假也要認真安排

德國是經濟、科技大國，但非超時加班大國。相反地，如同歐洲其他國家的人民，他們十分重視休閒生活，每個人一出社會，不分階層，每年即有30個工作天的假。大多數的人會在冬天滑雪，夏天奔向海島，除了外出旅行，居家休息、整理花園，亦是常見消磨時間的方式。平時週末年輕人常見的活動是到pub狂歡。

隨處可見的休閒庭園

德國北部的烏賽頓島海灘是很熱門的度假勝地

印象8 愛書者的天堂

鼎盛的出版業造就書香社會

德國書籍品質精良、印刷精美、資訊豐富、圖文並茂，看德文書真的是一種享受。高品質並不代表高價位，幾乎每家書店天天都會有許多特價書籍，有些可能超便宜，最值得採購的包括地圖集、圖鑑、年鑑、旅遊圖書、食譜等。

印象9 運動場上熱血沸騰

德國是眾所皆知的運動大國，前東德的魔鬼訓練，曾在多次奧運中得到僅次於蘇聯、比美國還多的獎牌；西德則以俱樂部同好的方式，一起運動並參與訓練，在國際體壇各領域，亦有不錯佳績。冬季運動是德國的強項，自90年代以來，在冬季奧運屢屢超越挪威及俄羅斯而成為冬運盟主。一般民眾的運動風氣極盛，運動場館的建設十分普及。德國男人最熱衷的運動莫過於足球，全民幾乎都是出生後開始會跑就會用腳踢球。德國足球隊的輝煌歷史，大概只有巴西能與之抗衡。德國曾得過4次世足冠軍，多次亞軍；歐洲盃亦有3次冠軍。當然也有表現不好的低潮時刻，但通常都能很快反省改進而復興。

柏林街頭粉絲觀看足球賽並慶祝勝利

印象10 孕育音樂才子的搖籃

德國在古典音樂上的輝煌成就以及音樂廳、歌劇院的普及程度，少有國家能與之比擬。許多城市都可找到相關著名音樂家的故鄉或故居博物館朝聖：

漢堡(P.138)：布拉姆斯
波昂(P.102)：貝多芬
哈勒(P.230)：韓德爾
拜魯特(P.247)：華格納
萊比錫(P.214)：巴哈、孟德爾頌、舒曼、李斯特
奧地利薩爾斯堡(P.274)：莫札特

除了古典歌劇，現代劇場也是到處林立，大型音樂劇的殿堂則在柏林、漢堡、斯圖加特，斯圖加特之芭蕾尤其著名。

德國的美術館也都很有看頭，各類博物館的密度更高居世界之冠。

音樂方面，年輕人多崇尚美英的流行文化，而許多德國人的最愛是甜美的民俗音樂(Volksmusik)。

巴伐利亞國家歌劇院，常有頂尖的音樂表演

多元美食 滿足味蕾

Good Tastes

→餐廳外的露天座位總人潮滿滿

德國人日常怎麼吃

早餐 (Früstück)

德式早餐在歐洲國家中算是相當豐富的，即使住平價旅館也都應有盡有，包括口感頗硬的扎實大麵包(Brot，一般都含雜糧、穀物、核果等)、各式小麵包(北方叫Brötchen，南方叫Semmel)、可頌(Croissant)、火腿(Schinken)、乳酪(Käse)、乳酪抹醬(Rahm)、水煮蛋(Ei)、優格(Joghurt)、什錦果麥(Müsli)，以及各種飲料，精巧的餐具和溫馨的裝潢，以愉悅的心情迎接一天的開始。

每天擺滿滿的早餐桌(圖片提供／邱筱甯)

午餐 (Mittagessen)

午餐是德國人的正餐，所以大學及公司多半會供應整套的熱食餐飲，包括沙拉、湯、主餐(肉、魚、義大利麵等)、附餐、配菜、甜點、飲料等，可任意組合搭配。

巴伐利亞輕膳 (Brotzeit)

下午茶風氣並不十分普遍，但巴伐利亞地區則有吃輕膳(Brotzeit)的習慣，內容有慕尼黑白腸(傳統是中午之前吃)、鹹捲麵包(Bretzel)或其他麵包，作早午餐、午後或晚上的點心。

晚餐 (Abendessen)

晚餐十分簡單，將硬的大麵包切片夾火腿或起司，配上熱湯，又叫作「晚麵包」(Abendbrot)。現代人較重視晚餐，會在家自己烹調。晚上也是餐廳最重要的營業時間，可在飯後喝飲料聊天聊到很晚。

德國麵包有多大？看店員比給你看就知道多驚人

與想像中的素食餐大不同，讓人食欲大增

Tips

德國也有素食！現代都會型的餐廳裡大多會供應素食餐，當地或稱無肉餐(Fleischlos)。

香氣十足的各種麵包

遍布各地的麵包店(Bäckerei)，是德國媽媽幾乎必定光顧的地方。常見的麵包有德式Hausbrot、Baürnbrot、Vollkornbrot等，還有義大利式的Ciabatta、法國長棍(Baghette)、可頌(Croissant)、鹹捲麵包(Brezel)等。另有一典型深色的德國裸麥麵包(Pumpernicke)，搭配起司或火腿都很對味。

麵包不論大小都很扎實，加上雜糧或核仁，很香、很好吃，多穀類的麵包叫Mehrkorn、加了南瓜子的叫Kürbiskern、有罌粟子的叫Mohn，小麵包在北、中部叫Brötchen，南部則稱Semmel。另外也販售各式方形切片蛋糕，有起司蛋糕、布丁蛋糕、草莓、蘋果等水果蛋糕，品項琳瑯滿目。

櫥窗裡還放有各式各樣用德國麵包(通常較硬)夾火腿或起司的德式三明治(Belegtes Brötchen／Sandwich)，都十分美味可口。火腿種類極多，最一般大眾化的是Kochschinken、Lachsschinken是燻至半透明猶如鮭魚的火腿、煙燻的Räucherschinken，以及最有名的是來自黑森林的Schwarzwälder Schinken Sülze肉凍，醃製的Mettwurst絞肉則常直接塗在麵包上。

德式蛋糕都放很多料，而且味道香甜又平價

旅行小抄

旅人最愛！各種口味三明治

街上也有各式魚類、蝦類的海鮮三明治以及炸海鮮點心盒。Schlemmeyer熟食店則是以肉類三明治最具有代表性，美味的大塊豬肉切片夾在麵包中，令人難以抗拒。

各種三明治排排站

Tips

街頭小吃的價位大都是€2.5～3，拿在手上，邊走邊吃邊聊，十分愜意！

Mehrkorn

Mohn

Brötchen

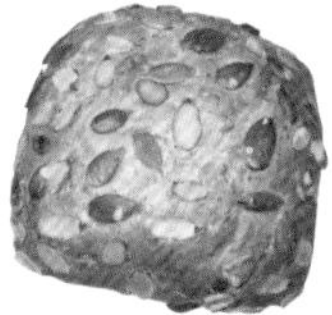

Kürbiskern

Brezel

道地料理非嘗不可

一般來說，典型的德國食物口味偏鹹，而且冷食比例甚高，調味料偏酸，餐點通常都有固定的形式與配法。肉類(Fleisch)以豬肉及雞肉料理最普遍，通常用煎、炸或烤，水煮較少，並佐以特定型式的醬汁，如肉汁類(Bratsauce)、含奶醬類(-crème／-sahne)等。

香腸 (Bratwurst ／-Wurst)

煙燻煎香腸

來到香腸王國，舉凡長的、短的、紅的、白的、粗的、細的、水煮的、油煎的，各種形式和煮法應有盡有，且有各種口味任你選擇，常在街頭攤位上就能享用到。最有名的莫過於長白粗的圖林根煎香腸(Thüringer Bratwurst)、短白細的紐倫堡煎香腸(Nürnberger Bratwurst)、短白粗的慕尼黑水煮香腸(Münchner Weisswurst)、長紅細的法蘭克福水煮香腸(Frankfurter)，而紅色油煎切片佐以美味的番茄咖哩醬汁，用小叉子食用的，為柏林咖哩香腸(Berliner Currywurst)。

柏林咖哩香腸

香腸王國果然名不虛傳啊

巴伐利亞烤豬腿 (Schweinehaxe)

嘗起來皮酥肉香醬濃，通常搭配德式酸白菜(Saürkraut)或高麗菜沙拉(Krautsalat)，以及香Q的巴伐利亞附餐——馬鈴薯球(Kartoffelknödel)或麵團球(Semmelknödel)。

好吃到連醬汁都會用麵包沾著吃光光

超大麵餃 (Maultasche)

西南部巴符邦(Baden-Württemberg)的特色美食，內餡為極碎的肉與菜泥，可水煮搭配醬汁，或切塊與蛋屑油煎，或與菠菜一起焗烤。通常會搭配馬鈴薯沙拉(Kartoffelnsalat)。

麵疙瘩 (Spätzle)

巴符邦(Baden-Württemberg)另一著名美食，將粗條狀碎麵放入沸水裡煮，類似台灣米苔目的成型過程，吃起來又軟又Q，深受大眾喜愛。道地有種吃法為水煮熱狗配扁豆及麵疙瘩(Linsen Spätzle mit Saitenwürstle)，非常美味。

水煮豬腿 (Eisbein)

北方盛行名菜，嫩煮且肉質多汁，搭配酸白菜和水煮馬鈴薯，通常沒有醬汁，但會搭配芥末。

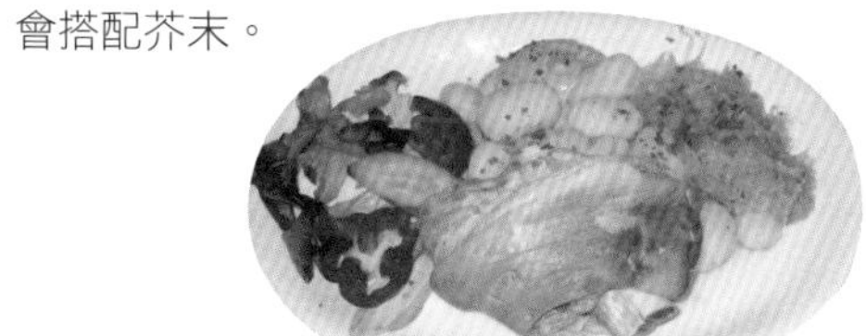

軟火腿排 (Leberkäs)

可當主菜或夾麵包，配上芥末十分可口。不過肉類通常都很鹹，大口配上啤酒，盡享德式豪情！

酸味肉排 (Sauerbraten)

將醃過的肉(通常是牛肉)切片煎烤，肉質與醬汁微酸，通常搭配紅高麗菜(Rotkohl)。

烤鵝 (Gänsebraten)

聖誕期間的傳統餐點，通常配紅高麗菜。

炸肉排 (Schnitzel)

用豬肉、雞肉、或上等小牛肉等製成，僅淋上檸檬汁或佐以各式醬汁，十分美味可口。最負盛名的維也納炸肉排(Wiener Schnitzel)必須是小牛肉(Kalb)，且須肉薄面積大。若不符此標準，只能稱維也納式炸肉排(Schnitzel Wiener Art)。另外一種常見的變化型是Jägerschnitzel，Jäger這種醬料的變化很多，共通點是都會加蘑菇。

海鮮 (Meeresfrüchte)

最著名的海鮮連鎖餐廳為Nordsee與Gosch。一般來說，最常見的是醃鯡魚(Herring)、炸魚排和水煮魚。最傳統的「俾斯麥」(Bismarck)味道較為酸腥，可嘗試類似的Matjetbaghette。

Nordsee店面寬敞明亮

其他推薦……

美味的烤豬排切片(Schweinebraten)與肝丸子湯(Leberknödelsuppe)，以及德國西南部Pfalz地區的豬肚料理(Saumagen)都很值得一試，另外，匈牙利紅椒燉牛肉(Gulasch)不論配飯或做成湯品(Gulaschsuppe)都很棒，能一次嘗盡各種口味香腸的綜合香腸盤(Wurstteller)也是必點佳肴。

相當常見的Kassler(或稱Kasseler)是醃過與微醺過的肉，通常是豬肉，瘦、肥都有，加上酸白菜，冬天還會搭配當季蔬菜如Grünkohl，切碎煮軟後與油脂、湯汁拌在一起，跟Kassler味道極配。

德式料理常見配餐

生菜沙拉與水煮蔬菜(Salat&Gemüse)

選項繁多，有許多台灣較少見的綠葉菜類，如園葉狀的Feldsalat、味道苦且重的Rucola。搭特殊醬料的水煮蔬菜(Gemüse)，如菠菜(Spinat)、深綠色甘藍菜(Grünkohl)，尤其是春夏之際超大嫩白蘆筍(Spargel)，搭配奶油或荷蘭醬(Hollandaise)真是人間美味。

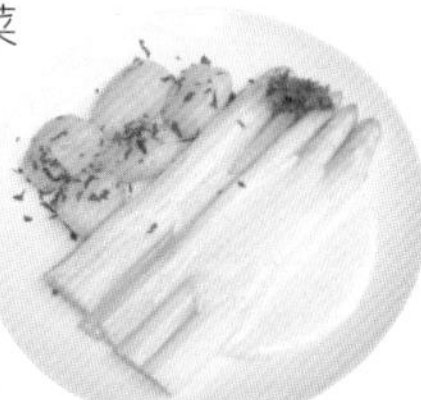
春夏之際才吃得到的嫩白大蘆筍

來這裡就是要多吃菜，都是台灣吃不到的種類喔

附餐(Beilage)

最常見是馬鈴薯，烹調方式很多，如切片油煎的Bratkartoffeln、水煮小圓薯(Salzkartoffeln)、冷的酸味馬鈴薯沙拉(Kartoffelnsalat)、炸薯條(Pommes)，其他如白米飯(Reis)、麵食(Nudeln)及水煮麵疙瘩(Spätzle)。

↑炸魚排最常搭配馬鈴薯沙拉與Remoulade白醬

↑煎烤的肉類常搭配油煎馬鈴薯或薯泥

湯品(Suppe)

清湯類較多，味道通常較重且鹹。大多會用香料草調味並加入通心粉及蔬菜，另外也有番茄湯及奶類濃湯。

肝丸子湯

德式鬆餅清湯

乳製品(Milchprodukte)

常見的包括Buttermilch(一種酸奶)、Emmentaler、Butterkäse(常見用於夾麵包之起司)、Quark(極軟，介於優格與起司之間，亦稱為白起司Weißkäse)。

乳製品非常香濃可口，咬大麵包時必爽

香料草(Kräuter)

德國人很重視香料草，一般家庭都會自己種一些，在市場也買得到，通常湯類及沙拉醬都有大量各式香料草。

鮮綠的香草葉，不論入菜或泡茶都很清甜

令人垂涎三尺的飲品及甜點

飲品(Getränk)

歐洲人重視飲料的程度甚至超過吃的，而喝飲料的氣氛更甚於飲料本身，可由飲料的瓶身設計、杯子的搭配等，領略到他們喝的特殊文化。

德國人的熱情在開瓶後就會完全表現出來

汽水(Softdrink)

氣泡式礦泉水(Mineralwasser mit Gas)是許多德國人的最愛，沒有氣的稱為Stilles Wasser或Mineralwasser ohne Gas。

超市裡排滿了琳瑯滿目的各式汽水

果汁(Saft)

常見的果汁除了有蘋果汁(Apfelsaft)、柳橙汁(Orangensaft)、葡萄汁(Traubensaft)、番茄汁(Tomatensaft)、紅醋栗或紅加侖汁(Johannisbeersaft)以外，與汽水混合的果汁也很多，如Bitter Lemon(tonic water加檸檬汁)、Apfelschorle(氣泡式礦泉水加蘋果汁)。

果汁種類很多，顏色都很美，也很好喝

葡萄酒(Wein)

德國以產白酒(Weisswein)居多，許多產區都是世界聞名，如萊茵河中段、莫色爾河沿岸、西南部巴符邦、內喀爾河河谷、美茵河河谷等。

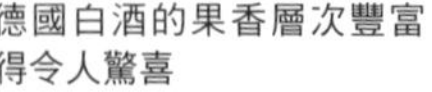
德國白酒的果香層次豐富得令人驚喜

啤酒(Bier)

黑啤酒和一般啤酒口感不太一樣，可以都嘗試看看

啤酒是德國的國飲，全國各地有上千家啤酒廠，每家都自豪於自己的配方及口味，遵循古法，卻又各有特色且雄霸一方，通常一地區主要只能喝到自己產區的啤酒。啤酒館、餐廳或啤酒花園的啤酒，都非常新鮮美味，且有極多選擇，但價格比餐廳還高。最常見的下酒菜是鹹捲麵包(Brezel)及蘿蔔類(如紅皮小白蘿蔔Radieschen)。點啤酒不見得比可樂貴，喜歡啤酒的朋友，到德國可要好好暢飲個痛快啊！

啤酒種類很多，最常見的是淺色的Weissbier；深色常見的有Dunkelbier和俗稱黑啤酒的Schwarzbier。一般而言，啤酒節的啤酒最貴，常見的啤酒節大酒杯為1公升的「Mass」，約€5～6，平常餐廳通常是500c.c.一杯，約€2～2.5。超市的啤酒更便宜，不過餐廳、酒館的啤酒才是最新鮮的。

↓暢飲啤酒是必排行程

酒館或啤酒花園外都會有各自的特色招牌

咖啡(Kaffee)

這裡的乳製品比較濃，所以更香更好喝

喝咖啡、吃蛋糕的地方稱為Kaffeehaus、Café或Konditorei。義式咖啡常見有濃縮咖啡(Espresso)、Cappuccino、有熱牛奶的Latte Macchiato、Caffe latte等。法式牛奶咖啡(Café au lait)亦很常見，德文為Milchkaffee，杯子很大。德國人喝咖啡一定是熱的，Eiskaffee並非冰咖啡，而是加入冰淇淋及鮮奶油的咖啡冰品。

茶(Tee)

花草茶(Kräutertee)種類極多，在超市或健康食品店很容易買到，餐廳則通常供應紅茶(Schwarzer Tee)、綠茶(Grüner Tee)、薄荷茶(Pfefferminttee)和花果茶(Fruchtetee)。

大超市裡的茶品幾乎擺滿一整面牆

各種蛋糕口味鋪排開來，陣仗很驚人

↑↗義大利式冰淇淋(Eis)，街上小販賣的最好吃，不會太甜也不膩，若在店裡則可選擇各式各樣的華麗冰淇淋盤(Eisbecher)，也是一大享受

甜點(Nachtisch)

一般常見的德式蛋糕(Kuchen)有蘋果(Apfel)和李子(Zwetschge)兩種口味，料多實在，可搭配一份鮮奶油(Schlagsahne)會較順口。而較華麗的Torte中，最著名的非黑森林櫻桃蛋糕(SchwarzwälderKirschtorte)莫屬，除了鮮奶油與巧克力蛋糕，還會加上釀製的櫻桃，並在底層沾上當地產的櫻桃酒(Kirschwasser)提味。

除了蛋糕以外，還有鬆餅、蘋果捲、甜甜圈等，也是普遍常見且香甜可口的道地甜點，非常推薦！

超澎湃大分量的黑森林蛋糕

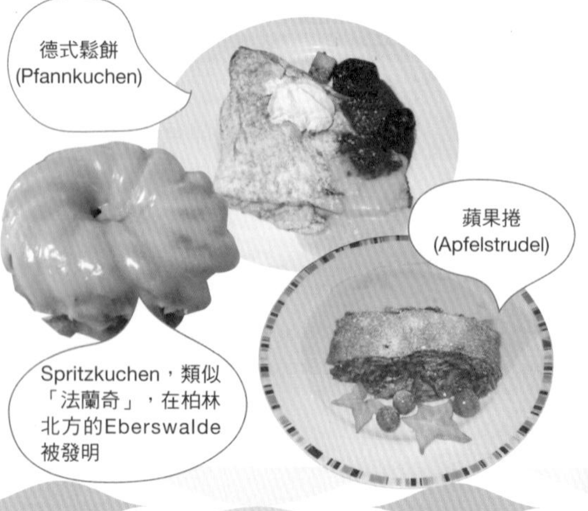

德式鬆餅(Pfannkuchen)

Spritzkuchen，類似「法蘭奇」，在柏林北方的Eberswalde被發明

蘋果捲(Apfelstrudel)

異國好味上菜！

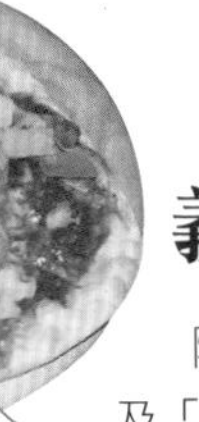

義大利菜

隨處可見義大利字「Ristorante」及「Pizzeria」，因為大多是義大利人經營的，所以很道地，以各式麵食(Pasta)及比薩類(Pizza)為主。

德國有許多家庭式的義大利餐廳

土耳其菜

街上可見許多便利的Döner Kebab店，老闆從火爐旁的羊肉或雞肉串削下又熱又香的肉片，配上許多生菜，夾進口袋麵包，再淋上醬料，光看著牆上的大肉串，就已令人垂涎欲滴。

土耳其、中東式的簡餐廳在街頭十分常見

美式及拉丁美洲式

近年來相當受歡迎，街頭甚至有焙果(Bagel)專賣店，大城市的星巴克(Starbucks Coffee)及Dunkin Donuts也越來越多。墨西哥和拉丁美洲風味的餐廳會有道地的南美飲料，有些甚至有Live-Band。

亞洲菜

中式餐點在各大小城市都有，但多半已當地化且有些是頗高級的料理，雖然口味不見得很道地，不妨嘗嘗德國人的東方味究竟如何。泰式、越南、印度和韓式的餐廳也不少，近年來壽司(Sushi)也越來越受歡迎，只是日本料理餐廳通常都偏貴。

大城市的餐廳街時興東方風味的異國餐館

→這裡也可以見到壽司店

必BUY 超值戰利品

健康食品(Narungsergänzung)

Reformhaus的價位雖然比一般藥妝店稍高一些，但是裡面有機與健康食藥品應有盡有，且全國到處都有分店。較大眾化的平價商品，如一般保健食品、可泡入開水的氣泡式維他命等，則可在超市或藥妝店購買較划算。

http www.reformhaus.de

風靡一時的德國小甘菊(Kamille)護手霜

Reformhaus店門口

便宜又萬用的百靈油(China Öl)可說是德國掃貨入門款，必須到藥局才有賣

時尚精品(Luxuswaren)

在德國逛名牌店是一大享受，這裡不似巴黎般充滿亞洲採購客，而能聽店員慢慢介紹，充分享有優質的購物環境。在機場退稅後，會比在國內購買便宜許多。

最常見的鐘錶連鎖有Christ和WEMPE，其中不乏勞力士等名錶

店家打烊後櫥窗仍會繼續亮著，與夜晚寧靜的街道形成衝突對比

連鎖服飾(Kleidung)

最常見的連鎖品牌當屬H&M和ZARA，若想一網打盡就要到集各品牌於一棟的大樓，如Peep&Cloppenburg。而Galeria Kaufhof、Karstadt等百貨公司的服飾亦極豐富，價格也比國內更優。

Deichmann是常見的連鎖鞋店

Peep&Cloppenburg的門面設計得很現代，人潮絡繹不絕

家用品(Haushaltwaren)

不鏽鋼製品與瓷器的品質皆廣受推崇，雖然瓷器包裝回國有些風險，但若遇特價或是剛好有獨鐘的款式，因為機會難得，難免忍不住失手扛回家，只是須記得刀具不能當隨身行李，必須託運。

→雙人牌刀具Zwilling名聲響亮，大城市裡隨處可見

WMF在各城市大街上幾乎都有分店，百貨公司也有其專櫃

書籍(Buchhandlung)

除英語外，世界上就屬德文的書籍最豐富，書店在大街上、火車站及百貨公司隨處可見，最常見的連鎖書店是Hugendubel。

德國人非常喜歡閱讀，從書報雜誌的量就可以看出來

特產紀念品(Spezialitäten)

目不暇給的各式巧克力是歐洲的一大特色，一般超市與藥妝店的貨架上就很豐富，價格便宜又方便攜帶，常是旅客拿來做伴手禮的第一首選。具代表性的品牌有最大眾化的Ritter Sport和瑞士的Lindt，產品種類極多；莫札特巧克力主要以Reber和Mirabell為最大宗，而來自歐斯納布魯克的Leysieffer口味很特殊，如辣椒、胡椒、薑等，在大城市也有許多分店。若遇節日還會有特別款，如復活節會以蛋及兔子作主題，聖誕節則各家公司會做有24個窗格的巧克力紙盒日曆(Adventskalender)。

其他具地方特色的紀念品，像是紐倫堡的聖誕薑餅(Lebkuchen)、咕咕鐘、彩繪啤酒杯、聖誕木偶飾品等，也都製作精美，令人愛不釋手。

軟糖等零食也是帶回送朋友的好選擇

木偶個個小巧可愛，且表情多變非常生動

Ritter Sport和Lindt是最受旅客歡迎的巧克力品牌

德國聖誕薑餅、藝術罐裝版

Business Trip

規畫一趟精采的 商務之旅

全球最大商展王國

世界上有70%的國際大型商展在德國舉行，展覽項目包羅萬象，小從微電子技術，大至航太工業，無所不包。近半世紀以來，德國製造業日漸式微，工商服務業蔚為主流，各大城市無不卯足全力興建大型場館，積極籌辦商展，世界各國的同業因此得以齊聚一堂，既競爭又合作，拓展無限商機。十大商展城市共囊括德國90%以上的展覽。一般而言，7、8及12月是德國的寒暑假，沒有商展，其他月分皆檔期滿滿，每次展覽依規模大小不同，從2、3天到十幾天不等。大部分是每年舉辦，但也有兩年一次，如法蘭克福車展，也有些展是半年一次。

看展、參展準備

參加展覽

參加展覽，須及早洽德國各城市的參展單位，才能確保預約到好位置，可自行與德國通信或E-mail、電話、傳真等。也可洽各城市商展主辦單位的駐台代表(並不是每個大城市都有駐台代表，但都可洽經濟辦事處)。

德國經濟辦事處

✉台北市基隆路1段333號19樓之9

☎02-8758-5800

準備周全，節省時間

1. 確認展覽資訊

參考P.33所列之展覽項目、地點及展期，並上網查詢該展覽之詳細資訊。網址可輸入www.messe-城市名.de、www.城市名-messe.de或www.auma.de。

2. 確認交通方式

■**搭車**：商展場皆有S-Bahn或U-Bahn可搭，會場通常極為龐大，所以可能不只一站。行前先上網查看場館配置圖，找到離自己攤位最近的站，可節省到達後辛苦摸索路線的時間。

■**自行開車**：附近都有高速公路交流道，必須提早抵達，以免找不到停車位。

3. 確認住宿地點

必須及早預訂住宿，否則將只剩周邊城鎮的旅館。

展覽會場指標德中對照

Messe	展覽
Messegelaende	展覽場
Halle	館
Eingang	入口
Ausgang	出口
Ost–West–Sued–Nord	東西南北

德國每年舉辦各種不同的大型展覽，帶動資訊流通與商機

全年展期

請注意：本書所列為重要的國際展覽，有一年一度、兩年一度、一年數度等，且且展覽資訊時有變動，請務必至官網查詢詳細的即時資訊(www.auma.de)。
其他商展項目及詳細日期可上網查詢，或洽各城市商展單位的駐台代表與代理公司。

法蘭克福

月份	展覽	名稱
1月	紡織品展	Heimtextil - home and commercial textiles
	紙品展	Paperworld
	耶誕展	Christmasworld
	休閒手工藝展	Creativeworld - International trade fair for hobby, craft and art
	春季消費品展	Ambiente - Frankfurter Messe
3月	衛浴空調展	ISH - Bathroom, AirConditioning
	居家裝潢照明展	Light + Building - for lighting and building services
4月	通訊視聽娛樂展	Prolight + Sound - for Communications, Entertainment
	音樂軟硬體展	Musikmesse - for Musical Instruments & Accessories
5月	紡織技術展	Techtextil - for Technical Textiles and non-wovens
	肉品展	IFFA - for the Meat Industry
	光學技術與製造展	OPTATEC - Optical Technologies and Manufacturing
6月	工業設施管理展	Servparc - Hotspot for Facility Management and Industry Service
	紙業展展	ZELLCHEMING-Expo - Pulp, paper and fiber based materials
	時尚生活展	Tendence Lifestyle - Frankfurter Messe
8月	法蘭克福車展	IAA - Motor Show Passenger Cars(奇數年)
	汽車零組件展	Automechanika Frankfurt - for Automotive Service Industry (偶數年)
10月	無塵室設備展	Cleanzone - for contamination control and cleanroom technology
	法蘭克福書展	Frankfurter Buchmesse - Frankfurt Book Fair
11月	製造科技展	Formnext - the next generation of manufacturing technologies
	智慧物流展	Hypermotion - for intelligent mobility and logistics solutions

科隆

月份	展覽	名稱
1月	國際家具展	imm cologne - The international Furniture Fair
	國際甜品展	ISM - International Sweets and Biscuits
2月	教育訓練展	didacta - Education and Training
	亞太家庭與庭院展	Asia-Pacific Sourcing - Products for Home and Garden from Far East
	數位建築建材展	digitalBAU - Digital solution for buildings
3月	牙醫展	IDS - International Dental Show
	國際漆料塗料展	FAF FARBE - for facade design & interior architecture
	手工藝與休閒展	h+h cologne - for Creative Handicraft + Hobby
4月	健身水療展	FIBO - for Fitness, Wellness and Health
	藝術展	ART COLOGNE - International Art Fair
5月	健康管理展	BGMpro - for health management
	咖啡展	Eu'Vend & coffeena - International Vending and Coffee Fair
	家具展	interzum - Furniture Production Interiors
6月	寵物飼養展	Conference for the Animal & Aquatic Feed Production
	漫畫展	CCXP Cologne - Comic Con Experience
	電玩娛樂展	gamescom - for interactive games and entertainment
9月	數位商務展	DMEXCO - for digital business, marketing and innovation
	幼童暨青少年展	Kind + Jugend - International Baby to Teenager Fair
	露營運動庭園展	spoga+gafa - Sport, Camping and Garden Lifestyle
10月	食品技術展	Anuga - Food technology fair
11月	游泳池運動器材展	aquanale/FSB - aquanale - for Sauna.Pool.Ambience.
	摩托車與電動自行車展	INTERMOT Köln - International Motorcycle, Scooter and E-Bike Fair
	素食展	VeggieWorld Köln
	博物館文化資產展	EXPONATEC COLOGNE - for Museums, Conservation and Heritage
	美術與古董展	Cologne Fine Art - Kunst- und Antiquitätenmesse

杜塞道夫

月	展覽	名稱
1月	廣告展	PSI - for Advertising Specialties
	船舶展	boot Düsseldorf - International Boat Show
2月	零售貿易展	EuroCIS - for Retail Technology
3月	專業化妝品展	BEAUTY DÜSSELDORF – Fair for Cosmetics, Nail, Foot, Wellness, Spa
	酒品展	ProWein - Wines and Spirits
	儲能科技展	ENERGY STORAGE EUROPE - for Energy Systems-Solutions
4月	電纜展	wire - Wire and Cable Trade Fair
	管路展	Tube - Tube and Pipe Trade Fair
6月	鑄造展	GIFA - International Foundry Trade Fair;
	冶金展	METEC - Metallurgical Technology
	鑄件展	NEWCAST - Trade Fair for Castings
8月	機動房屋展	CARAVAN SALON DÜSSELDORF - for motor homes und caravans
9月	登山用品展	TourNatur - Hiking Exhibition
	復健與長照展	REHACARE International – for Self-determined living
10月	汽車玻璃與零件展	tasc - for Automotive Glass, Smart Repair and Car Detailing
	塑膠與橡膠業展	K - for Plastics and Rubber
	素食展	VeggieWorld Düsseldorf
	玻璃科技展	glasstec - glass technology
	鋁業展	ALUMINIUM - World Trade Fair & Conference
11月	安全與健康展	A + A - Safety + Health at Work
	醫藥展	MEDICA - World Forum for Medicine
	閥件展	VALVE WORLD EXPO

漢諾威

月份	展覽	Exhibition
1月	地毯與地板展	DOMOTEX for carpets and floor
2月	車船休閒露營展	ABF - Boats, Leisure, Camping
4月	漢諾威工業展 (以機電自動化科技、數位化科技為主，亦是能源、資通、物聯網、大數據、人工智慧等產業之重要展會) 物流與供應鏈管理展	Innovation and Automation HANNOVER MESSE - World`s No. 1 for Technology, Innovation and Automation ComVac (Air and Vacuum), Digital Factory, Innovative Subcontracting, Integrated Automation & Drives, Integrated Energy, etc. CeMAT - for Intralogistics & Supply Chain Management
5月	林業木業展 交通工具清潔展	LIGNAplus Forestry and Wood Industries Clean Transport
6月	防火救災安全展	INTERSCHUTZ Fire Prevention, Safety and Security
9月	工具機展 漢諾威車展－商用車(偶數年)	EMO - The World of Machine Tools IAA - International Motor Show Commercial Vehicles
10月	金屬展 5G通訊科技展	EuroBLECH - Sheet Metal Technology 5G CMM Expo – for 5G-Technology
11月	禽畜管理與製品展 農業機械展 馬術與漁獵運動展 分散式能源創新展	EuroTier - Livestock & Poultry Production AGRITECHNICA - for Agricultural Machinery Pferd & Jagd - for Equestrian Sports, Fishing EnergyDecentral - for innovative energy supply

漢　堡

月份	展覽	Exhibition
3月	旅館餐飲烘焙展	INTERNORGA – for Hotel, Restaurant, Catering, Baking
4月	馬展	Hansepferd Hamburg-for Horse Lovers
9月	船舶與裝潢展 海事貿易與造船機械展 風力發電展	MARINE INTERIORS Cruise & Ferry Global Expo SMM - maritime trade fair, WindEnergy Hamburg
10月	醫療復健展	therapie Hamburg - for therapy and medical rehabilitation

柏林

月份	展覽	英文名稱
1月	時尚與創新展 國際綠色週(食品暨農園藝展)	NEONYT (Winter) - for Fashion, Sustainability and Innovation International Green Week - for Food, Agriculture and Horticulture
2月	建材技術與建築展 蔬果運銷貿易展	bautec - building, construction technology and architecture FRUIT LOGISTICA - Fruit and Vegetable Marketing
3月	國際旅遊展 醫藥大展	ITB Berlin - International Tourism Exchange Interpharm - Pharmaceutical Exhibition
5月	柏林國際航太展	ILA - Berlin Air Show - International Aerospace Exhibition and Conferences
6月	娛樂科技展	Stage|Set|Scenery - World of Entertainment Technology -
7月	時尚與創新展	NEONYT (Summer) - for Fashion, Sustainability and Innovation
9月	當代藝術展 消費性電子展 古董車展 清潔管理服務展	ART FORUM BERLIN - for Contemporary Art IFA - WORLD OF CONSUMER ELECTRONICS MOTORWORLD Classics Berlin - for classic cars CMS - Cleaning, Management, Services
10月	電子電機與照明展 酒吧飲品設備展 出版業與數位化展	belektro - Trade Fair for Electrical Engineering, Electronics and Lighting Bar Convent Berlin – for Bar and Beverage IFRA World Publishing Expo & DCX Digital Content Expo

萊比錫

月份	展覽	英文名稱
1月	畜牧獸醫展 電玩展	Leipziger Tierärztekongress - Veterinary Congress and Expo DreamHack Leipzig - Gaming Festival
2月	自動化機械展 零組件展	Intec - for machine tools, manufacturing and automation Z - for parts, components and modules
3月	醫療復健展 萊比錫書展 動漫展	therapie Leipzig - for Therapy and Medical Rehabilitation Leipziger Buchmesse - Leipzig Book Fair Manga-Comic-Con - convention atLeipzig Book Fair
5月	整形外科展	OTWorld - International Trade Show and World Congress
6月	醫療管理展	med.Logistica - for Logistics and Process Management in Hospitals
9月	鐘錶珠寶展	MIDORA - for watches and jewellery
11月	音樂展 博物館技術展 文物保存技術展	musicpark – the Music Experience MUTEC - for Museum and Exhibition Technology denkmal - Conservation, Restoration and Old Building Renovation

紐倫堡

月份	展覽	展覽名稱
1月	旅館餐飲業展	HOGA - Hotel and Catering
	玩具大展	International Toy Fair Nürnberg
	鑄造展	EUROGUSS - Die Casting: Technology, Processes, Products
	數位監控安防展	Perimeter Protection - for Perimeter Protection, Fencing and Building Security
2月	有機食品展	BIOFACH + VIVANESS - for Organic Food and Organic Personal Care
	消防展	FeuerTrutz - for Preventive Fire Protection (也可能在6月)
	嵌入式電子與工業電腦展	embedded world - Exhibition&Conference
3月	打獵運動展	IWA & OutdoorClassics - Hunting and Sporting Arms
	安全相關產業展	Enforce Tac – for Law Enforcement, Security and Tactical Solutions
	塗料展	European Coatings Show – Adhesive, Sealants and Construction Chemicals
	建材與木工設備展	FENSTERBAU FRONTALE + HOLZ-HANDWERK – for Window, Door, Facade for Wood Crafts
4月	粉末製品展	POWTECH - for Processing, Analysis, and Handling of Powder and Bulk Solids (也可能在9月)
	長期照護展	ALTENPFLEGE – for Nursing, Therapy, Care
	暖氣空調展	IFH/Intherm - for Sanitation, Heating, Air Conditioning
5月	電源與能源管理展	PCIM Europe - for Power Electronics, Intelligent Motion, Energy Management
	電子產業展	SMTconnect - for Electronic Assemblies and Systems
	醫療技術產業展	MedtecLIVE – for the medical technology supply chain
	寵物暨商品展	Interzoo - International Trade Fair for Pet Supplies
6月	汽車組裝產業展	AUTOMOTIVE ENGINEERING EXPO - Car Body Process Chain to Assembly
	感測與測量產業展	SENSOR+TEST - for Sensorics, Measuring and Testing Technologies
	石材技術展	Stone+tec Nürnberg - for Natural Stone and Stone Technology
	絕緣技術展	IEX - Insulation Expo - for Insulation Materials and Technologies
9月	都市綠美化設計展	GaLaBau - gardening. landscaping. Green design
	包裝展	FachPack Nuremberg - Packaging and Labelling Technology
10月	資訊安全展	it-sa - IT Security Expo and Congress
	文具展	Insights-X - Your stationery expo
	發明展	iENA mit START Messe - Ideas, Inventions, New Products / Start-up, Financing, Succession
	冷凍空調展	Chillventa - for Refrigeration, AC & Ventilation, Heat Pumps
	肉品展	evenord - Trade Exhibition for Butchery
11月	飲料技術展	BRAU Beviale - Beverage Industry
	數位自動化展	SPS - Smart Production Solutions - smart and digital automotion

慕尼黑

月	展覽	英文名稱
1月	建材展	BAU - Building Materials, Systems, Renovation (奇數年)
2月	冬季運動用品展 光學與設計展 鐘錶寶石展	ispo winter - Sports Equipment and Fashion (Winter) opti - for optics & design INHORGENTA - for Jewellery, Watches, Design, Gemstones and Technology
3月	園藝與手工藝展 印刷電子展 PSE 實驗技術與生技展	HANDWERKSMESSE - for Craft Trades (with Garten München) LOPEC - for the Printed Electronics Industry PSE Europe - for Polyurethan Analytica - for Laboratory Technology, Analysis and Biotechnology
4月	建材加工機械展	BAUMA + MINING - Construction Machinery, Building Machines
5月	廢水廢棄物處理展 智慧能源應用展 太陽能展 電動車與充電技術展	IFAT - International Trade Fair for Environment, Waste Disposal EM-Power / The smarter E Europe - for intelligent energy use in industry and buildings Intersolar Europe / The smarter E Europe - for the solar industry and its partners Power2Drive Europe / The smarter E Europe - for charging infrastructure and e-mobility
6月	物流運輸展 安全展(含商業安全、防火、資訊安全) 自動化與機器人展 雷射光電展	transport logistic - for Logistics, Telematics and Transport SicherheitsExpo - SecurityExpo - for Safety and Commercial Security, Fireprotection and IT-Security automatica - The Leading Exhibition for Smart Automation and Robotics LASER. World of Photonics
9月	電影設備技術展	cinec - International Trade Fair for Cine Equipment and Technology
10月	房地產業展 機場設備與服務展 資訊媒體展	EXPO REAL - for Property and Investment inter airport Europe - for Airport Equipment, Technology, Design and Services SYSTEMS - IT.Media.Communications
11月	電子業生產技術展 電子元件與應用展 印刷製造展 歐洲半導體展	productronica - for electronics development and production electronica - for Electronics Components, Systems and Applications InPrint - for Print Technology for Industrial Manufacturing SEMICON EUROPA – for Semiconductor Equipment, Materials and Services in Europe

斯圖加特

月份	展覽	英文名稱
1月	屋頂建材與木業展	DACH+HOLZ International
2月	旅館餐廳展	LogiMAT - for Intralogistics Solutions and Process Management
	看板印刷照明展	Wetec - for Signmaking, Digital Printing, Light Advertising & Digital Signage
3月	藥業展	Interpharm - Pharmaceutical Exhibition and Congress
	電磁技術展	EMV Stuttgart - Workshops on Electromagnetic Compatibility (EMC)
4月	財務與投資展會	Invest - for finance and investment
	汽車跑車與智慧移動展	auto motor und sport i-Mobility - for intelligent mobility
5月	醫療器材技術展	T4M - Technology for Medical Devices
	工具與模具展	Moulding Expo - for Tool, Pattern and Mould Making
	照護產業展	PFLEGE PLUS - for the care market
6月	鑄造鍛造技術展	CastForge - Castings and Forgings with Processing
	雷射材料技術展	LASYS - for laser material processing
9月	糕點烘焙展	südback - for the Bakery and Confectionery Trades
	金屬加工展	AMB - for metal working
10月	自動化產業展	Motek - I for automation in production and assembly
	工業清潔機具展	parts2clean - for Industrial Parts and Surface Cleaning
11月	金屬加工展	BLECHEXPO - for Sheet Metal Working and joining technology
	豪華車展	EuroMotor - Luxus-Automobile
	葡萄酒與果汁展	INTERVITIS INTERFRUCTA HORTITECHNICA - for wine, fruit juice and special crops
	機器判讀技術展	VISION - for machine vision and identification technologies

安排約訪時間

周詳考慮前後行程

德國人對議程會按部就班規畫。若約在上午時段，要考慮是否前一天晚上就應入住該城市，以及會後是否共進午餐；若是上午才抵達，就需約下午時段，同時考慮會後是否共進晚餐。

掌握對方的作息習慣

與南歐國家相比，德國算是習於早睡早起、早上班早下班的國家。大城市的火車站與地鐵站，在早上6點半就已相當繁忙。上午8點～下午5點是普遍的上班時間。中午休息時間通常在12點～2點之間的任1小時，幾乎沒有睡午覺的習慣。

德國人基本上相當準時，為了避免遲到，一定要估算前置時間，寧願早一點點到。但若太早到達，例如，比約定時間早了半小時以上，可稍微熟悉周邊環境，或在公司大廳稍等，以避免受訪者尚未準備好，就被總機或助理告知你已早到。如遇狀況臨時趕不及或計畫有變，則一定要在第一時間電話通知對方。

避開放假日

德國人民普遍勤奮，但相當注重休假的權益，且因歐洲勞工法定假日極多(除國定假日外，每人每年皆有20天以上的休假)，所以無法要求對方在度假時幫忙處理公務。

德國普遍實施週休二日，而法定放假日以宗教性節日為主，各邦略有不同，上網輸入「Deutsche Feiertage」，即可搜尋相關介紹網站，如www.feiertage.net。此外，小孩放暑假也是父母請長假的熱門時間，各邦中小學的放假時間都不大一樣，上網輸入「Deutsche Schulfreie Tage」或「Deutsche Schulferien」，即可查詢相關介紹網站，如www.schulferien.org。

善用展會前後拜訪

展會前後可順道拜訪對方公司，但因對方可能正忙於展會的事務，應及早取得對方同意，並敲定拜訪的時間與議程。

此外，若約在展會時，因大家都很忙碌，可能較難當場臨時談出重大的進展，所以必須在事前有充分的準備，例如簽合約前的商討與談判在展會前都已大致完成，展會時的短暫會談，目的是完成簽約，而不是用來談判細節。

Tips

若你是早晨飛抵德國，應考慮第一天最好不要安排太重或太長的議程。因時差的關係，第一天的傍晚可能會開始感到疲勞。

安排商旅行程

適合商務人士的服務

舒適的商務艙才能真正休息

搭乘商務艙，將可擁有更舒適的空中環境，以利到達目的地後，零時差、精力充沛地工作或赴約開會。商務艙有寬敞高級的座椅、精緻的餐飲、較安靜的環境和無微不至的服務，其視聽娛樂也是一流的。許多航空公司更將座椅改成可180度完全平躺，舒適度更加提升。

旅行小抄

更經濟實惠的「優選經濟客艙」

德國漢莎航空在某些航機有推出「優選商務客艙」(Premium Economy Class)，其服務與品質介於商務艙與經濟艙之間，且可付費使用德航的Business Lounge貴賓室。

(圖片提供／德國漢莎航空)

貼心多元的貴賓室設置

德國的機場內有多間德航或星空聯盟的貴賓室，可在候機時好好休息或吃點東西。德航貴賓室，分為First Class Lounge、Senator Lounge、Business Lounge及機場的Welcome Lounge等不同等級，可依指標前往，詳見P.303。

貴賓室內提供多種語言的報章雜誌，也有電腦及Wi-Fi可上網或工作，有的甚至還有淋浴設施，如果到達德國的當天早上即有行程，不妨在這裡打理一下，見客戶時第一印象會較佳。在貴賓室享受美好的時光是旅行的樂趣之一，但要留心勿錯過班機時間。

德航在法蘭克福機場的貴賓室

加入星空聯盟會員享有多重禮遇

赴德國，搭乘德國漢莎航空的星空聯盟會員將享有很多好處，選擇航班時可將此納入參考，並應盡量累積點數以達金卡。星空聯盟也包括一般較常搭的航空公司，如長榮、中國國際、泰航、德航、全日空、新加坡航空、聯合航空等。

星空聯盟

http www.staralliance.com

■德航銀卡會員(Frequent Traveller)服務

憑登機證與會員卡，不分艙等皆可免費享用德航商務艙專屬Check-in櫃檯及Business Lounge貴賓室，登機時亦可優先登機，且行李重量限制有放寬。

■星空聯盟金卡會員(Gold Member)可享服務

金卡會員，不分艙等皆可免費享用全球各大機場金卡會員或商務艙專屬Check-in櫃檯，並可攜一位同伴進入星空聯盟貴賓室，登機時亦可優先登機，且行李重量更加放寬。

加入其他聯盟亦有類似好處，例如天合聯盟(Skyteam)也有包括華航、中國東方、中國南方、荷航、法航、日航等；寰宇一家(One World)則包括國泰、英航等。

善用德鐵提高效率

商務與旅遊的行程規畫，重點不外乎掌握好時間、地點、交通和住宿。在德國各城市間移動，最常見且方便的方式就是搭火車，就連小城鎮通常也都有火車站。只要善用德鐵系統，將能在德國通行無阻，輕鬆完成一趟高效率的商務旅行。

Tips

機場外的排班計程車

■大部分的車站前都有排隊計程車。如果是很小的站可能沒有，但也一定會標示計程車行的電話號碼，可直接打電話叫車。德國計程車很重誠信，所以可信賴，只要告知正確地址即可。

■如果需要短時間極南與極北之間移動(例如由慕尼黑到漢堡，里程約九百多公里)，則搭飛機最快。

省時方便的安排技巧

往返時機點

■從台灣出發，可選夜班飛機，清晨抵達目的地後，可立即展開一天行程。

■將拜訪行程安排於下午，早上即可從容搭車，並直接在車站附近享用午餐。

■登機返國前，記得預留時間在機場辦理退稅(P.316)。

行李寄放與住宿

■晚上選在火車總站附近的旅館過夜，隔天一早便能立即出發。

■火車總站通常鄰近或位於市中心，拜訪客戶後，可趕在商店打烊之前好好血拼一番，並選家餐廳品嘗當地料理。

■商展城市週末夜晚的房價反而較平日低，若能及早訂房，將有機會以中等房價享受如Hotel Mercure等中、高品質的旅館。

■若前往客戶公司前，尚未達旅館Check-in時間，也可先利用旅館內的公共衛浴設施梳洗整理一番(如果旅館沒有公共衛浴，有些大火車站也有付費的淋浴設施)。

■大件行李可寄放在旅館或火車總站，Check-in之前再行領取即可。

商務行程安排示範

這是一套行家級的完整商務行程範例，將交通、時間、小技巧等做一融會貫通的安排。內容涵蓋機場、客戶所在的大城市或小鎮、善用夜車及快車移動等，同時提供許多好點子，例如在火車站寄放大行李，以及週末遊玩等。你可從中發揮、運用。

行程目標

在一週內，需分別前往慕尼黑、柏林、法蘭克福三大城市，及一小鄰近城鎮Metzingen拜訪不同客戶。

1.台灣 → 慕尼黑

搭乘德國漢莎航空，經香港，抵達慕尼黑。搭晚班飛機可有效節省時間，隔日凌晨抵達目的地後，即可開始一天的行程。

2.慕尼黑 → Metzingen

先從線上地圖(如Google Map)，查詢客戶公司的確切位置，找到最近的火車站。再到德鐵網站查詢火車時刻(查詢方式詳見P.306)，預訂最適合的班次。

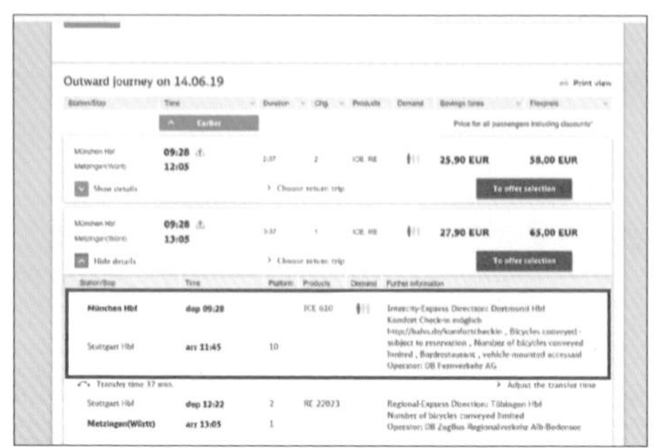

從德鐵網站預訂區間火車(EC)09:28往斯圖加特的車次，預計11:45抵達。若時間充裕，可先在斯圖加特火車總站寄行李並享用午餐，再搭下一班車往Metzingen

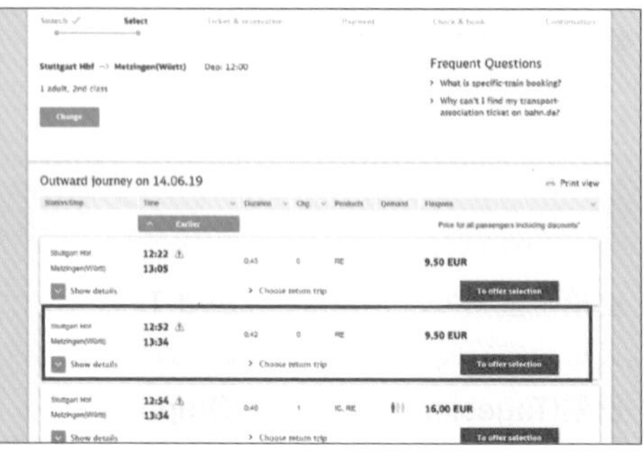

搭區間火車(RE)12:52從斯圖加特往Metzingen火車站，預計13:34抵達。到站後，再搭計程車前往客戶公司。拜訪結束後，可返回斯圖加特火車總站領回行李，並在斯圖加特過夜

3.行程如有跨週末，可特別安排小旅行

週六 斯圖加特城市風光

上午：參觀愛車者的朝聖地——賓士博物館(Mercedes-Benz Museun)。

下午：勘史達礦泉浴(Mineralbad Canstatt)享受難得的礦泉SPA。

晚上：SI Centrum看音樂劇(需提早訂票)，或是在市中心及王宮花園散步，度過悠閒的週末夜晚。

十足現代建築風格的賓士博物館

週日 黑森林絕美湖泊——蒂蒂湖

德國大學城的福萊堡(Freiburg im Breisgau)是黑森林的門戶，先搭車至此，將大件行李寄放在火車總站的寄物櫃，再搭乘RB區間火車(每隔1小時一班)，即可到達Titisee Neustadt火車站，然後步行至蒂蒂湖(Titisee)邊。

整個下午沉浸於黑森林的湖光山色並享受芬多精，是後續的商務行程最佳的充電。晚上可在福萊堡火車總站附近享用晚餐並散步。

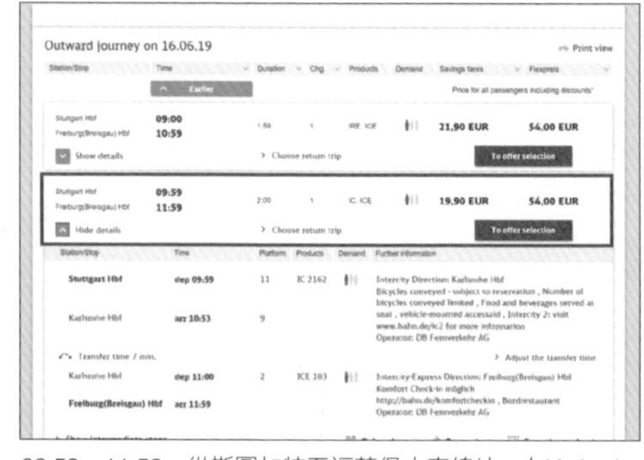

09:59～11:59，從斯圖加特至福萊堡火車總站，在Karlsruhe轉車，搭ICE高鐵

黑森林搭配純淨的湖水，彷若仙境

4.福萊堡 → 柏林

從福萊堡前往柏林，可搭乘夜車節省通勤時間，深夜出發，隔天清晨在車上用完早餐後，就到達柏林火車總站了，記得先好好看

看這座2006年世界盃足球賽之前才完工的巨大玻璃建築。會議結束後，可好好利用餘下空閒時間，感受在柏林市中心豐富的歷史痕跡以及現代新生的動力。

柏林火車總站新建築令人驚豔

5.柏林 → 法蘭克福

若中午前就要從柏林到達法蘭克福，則清晨就必須出發。可選搭飛機或火車，此路線還有超快速的ICE-Sprinter。

早上06:01，搭ICE-Sprinter，由柏林直達法蘭克福，車程不到4小時(一般ICE高鐵需4.5小時)

旅行小抄

商務特快車(ICE Sprinter)

高鐵最快的一班車，不停沿途經過的小站。主要服務需於德國東、西部大城之間，或南、北大城之間快速移動、當日來回的旅客。乘客多以商務客為主。

查詢火車班表，只要輸入清晨的時間，會出現有S圖樣的ICE，即為ICE Sprinter。圖中為柏林至法蘭克福，6:04與7:04發車都是ICE Sprinter。

6.法蘭克福 → 台灣

搭乘德國漢莎航空，經香港返國。

省錢技巧

交通

■提早預訂

提早預訂較能搶到低價，但因商務旅行常有各種變數，最好不要訂不能取消的票。

■善用各式交通票券

Railpass(P.307)：長途旅行的最佳選擇。

Sparpreis優惠票：若事先已確定旅行路段，也可上德鐵網站訂看看是否有Sparpreis優惠票，但要注意是否能更改或取消等彈性。

邦票(Länder-Ticket)：多人短途旅行時，在邦內移動可考慮使用(詳見P.308)。

縱橫全國票(Quer-durchs-Land-Tickt)：1～5人短途旅行時可考慮。全德適用(詳見P.308)。

日票(Tageskarte)、團體票(Gruppenkarte)：搭乘地鐵、電車、公車宜多加利用，會划算許多。

柏林市區AB區七日票

柏林市區AB區一日票

餐點

■到超市、藥妝店買食物

除了火車站的簡餐店及街頭小吃，經濟又美味以外，更可到超市及藥妝店儲糧，零食和飲料都較便宜，可省下不少錢。

→超市與藥妝店的飲料與食物，豐富且實惠，可多加利用

商務禮儀與文化

一律穿著正式服裝

在德國的商務場合，舉凡展場、研討會、拜訪客戶或與客戶一同用餐，除非事先有講好，否則打領帶、著正式西裝是普遍規定。尤其若尚未熟識，最好不要穿著太輕便，才不至於失禮。

大部分德國公司都沒有空調，如果遇到極炎熱的日子，會允許員工穿輕便服裝，若看到男員工穿著短褲，請不用在意。

事先決定由哪方請客

務必事先談好由哪方請客(einladen/Einladung，通常英文用invite/invitation表示)。若是到對方公司拜訪，通常客戶會盡地主之誼；如果是在參展日與客戶一同用餐，則需事先決定由哪方請客。

餐點上齊才開動

點餐前一定要先點飲料，通常沒有免費的白開水，還是要點礦泉水。必須等每一杯飲料都上齊之後，才一起舉杯互敬，杯子可輕碰。此時一定要向每個人的眼睛注視一、兩秒，千萬不要眼神飄忽或看杯子。如果是喝啤酒、汽水類，請豪邁地說「Prost!」；喝紅白酒請優雅地說「Zum Wohl!」；也可用英文「Cheers!」，然後才能開始喝。之後通常就不會再敬，喝快、喝慢都隨意。喝完可續點、可再敬，也可繼續聊天而不再敬。

餐點方面，在德國較常見的是湯，主菜前的前菜不是很普遍，沙拉則習慣與主菜一起上。一定要等每位的主菜都上齊才能一起開動，開動前請先祝對方用餐愉快：「Guten Appetit！」，或說「Bon appétit！」、「Enjoy your meal！」亦可。尊重當地飲食

與客戶用餐應注意商務禮儀

合宜的穿著與應對是成功的要素之一

點餐時一定會先點飲料，要等飲料全到齊，一起敬酒之後才能開始喝

是維繫良好關係的要素，請抱著文化交流的態度，不要批評。

習慣德國人直接的互動方式

一般來説，德國的民族性是實事求是、一板一眼(積極程度當然是因人而異)，且步調通常較慢，所以互動時要有耐心，不要逼迫對方。德國人普遍較台灣人直接，不拐彎抹角，不接受時會直接拒絕，與我們委婉客氣不直説的習性差異頗大。需慢慢察覺體會、累積經驗。

Tips

德國人只會在熟悉度足夠的狀況下，邀請客人到家裡或一起出遊，不要在對方覺得熟悉度還不夠時，就提出請對方帶你遊覽的要求，對方若覺得不方便，通常會直接拒絕。

交談以輕鬆性話題為主

除了公事，多談點輕鬆的話題將有助於拉近雙方的距離。最簡單且必定愉快的話題莫過於旅行。對方公司派來之交流者，通常不會是對外國人不友善的極端人士，只要避開敏感話題，應可愉快建立友好關係。

應避免的有私領域的話題，如個人的家庭、婚姻、性傾向等，以及政治與宗教話題，如歐債危機、希臘、中東與非洲難民議題與宗教衝突等，如果對方未主動提及，都不要輕易觸及。

此外，應避免納粹與屠殺猶太人等嚴肅的話題。納粹與希特勒在戰後已完全被否定與唾棄(雖然至今仍有所謂新納粹主義者，但畢竟是極少數人)，尤其不要説「德軍在二次世界大戰初期，閃電戰很英勇」這類的話，容易令對方難堪。

通常不會提及納粹，千萬不能對納粹有正面觀點

Tips

前東德政權與兩德分裂時之生活，是老一輩的德國人樂於談論的話題，也許會有意想不到的收穫，但應避開有貶抑當時東德人民及東德社會、經濟等論調。

CHANGE
Souvenirs

法蘭克福

德國國門之都，是黑森邦(Hessen)內最大的都市，其國際機場是世界上最繁忙的機場之一，加上位於德國的中心位置，鐵公路四通八達，自然成為工商重鎮。而各大銀行競相構築摩天大樓，是德國唯一像北美洲都市一樣，擁有現代天際線的都市。

FRANKFURT

城市小檔案

德文 Frankfurt am Main
或Frankfurt (Main)

英文 Frankfurt

城市代號 F

城市人口 65萬

所屬邦區 黑森邦(Hessen)

重要機場 法蘭克福國際機場(代號FRA)

重要火車站 法蘭克福市區總站
Frankfurt am Main
Hauptbahnhof(Hbf)
法蘭克福機場長途火車站
Frankfurt Flughafen
Fernbahnhof

旅遊中心 火車總站、市中心Hauptwache
地鐵站附近

城市官網 www.frankfurt.de

城市巡禮

旅德首站——德國門戶之都

擁抱現代科技的文化古都

法蘭克福是大多數外國旅客到德國的第一站，除了巨大繁忙的法蘭克福國際機場外，這裡也是德國的鐵、公路交通樞紐，以及歐陸的金融中心，更因是歐洲中央銀行的所在地，在世界經濟上的地位可謂舉足輕重。更重要的是，由於交通便利，很多工商大展將這裡當作首選場地，再加上位於德國中心位置，不論到哪裡旅遊都很方便，所以認識法蘭克福成了許多人了解德國的第一課。

因為是銀行城，市區內現代的摩天大樓林立，使法蘭克福的天際線十分絢麗。除了工商業充斥，她也是一座文化古都。自神聖羅馬帝國時代即是最重要的城市之一，從1562年起一直是神聖羅馬帝國皇帝加冕的地方，崇高的地位一直延續到該帝國1806年瓦解為止。可從市中心古色古香的羅馬山廣場，感受歐洲中古風情。

法蘭克福位於美茵河畔，有廣大美麗的河濱綠園，可在此觀賞高聳壯觀的天際線。而

德國的國門——法蘭克福國際機場

寬敞的車站月台

歐洲最大的股市之一——法蘭克福股市

美茵河往西匯入萊茵河，河流孕育出本區自然環境的旺盛生命力，造就無數美景。

大文豪歌德的故鄉

德國大文豪歌德與英國的莎翁齊名，是法蘭克福最引以為傲的市民。正因如此，法蘭克福在文藝上的表現，也必須不落人後，各種類型的音樂會、歌劇、戲劇、博物館、美術館等，滿足人們的精神生活，讓遊客們不虛此行。

在故鄉法蘭克福的歌德雕像

Tips

法蘭克福是個國際大都會，雖沒有百萬人口，但因其陸空交通中樞與金融中心、商展中心的地位，使得本市隨時都有各種族、各民族，以及來自世界各地一百多國的人齊聚，所以個人財物要看管好，晚上不要在暗處單獨行動。

Tips

Frankfurt am Main意指美茵河畔的法蘭克福，因為德東與波蘭交界處有一個奧德河畔的法蘭克福(Frankfurt an der Oder)，以此作為區別。

旅行小抄

法蘭克福的特色節慶

迎春慶典

每年4/2～4/25，猶如慕尼黑的啤酒節，不僅有吃有喝，還有許多主題樂園類型的遊樂設施，如摩天輪。這些設施是暫時性的，通常活動結束就會被拆掉。

美食節

每年6/23～7/2在歌劇院前廣場舉行，食物種類繁多，場面盛大。還有許多不定期活動，可洽旅遊中心或至城市官網(P.49)查詢。

摩天大樓節慶

通常在每年5月下旬舉行，這是德國唯一有摩天大樓的城市，煙火和音樂將響徹雲霄，詳細時間可至網站查詢。

http www.wolkenkratzer-festival.de

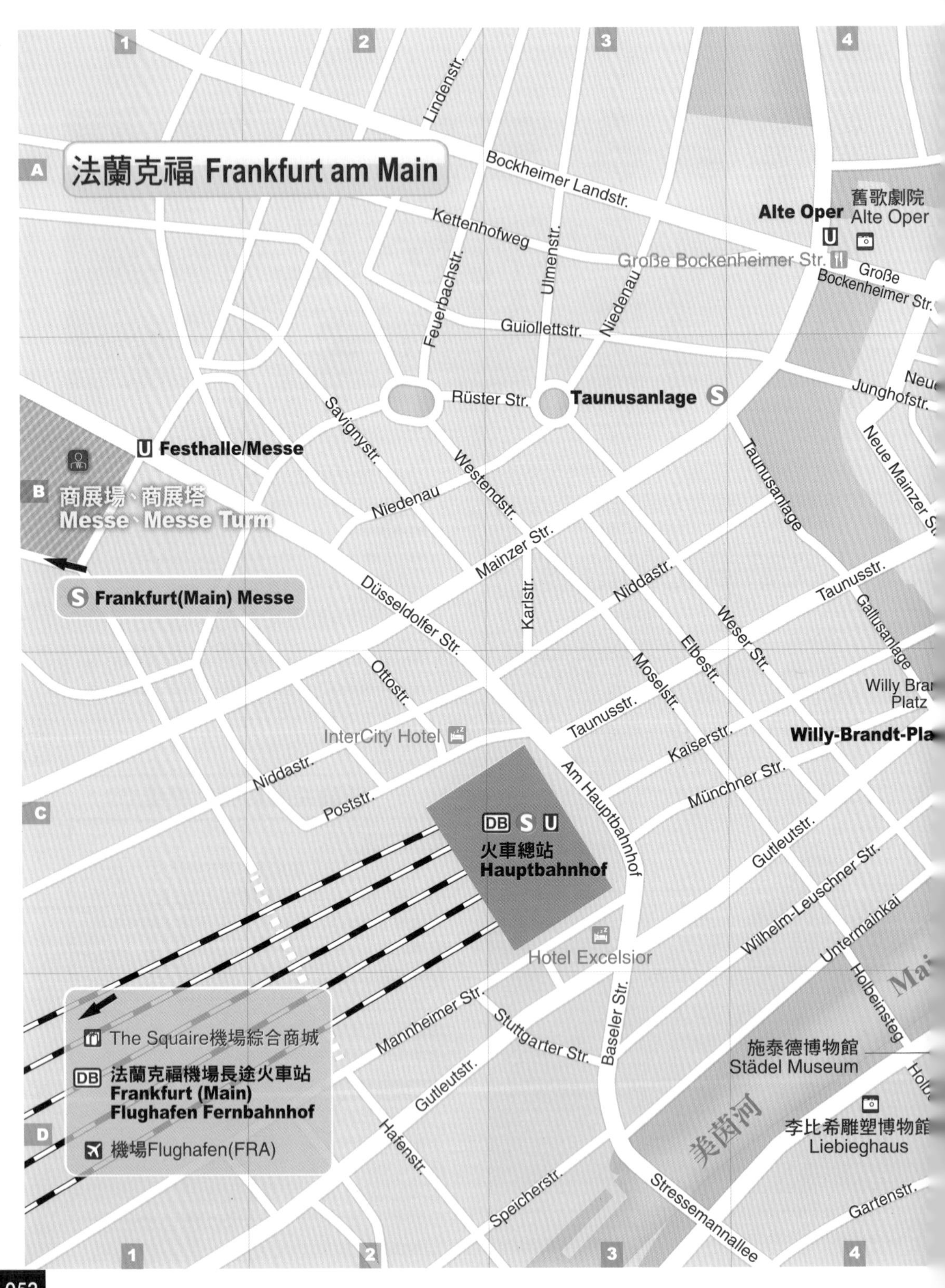
法蘭克福 Frankfurt am Main
Bockheimer Landstr.
Kettenhofweg
Lindenstr.
舊歌劇院
Alte Oper
Alte Oper
Große Bockenheimer Str.
Große
Bockenheimer Str.
Feuerbachstr.
Ulmenstr.
Niedenau
Guiollettstr.
Rüster Str.
Taunusanlage
Junghofstr.
Savignystr.
Westendstr.
Festhalle/Messe
商展場、商展塔
Messe、Messe Turm
Niedenau
Taunusanlage
Neue Mainzer Str.
Mainzer Str.
Frankfurt(Main) Messe
Düsseldolfer Str.
Karlstr.
Niddastr.
Taunusstr.
Gallusanlage
Weser Str.
Elbestr.
Moselstr.
Ottostr.
Willy Brandt Platz
Taunusstr.
InterCity Hotel
Willy-Brandt-Pla
Niddastr.
Kaiserstr.
Am Hauptbahnhof
Münchner Str.
Poststr.
DB S U
火車總站
Hauptbahnhof
Gutleutstr.
Wilhelm-Leuschner Str.
Untermainkai
Hotel Excelsior
Holbeinsteg
The Squaire機場綜合商城
DB 法蘭克福機場長途火車站
Frankfurt (Main)
Flughafen Fernbahnhof
機場Flughafen(FRA)
Mannheimer Str.
Stuttgarter Str.
Baseler Str.
施泰德博物館
Städel Museum
Gutleutstr.
Hafenstr.
美茵河
李比希雕塑博物館
Liebieghaus
Speicherstr.
Stressemannallee
Gartenstr.

Bockenheimer Anlage
Eschenheimer Tor
Bleichstr.
Gr. Friedberger Str.
卓美亞
(帆船飯店法蘭克福分店)
Jumeirah
Hochstr.
Börsenstr.
Schillerstr.
Gr. Eschenheimer Str.
Stiftstr.
新摩天大樓群
Palaisquartier、NexTower
Galeria Kaufhof
法蘭克福股市
Frankfurter Börse
MyZeil 購物中心
彩爾街 Zeil
Zeil
Zeil-Galerie
Konstablerwache
Kalbächer G.
Bieberg.
Zeil
歌德街
Goethestr.
Hauptwache
An der Hauptwache
Holzgraben
Hasengasse
Fahrgasse
Kurt Schumacher Str.
Rathenau-platz
Rothofstr.
Junghofstr.
Goethe-pl.
Rossmarkt
Tönges gasse
現代美術館
Museum für Moderne Kunst
歌德故居、歌德博物館
Goethe-Haus, Goethe-Museum
Gr. Gallusstr.
Kaiser str.
Berliner Str.
Domstr.
Pauls platz
Domplatz
Dom/Römer
大教堂
Kaiserdom(DOM)
Kaiser platz
Berliner Str.
Kornmarkt
Römer berg
Markt
Weckmarkt
Friedens str.
Beth mannstr.
Münzg.
市政廳
Rathaus
Weissfrauenstr.
Alte
Mainzer Gasse
Mainkai
Untermainkai
Eiserner Steg
Neue Mainzer Str.
羅馬山廣場
Römer/Römerberg
美茵河畔
Mainufer
美茵河
Main
Alte bücke
Steigenberger Frankfurt Hof
工藝博物館
Museum Angewandte Kunst
Sachsenhäuser Ufer
美茵塔
MAIN TOWER
Deutschherrnufer
Untermainbr.
Dreikönigstr.
Gr. Ritterg.
Kl. Ritterg.
Schulstr.
Schifferstr.
世界文化博物館
Museum der Weltkulturen
Elisabethstr.
Klapperg.
Dreieichstr.
綜合表演廳院
Bühne
Schaumainkai
Walter Kolb Str.
電影博物館
Deutsches Filmmuseum
Schifferstr.
Brueckern Str.
老薩克森豪森區
Alt-Sachsenhausen
建築博物館
Deutsches Architektur Museum
Oppenheimer Landstr.
Stegstr.
Laubestr.
Darmstädter Landstr.
Städelstr.
Dürerstr.
通訊博物館
Museum für Kommunikation
Schweizer Str.
Launitzstr.
Danneckerstr.
Martin May Str.
Kennedyallee
Cranachstr.
Gutzkowstr.
Bruchstr.
洲中央銀行
ıropäische Zentralbank
Schweizer Platz
Schweizer Platz
Morgensternstr.
Schneckenhofstr.
DB
法蘭克福南站
Frankfurt Süd
Schwanthaler Str.
Diesterwegstr.
Textorstr.
Zum Wagner
5
6
7
8
A
B
C
D

機場聯外交通

從法蘭克福機場可搭火車至市區或德國的其他城市，火車站與第一航廈相連。若你的班機是在第二航廈的D、E區，則需搭空中小捷運到第一航廈，再到火車站搭火車。

——搭火車——

1.搭S-Bahn前往市區

搭乘往市區的通勤列車(S-Bahn)以及往鄰近城市的區間火車(RE，Reginal Express)，請沿S指標至第一航廈地下層的法蘭克福機場地區火車站(Frankfurt Flughafen Reginalbahnhof，Reginalbahnhof的英文是Regional Train Station)，月台為1～3號。機場與市區間的路線為S8或S9，約每15分鐘一班，車程約10分鐘即可到達市區總站。

車站雖然很大，但指標很多，不怕迷路

往長途火車站4～7號月台，往地區火車站1～3號月台

在法蘭克福機場地區火車站可搭S-Bahn前往市區各地

Tips

機場交通詳見P.301。法蘭克福國際機場(FRA)是德國最重要的機場，幾乎所有亞洲航班都在這裡降落，可說是台灣旅客必經之地，精采介紹見P..302。

2.搭高鐵／火車前往德國其他城市

請沿T指標到地上層的長途火車站(Frankfurt Flughafen Fernbahnhof，英文：Long Distance Train Station)，這是一座又新又前衛的玻璃火車站，可由此搭長途城際火車或ICE高鐵快速抵達德國各大城市，月台為4～7號。因為德國鐵路網十分龐大，有些城市可能要到市區總站搭乘較為方便。

法蘭克福機場長途火車站有ICE高鐵通全德各大城

法蘭克福機場與火車站有清楚的指標

搭計程車

機場或火車總站都有專區可搭乘計程車，且大部分都是賓士喔！不過價格並不便宜，但若3、4人共乘，且能載大行李就還划算(畢竟大眾運輸也滿貴的)，付錢時需酌量給予小費，如€11.4，付€12即不失禮。亦可上網預訂或打電話叫車。

+49(0)69-250001、+49(0)69-230001

http www.taxi-frankfurt.de

租車

出機場若需租車，請沿指標至航廈出口附近的租車中心，有多家租車公司可選擇，在市區總站等地點亦有租車據點，可在國際租車網站(www.rentalcars.com)上進行預約。以下提供較知名的租車公司之聯繫資訊。

Hertz

+49(0)69-69593244

http www.hertz.com

AVIS

+49(0)69-69027771

http www.avis.com

Europcar

+49(0)69-697970

http www.europcar.com

城市交通

市內大眾運輸包含通勤列車(S-Bahn)、地鐵(U-Bahn)、電車和公車，十分發達。

通勤列車(S-Bahn) 地鐵(U-Bahn)

如果只在城市內搭地鐵，因為是由各城市的市內運輸公司所經營，需在自動售票機購買市內交通票，詳情可查詢萊茵美茵地區交通局網站。http www.rmv.de

由市中心至大法蘭克福地區分為好幾個區，但一般而言，最標準的票價可適用於整個市區(商展場離市區很近，所以使用此費率)，若要涵蓋機場，票價當然較高。

許多售票機已改為液晶螢幕，可選擇多種語言，按步驟操作，更加簡單方便

1.搭S-Bahn前往商展場

法蘭克福號稱德國最重要的國際商展城(展覽資訊詳見P.30)，其展覽會場規模十分龐大，書展與車展更是舉世聞名。商展場距離市區總站很近，交通極為方便。可從機場搭S8或S9至市區總站，再轉乘S3～S6至Messe站，或U4至Festhalle／Messe站，約5分鐘可抵達。

http www.frankfurt-messe.de

票價參考 車票種類	市區與附近(涵蓋市區與商展場)	涵蓋機場、市區與商展場
單人單趟 Einzelfahrt	€2.75	€4.95
單人一日票 Tageskarte	€5.35	€9.65
團體一日票(2～5人) Gruppentageskarte	€11.30	€16.60

※以上資料時有異動，以實際公告為準。

旅行小抄

逛遊大法蘭克福地區的優惠方案

此地有的商展票會提供與交通票的合併優惠，可在參展期間，不限次數乘坐萊茵河美茵河地區的所有區間車，如S-Bahn、U-Bahn、公車、區間火車(RE)。

涵蓋範圍通常西至美茵茲(Mainz)，東至奧芬巴赫(Offenbach)，北至馬堡(Marburg)，南至達姆城(Darmstadt)，也就是整個大法蘭克福地區。但要注意的是，沒有涵蓋萊茵河最精采的一帶，如Loreley、Boppard等。

Tips

市區交通詳情可見：
購買火車票(P.306)、查詢火車時間(P.306)、搭乘通勤列車(S-Bahn)與市內地鐵(U-Bahn)(P.310)。

ICE高鐵優雅的火車頭

知識充電站

法蘭克福火車總站

法蘭克福火車總站(Frankfurt am Main Hauptbahnhof，Hbf)是德國最大的火車站之一，有超過20個月台，各類火車班次十分密集，是德國中部的交通大樞紐。可通達德國各大小城市及周邊國家各大城，地下層為通勤列車(S-Bahn)及地鐵(U-Bahn)十餘條路線的必經之站。雖然看似繁雜，不過，只要看好自己要搭的路線與到達的站名，順著指標，必可找對月台，德國車站的標示都已符號化而且相當清楚，一定可順利找到。

總站內商店應有盡有，包括完備的旅遊商展資訊中心、租車中心、寄物中心，以各種小吃、簡餐、書店、藥妝店、超市等。德國的商店雖然週末和假日不營業，但大型火車站內的商店則是到週日晚上都還有服務，所以假日可好好利用火車站的商店。

氣派的火車站門面

法蘭克福火車總站裡有極多的商店與小吃攤、簡餐餐廳

法蘭克福地鐵圖

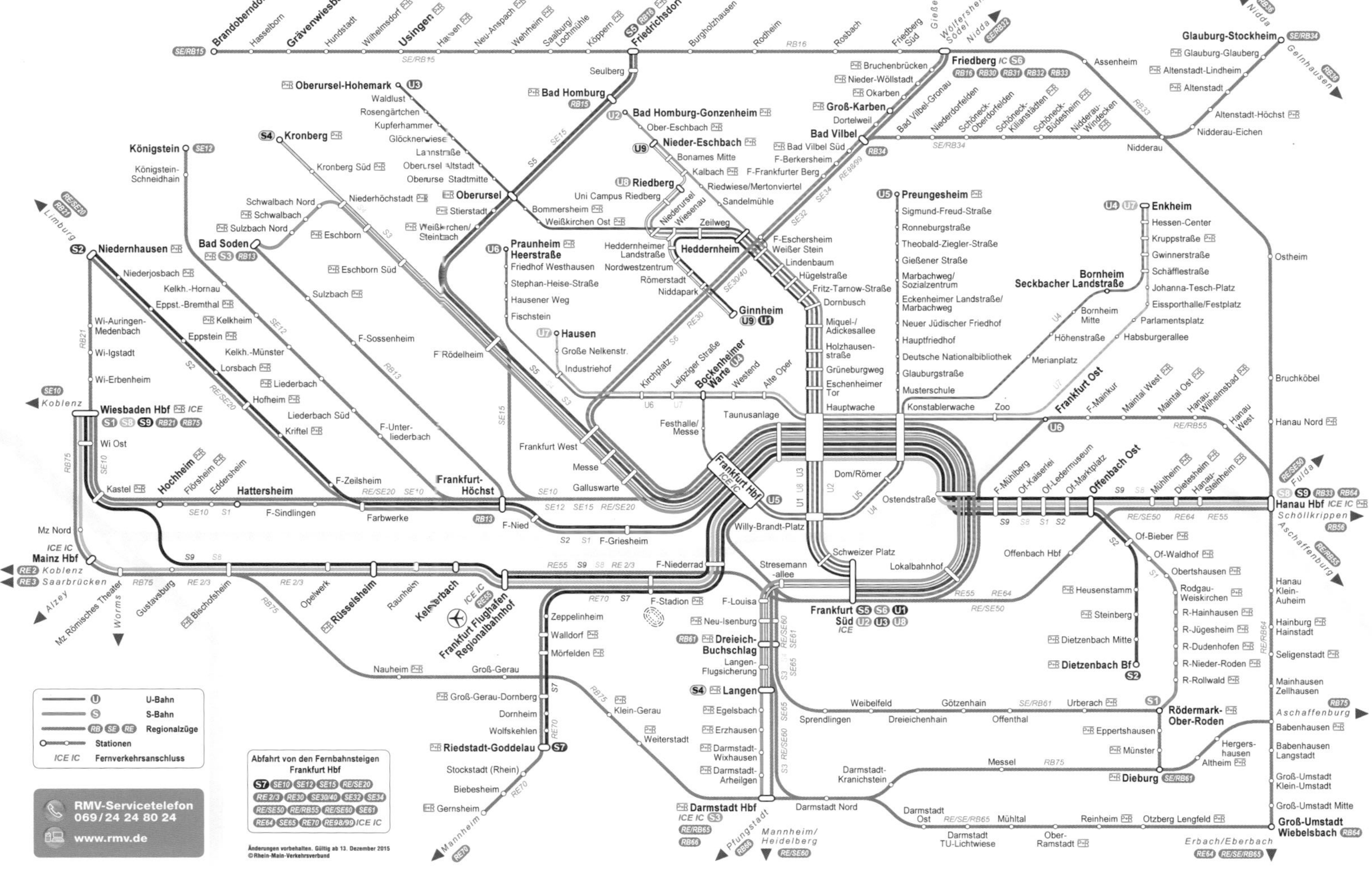

資料來源：法蘭克福交通當局 RMV

必訪熱門景點

多數人來到法蘭克福是有公務在身，但其實法蘭克福不只是現代味十足的工商大城，其文化內涵與觀光價值都會令來訪的旅客讚歎。就算行程再趕，也一定要到市中心與美茵河畔走走。

感受德國古老風情

羅馬山廣場

Römer／Römerberg

這裡是法蘭克福市中心最熱門的景點。羅馬山廣場也是全市最古色古香的地方，許多匆忙的旅人，特別是商務人士，若沒有時間到德國各地欣賞美景，就免不了到這裡快速感受一下德國風情，因為這裡有一排最具德國特色、櫛比鱗次的斜屋頂半木造屋(Fachwerkhaus)，這排古老的房子始建於15世紀。

在羅馬山廣場中央有一座女神雕像與噴泉(Gerechtigkeitsbrunnen)，女神手持天平，象徵公平正義。對面有一排階梯式正立面的房子是市政廳，已超過600年歷史，最旁邊的那間是旅遊資訊中心。市政廳雕飾十分精美，中間那棟雕有神聖羅馬帝國的4位皇帝。19世紀時，為紀念神聖羅馬帝國1,000年，還在其內的皇帝廳(Kaisersaal 註)，雕刻了該帝國從查理曼大帝到法蘭茲二世第52任皇帝的塑像。自1612年起，神聖羅馬帝國新皇帝的加冕宴會就在此皇帝廳舉行。

山形階梯的房屋是德國的特色

這幾棟房屋雖與對面的半木造屋迥異，整體搭配起來，卻顯得意外地和諧。廣場周圍的露天咖啡座，更增添了不少悠閒浪漫的氣氛，使人忘了此時是置身在現代的都市叢林中。

羅馬山廣場德國風味十足

註Kaiser是德文的皇帝，讀音似「凱薩」，但並非一般所熟知的凱薩(Caesar)。

地址 Römer Römerberg 27, 60311 Frankfurt am Main
交通 U，Dom／Römer站
http www.frankfurt.de
MAP P.53／B6

夜晚在河畔閃耀著光芒的大教堂(圖片提供／Elyse)

神聖羅馬皇帝加冕地

大教堂

Kaiserdom／katholische Pfarrkirche St. Bartholomäus(Dom)

羅馬山廣場的東側是法蘭克福主教座堂，建於13～15世紀，自1562～1792年，法蘭克福成為神聖羅馬皇帝的加冕地，共有10位皇帝在這座大教堂裡加冕稱帝，在德文中又稱作「皇帝大教堂」(Kaiserdom St. Bartholomäus)。

1944年法蘭克福飽受盟軍轟炸，而教堂的尖塔卻奇蹟般地倖免於難，塔高95公尺，可徒步324層台階，到達66公尺高的平台，欣賞銀行城新舊共存的景致。

教堂內氣氛莊嚴肅穆(圖片提供／Elyse)

✉Dom St. Bartholomäus, Domplatz 1, 60311 Frankfurt am Main 🚇U，Dom／Römer站 http www.dom-frankfurt.de MAP P.53／B7

曠世文學奇才

歌德故居、歌德博物館

Goethe-Haus & Goethe-Museum

這裡是法蘭克福之子——大文豪歌德1749年8月28日出生時的家，也是他年少時的住所。歌德曾在作品中多次描述此住屋的景象，以及其與父母在此生活的點滴，藉由還原擺飾，彷彿感受到小歌德的嘻笑聲。此屋的房間很多，各有其功能，可看到18世紀豪門的居家生活是什麼樣子。這裡也有一座歌德博物館，展出文豪的手稿等遺物。因為法蘭克福出過這麼一位曠世大文豪，也難怪德國最大的書展是在法蘭克福舉行。

歌德(1749～1832)曾於此完成他年輕時的名作《少年維特的煩惱》，中壯年時期則在德東的威瑪度過，那裡也有歌德故居及博物館(P.228)。

✉Großer Hirschgraben 23-25, 60311 Frankfurt am Main ☎+49(0)69-138800 🚇U，Willy-Brandt-Platz站；U，Dom／Römer站 http www.goethehaus-frankfurt.de MAP P.53／B5

歌德雕像與法蘭克福的銀行高樓

高樓間放鬆身心的一處綠洲

美茵河畔、美茵塔

Mainufer & MAIN TOWER

來到這摩天大樓林立的銀行城，絕不要被金錢或工作壓力壓垮了，除了全市大大小小的公園與綠地外，最能舒展身心的地方，莫過於美茵河畔。美茵河是萊茵河的支流，漫漫地流過法蘭克福，河上有數座橋梁，而真正屬於行人使用的是「鐵橋」(Einsenersteg)。由羅馬山廣場步行5分鐘即可抵達河邊，這裡也是乘船遊河的碼頭。

走在橋上，放眼望去盡是各大銀行高樓爭相競豔，所構成的天際線與美茵河的河水相互輝映，形成歐洲唯一的紐約曼哈頓式景觀，這些大樓造型都相當講究且極富現代感。其中，只有圓形玻璃建築的美茵塔之頂樓有觀景平台，供遊客參觀。天氣好時還可到戶外觀景台賞景。

美茵河畔的風情

法蘭克福的銀行大樓每棟都有吸睛造型

綠草如茵的河畔，是市民與遊客們享受自然與悠閒最佳的地點，在這裡乘船、散步、慢跑、騎單車、划船等，都是好輕盈、好享受，加上輕拂的微風與成群的野鴨、野雁以及天鵝，這裡真是城市中最接近大自然、洗滌心靈的好地方。

✉Main Tower, Neue Mainzer Str. 52-58, 60311 Frankfurt am Main 🚇U，Dom／Römer站；S，Taunusanlage站 http www.maintower.de MAP P.53／C6、C7

越夜越熱鬧

老薩克森豪森區

Alt-Sachsenhausen

來到南岸，除了文化性的博物館之外，在老薩克森豪森區有無數的餐廳、酒館，是夜生活的社交中心。

✉Alt-Sachsenhausen, Frankfurt am Main 🚇U，Schweizer Platz站 MAP P.53／C8

→老薩克森豪森區到處都是餐廳酒館

獨家新潮景點

歐洲給人悠閒的印象，但並不表示社會進步緩慢；相反地，各地仍有許多超現代、超先進、超有創意的新景點。

法蘭克福的New York City

The Squaire機場綜合商城

The Squaire

法蘭克福機場長途火車站在月台兩端新建了商場及辦公大樓，通稱為The Squaire，是由機場與高鐵站聯合開發的範例，結合許多創新的設計概念，讓來不及到市區購物的旅客也可在此高效率地shopping。這座綜合的城中城也被稱為「New York City」，包含會議中心、商辦大樓、商店、餐廳、旅館，甚至還有診所、美髮中心、健身房等，讓附近的上班族及旅客可在此輕鬆地享受所有服務。交通方面則是結合了國際機場、長途火車站(有高鐵)、地區火車站(有S-Bahn)，超級便利。這裡也有新開幕的五星級旅館Hilton Frankfurt Airport and Hilton Garden Inn，方便商務人士住宿。

Am Flughafen, 60549 Frankfurt am Mai S，Frankfurt Flughafen(Airport)站 http www.thesquaire.com MAP P.52／D1

走科技冷調路線的入口廣場

超人氣大歐元標誌

歐洲中央銀行

Europäische Zentralbank

如果對金融業有興趣，一定不能錯過這裡。歐元有著歐洲統合的偉大夢想，儘管經歷許多波折，但相信歐洲人可以克服重重難關。不妨到位於法蘭克福的歐洲中央銀行，看看歐洲貨幣統合的歷史，記得要在這個超大的歐元標記前照相留念。

Sonnemannstraße 20, 60314 Frankfurt am Main U，Ostbahnhof站 www.ecb.europa.eu MAP P.53／B5

經典地標大歐元

代表性金融地標

法蘭克福股市

Frankfurter Börse

歐洲最重要的股市之一，裡面沒有嘈雜的叫賣聲，而是全面e化，有秩序地進行交易。股市建築外的牛熊雕像代表股市的牛市與熊市，是這個金融首都的地標之一。

Börsenpl. 4, 60313 Frankfurt am Main S+U，Hauptwache站 www.boerse-frankfurt.de MAP P.53／A5

法蘭克福股市前的牛、熊雕像

摩登天際景觀再添一筆

帆船飯店法蘭克福分店——卓美亞

Jumeriah

杜拜的帆船飯店舉世聞名，該集團也在法蘭克福建了一座新潮的高級旅館「卓美亞(Jumeriah)」，開幕於2011年，是歐洲第三家(前兩家在英國的倫敦)，成為市區景觀的新震撼，經過一定要仔細瞧瞧！在客房內還可看到銀行城的摩天大樓。

這座旅館屬於一個稱為「Palaisquartier(法文乃王宮區之意)」的專案，是都更成功的典範。旁邊有棟前衛的白色商辦大樓稱為NexTower，而新潮的MyZeil購物中心也位於此區。

Thurn-und-Taxis-Platz 6, 60313 Frankfurt am Main S + U，Hauptwache站 www.palaisquartier.com、www.nextower.de MAP P.53／A6

↓銀亮奪目的建築群

藝術文化景點

劇院或音樂廳，通常演出當晚是一票難求，不妨先(最好於數週前)上網訂票，可選到喜歡的位置及價位。通常當天再憑網上訂位號碼與紀錄，現場取票即可。

沿岸七大博物館巡禮

南岸博物館群

Museumufer

越過鐵橋到美茵河南岸，除了可看北岸美麗的銀行城天際線，更重要的是造訪南岸的博物館群。德國人每年都為博物館、美術館等編列龐大的預算，以維持最高的品質，但票價都相當合理，尤其對學生更是常有優惠，由此可看出德國人對文化與教育的重視程度。

U，Schweizer Platz站

建築博物館

南岸七大博物館

●**施泰德博物館(Städel Museum，Was)**
Schaumainkai(Museumsufer) 63
http www.staedelmuseum.de
MAP P.52／D4

●**工藝博物館(Museum Angewandte Kunst)**
Schaumainkai 17
http www.museumangewandtekunst.de
MAP P.53／C6

●**電影博物館(Deutsches Filmmuseum)**
Schaumainkai(Museumsufer) 41
http www.deutsches-filmmuseum.de
MAP P.53／C5

●**李比希雕塑博物館 (Liebieghaus Skulpturensammlung)**
Schaumainkai(Museumsufer) 71
http www.liebieghaus.de
MAP P.52／D4

●**通訊博物館(Museum für Kommunikation)**
Schaumainkai 53
http www.mfk-frankfurt.de
MAP P.53／D5

●**建築博物館(Deutsches Architektur Museum)**
Schaumainkai(Museumsufer) 43
http www.dam-online.de
MAP P.53／C5

●**世界文化博物館(Museum der Weltkulturen)**
Schaumainkai 29
http www.weltkulturenmuseum.de
MAP P.53／C6

市區文化精神指標

舊歌劇院

Alte Oper

舊歌劇院是法蘭克福最經典的表演場所，位於歌德街的西端，造型壯麗，此劇院常有現代舞台劇等綜合性表演，亦常作為重要會議的禮堂。

Opernplatz 1 60313 Frankfurt am Main ☎+49-69-13400
U，Alte Oper站 http www.alteoper.de MAP P.52／A4

→山形牆上刻有真善美字樣的舊歌劇院

購物指南

法蘭克福市中心地鐵站(Hauptwache)的德文原意為「主崗哨」，是古時候警衛駐紮之處，有十餘條路線經過，因此人潮眾多，吸引許多商店進駐，亦可由地下直通Galeria Kaufhof百貨公司。

林蔭下悠閒Shopping，應有盡有一次購足

彩爾街 Zeil

走出市中心Hauptwache地鐵站，首先映入眼簾的是徒步購物大街——彩爾街上種滿了整整4排的菩提樹，百貨商場一家接著一家，如Galeria Kaufhof(其地下層有超市)、年輕風格的Zeil-Galerie，還有一棟最新潮的MyZeil購物中心，現代感十足，各式商店應有盡有。

沿彩爾街一路由西往東逛，可領略德國生活的千姿百態，也可買到許多實用的東西。在東端盡頭是Konstablerwache地鐵站，不妨在此搭S-Bahn回市中心地鐵站，出站後再往西走，會通到Kalbächer Gasse(Fressgass)與Große Bockenheimer Straße，這裡也有好多商店，以家用品及精品為主。

S+U，Hauptwache站 MAP P.53／A7

一家又一家大型百貨林立街頭

彩爾街

MyZeil購物中心

容納上百家新潮商店

這座超現代的建築，有著玻璃漩渦式的特殊造型，於2009年2月開幕，是市中心最新的購物點，裡面有上百家新潮商店與時尚餐廳。而最特別的是電扶梯複雜地交錯，像是走進迷宮般不讓你離開商場。其中最長的電扶梯達46公尺，可從地面樓一路直通5樓餐廳區喔！

Zeil 106, 60313 Frankfurt am Main S+U，Hauptwache站 http myzeil.de MAP P.53／A6

MyZeil外圍的前衛造型

渦旋式的設計讓內場像迷宮一樣旋

全市最奢華精品名店街

歌德街 Goethestraße

在鼎鼎大名的歌德街上，可以看到所有的名牌，群聚效應形成連綿不絕、無比壯觀華麗的精品櫥窗，光用眼睛欣賞，就夠醉人了！若是逛累了，這附近也有各式各樣的咖啡廳和餐廳。走到歌德街的盡頭，在Große Bockenheimer Straße與舊歌劇院附近，也有很多好逛、好買、好吃的商家等著你去發掘。

S + U，Hauptwache站 MAP P.53／B5

歌德街有各大名牌的旗艦店

在滿是林蔭的街道上購物，超級享受

美食情報

法蘭克福對人類美食的貢獻是無遠弗屆的！舉世聞名的水煮脆皮紅色長香腸 (Frankfurter Würstl)，後來才由美國發揚光大，成為無人不知的大眾美食——熱狗！還有另一名產是沁涼醇美的蘋果酒，不要錯過喔！

老薩克森豪森區 Alt-Sachsenhausen

週末享美食的最佳去處

這一帶是餐廳酒吧的群聚地，晚上熱鬧非凡，有無數的餐廳，酒館、尤其是週五與週六，有很多當地人，可隨意找間人多的餐廳，品嘗蘋果酒，並到有現場爵士樂的餐館裡享受美食並領略輕鬆歡慶的氣氛。

最近的地鐵站：U，Schweizer Platz站 MAP P.53／C8

旅行小抄

必點特產——蘋果酒

這裡最具特色的名產莫過於蘋果酒。標準德文稱Apfelwein，但當地喜歡用方言來稱呼它Ebbelwoi或Ebbelwei，是酒精濃度5～7%的冰飲，傳統用圓形瓷罐裝盛，以大玻璃杯飲用，來法蘭克福一定要喝喝看！

清涼解渴的蘋果酒

老薩克森豪森區

Zum Wagner

正宗當地特色料理

特色是當地餐，有德國常見的香腸、豬腿等肉食，還有法蘭克福特有、用多種香草調成的青醬Frankfurter Grüne Soße，通常搭配馬鈴薯與水煮蛋或肉片，且是冷食，到此不妨點來嘗嘗，飲料記得要搭配蘋果酒。

Schweizerstr. 71(位於南岸老薩克森豪森區) +49(0)69-612565 http www.apfelwein-wagner.com MAP P.53／D6

特色美食街區

提供多元選擇的各國料理

■火車站美食區

有十餘家各式簡餐餐廳，包括德式三明治、德國香腸、豬腿等熟食店、美式漢堡速食、亞洲飯麵速餐、希臘或土耳其式、義式Pizza、Pasta等。

最近的地鐵站：S+U，Hauptwache站 MAP 靠近地鐵站P.53／B6

■百貨頂樓與購物中心

選擇性多，以連鎖店為主，主餐區通常有當地特色之餐點。除最常見的德式、義式、美式、中式，還可發現日式壽司、印度咖哩餐、越南與泰國美食、中東料理等。

最近的地鐵站：S+U，Hauptwache站 MAP 靠近地鐵站P.53／B6

■Große Bockenheimer Straße

位在市中心地鐵站的西側，與歌德街平行，有無數的餐廳，連鎖店與傳統餐館都有。

位在S+U，Hauptwache站與U，Alte Oper站之間 MAP P.52／A4

羅馬山廣場周圍 Römer／Römerberg

最熱門的當地風味餐廳所在地

羅馬山廣場周圍小巷內及廣場上的餐廳很多。在這一帶用餐的客人，可能觀光客比當地人多。

最近的地鐵站：U，Römer站 MAP P.53／B6

MyZeil商場裡有非常大的用餐區

在市中心亦能享有小城鎮的用餐風情

Tips

百貨公司的自助餐廳沒有吃到飽，而是以秤重或單點的方式計算餐費。

住宿概況

法蘭克福只要一有大活動，就成了德國旅館最貴又最難找的城市，若已排定行程，一定要及早預訂！如果真的都客滿，以下城市搭火車(通常是區間火車)至法蘭克福，車程皆只需0.5～1小時，可上網查詢：Wiesbaden、Mainz、Hanau、Offenbach、Darmstadt。(訂房資訊詳見P.314)

訂房除注意房型、房價、付款方式、更改及取消條件外，還需注意有無附早餐及免費網路。此外，地點也是很重要的考量點之一，這裡主要以地點介紹住宿概況。

火車站	火車總站周邊的旅館極多，以2～3星居多，通常各國旅客匯集，德國人相對較少。最大優點是交通便利，但房間較小，屋齡較高，以商務過夜機能為重點，如Hotel Excelsior在總站南側，附早餐及免費網路，亞洲自助客多。典型的商務旅館InterCity Hotel Frankfurt則在總站北側。
地鐵站	地鐵站的優點是交通方便，從5星級到小型旅館都有，如Willy-Brandt-Platz站旁的Steigenberger Frankfurt Hof。郊區的地鐵站附近，也是交通方便且價格實惠的好選擇，但要計算好到市中心的時間。
機場	機場周邊的旅館房間通常較大，設施較好(例如較可能有游泳池)。外圍的連鎖旅館大多會提供免費的Shuttle bus往返機場，若距機場極近，則價位高昂，如Sheraton就在第一航廈出口處；Hilton則位在機場長途火車站旁。出航站後會看到Hotel Shuttle Bus的指標，即可到達搭車地點。離開旅館時，也可搭旅館小巴至機場，方便趕搭飛機。
展場	展場就在火車總站附近，有展會時房價極貴，即使沒有展會，房價亦不算低。
五星級旅館	最引人注目的莫過於與杜拜帆船飯店同名的卓美亞(P.62)，就位於市中心地鐵站外，而最新的MyZeil購物中心(P.64)後方，房間還可看到摩天大樓。 卓美亞旅館窗外美景：法蘭克福銀行城天際線 法蘭克福頂級前衛的卓美亞旅館
大型連鎖旅館	法蘭克福有非常多的連鎖旅館，以法國Accor集團(P.314)為大宗，在此有各種等級的旅館。

近郊觀光漫遊路線

若旅行還有一天的空閒時間，不妨搭乘火車或開車到附近重要景點，悠閒地體驗德式風情。針對法蘭克福周邊，提供4套一日遊建議行程。

羅騰堡是法蘭克福周邊的重點觀光城鎮

路線 1 走訪最古老的海德堡大學城

http www.heidelberg.de MAP P.13、P.69

路線特色

擁有六百多年歷史，挾其響亮名氣及輝煌的學術成就，吸引世界各地的優秀學子。

到德國旅行的人們，無不想到海德堡一遊，而這裡離法蘭克福只有約1小時車程，實在沒有理由錯過。自然與人文完美結合而形成的浪漫氣息，無論在無比迷人的老街漫步，或到內喀爾河(Neckar)對岸遠眺古城、老橋、山上城堡、後山，再加上內喀爾河的流水，春夏秋冬、朝午暮夜，無時不散發著濃濃的詩意與哲人的氣息。

來德國必訪的大學城海德堡

交通方式

1. 搭IC快車直達，由法蘭克福到海德堡(Heidelberg)，車程只需約52分鐘。
2. 搭ICE高鐵，由法蘭克福到鄰城曼海姆(Mannheim)，再轉車至海德堡(Heidelberg)，全程約1小時10分鐘。

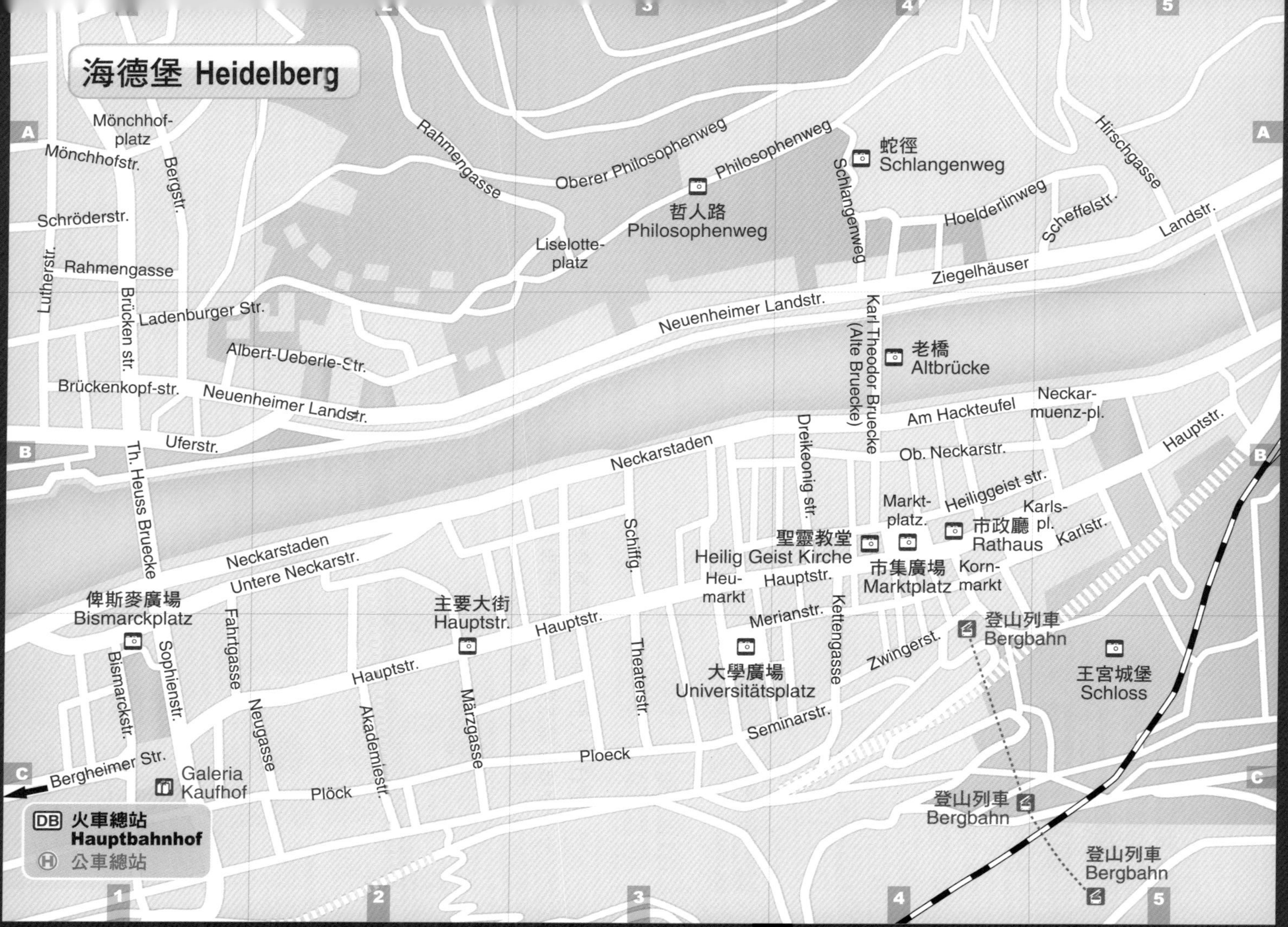

海德堡 Heidelberg
Mönchhof-platz
Mönchhofstr.
Bergstr.
Schröderstr.
Rahmengasse
Lutherstr.
Brücken str.
Ladenburger Str.
Albert-Ueberle-Str.
Brückenkopf-str.
Neuenheimer Landstr.
Uferstr.
Th. Heuss Bruecke
Rahmengasse
Oberer Philosophenweg
Philosophenweg
哲人路
Philosophenweg
Liselotte-platz
蛇徑
Schlangenweg
Schlangenweg
Hoelderlinweg
Scheffelstr.
Hirschgasse
Landstr.
Ziegelhäuser
Neuenheimer Landstr.
Karl Theodor Bruecke
(Alte Bruecke)
老橋
Altbrücke
Am Hackteufel
Neckar-muenz-pl.
Hauptstr.
Ob. Neckarstr.
Neckarstaden
Dreikeonig str.
Heiliggeist str.
Markt-platz.
Karls-pl.
Karlstr.
市政廳
Rathaus
聖靈教堂
Heilig Geist Kirche
市集廣場
Marktplatz
Korn-markt
Heu-markt
Hauptstr.
Neckarstaden
Untere Neckarstr.
Schiffg.
俾斯麥廣場
Bismarckplatz
主要大街
Hauptstr.
Hauptstr.
Hauptstr.
Merianstr.
Kettengasse
Zwingerst.
登山列車
Bergbahn
王宮城堡
Schloss
大學廣場
Universitätsplatz
Seminarstr.
Theaterstr.
Fahrtgasse
Sophienstr.
Bismarckstr.
Neugasse
Akademiestr.
Märzgasse
Ploeck
Plöck
Bergheimer Str.
Galeria Kaufhof
登山列車
Bergbahn
登山列車
Bergbahn
DB 火車總站
Hauptbahnhof
H 公車總站

行程規畫

搭公車前往古城

俾斯麥廣場→Hauptstrasse→大學廣場

火車站前，搭乘往右方駛去的公車，需搭有經**俾斯麥廣場**(Bismarckplatz)的公車，並在此廣場下車，由此步行進古城。這裡是新舊海德堡的交會處，也是購物總匯，相當熱鬧，包括Galeria Kaufhof百貨公司。沿著**主要大街**(Hauptstrasse，英文：Main Street)便可走入歷史與浪漫之中，一路上欣賞老街的建築，不知不覺已到了**大學廣場**(Universitätsplatz)，好好感受一下大學城的氣息吧！

海德堡主要大街

MAP P.69

老街散步趣

市集廣場→市政廳→聖靈教堂→王宮城堡

沿老街繼續走，不久便來到**市集廣場**(Marktplatz)，廣場上有**市政廳**(Rathaus)及對面的**聖靈教堂**(Heilig-Geist-Kirche)，這個景點很美，還能看到山上龐大而殘破的**王宮城堡**(Schloss)矗立在眼前，可步行或搭登山列車(Bergbahn)至城堡。上了城堡可得好好走走，因為每個角度的景觀都極美，城堡裡有博物館，地下室還有一個超大的酒桶(Grosses Fass)，可裝22萬公升，蔚為奇觀！

MAP P.69

↓海德堡市政廳與廣場

到哲人路體會沉思的浪漫

老橋→蛇徑→哲人路

下山後，當然要到河邊及**老橋**(Altbrücke)，橋頭有座猴子銅像，還蘊含某些哲理喔！從老橋看古城，真是美得醉人，在橋上或河邊散步，清風徐來，加上水聲、天鵝、船影……，與散發人文氣息的古城相互輝映。腳力夠的話，就到河對岸的**蛇徑**(Schlangenweg)，順其路往山上去。蛇徑，顧名思義是蜿蜒陡峻的小徑，爬山雖累，但登上目的地**哲人路**(Philosophenweg)之後，一切的辛苦都值得了！走在哲人路上，不時可見到山下的海城、紅瓦古屋、教堂尖塔、對山的城堡……，用浪漫二字也絕不足以形容，只能親身體驗。這條路正是尼采、赫德林等哲學家與詩人沉思著走過無數次的路，將會不知不覺得到一些啟發喔！

MAP P.69

Tips

海德堡的餐廳旅館相當多，俾斯麥廣場周邊以現代型餐飲與旅館居多，老城則是充滿傳統風味與觀光氣息。這裡很早就發展出獨特風味的夜生活，光是夜裡在老街散步，就是一大享受！

泛著金黃光澤的海德堡山上古堡

內喀爾河與海德堡古城

浪漫無比的海德堡老橋

海德堡其他景點還有……

大學圖書館(Universitätsbibliothek)

位於大學廣場上，由於歷史悠久，館藏相當豐富，更有許多自14世紀就保留下來的古書，是人類文明的寶物。

✉Plöck 107-109, 69117

http www.ub.uni-heidelberg.de

MAP P.69／C3

學生禁閉室(Studentenkarzer)

同樣位於大學廣場，是以前用來禁閉行為不良學生的地方，入內參觀，相當有意思。

✉Augustinergasse 2, 69117

http www.ub.uni-heidelberg.de

MAP P.69／C3

藥學博物館 (Deutsches Apothekenmuseum)

位於山上的王宮城堡內，陳列著18、19世紀的藥物及實驗器材。

✉Heidelberg Castle, Schlosshof 1, 69117

http www.deutsches-apotheken-museum.de

MAP P.69／C5

路線 2 乘船迎風遊向萊茵河

MAP P.11

路線特色

長達1,238公里長的萊茵河，流經德、法、荷、瑞士，其中最精采的流域就在德國。

從法蘭克福前往，只需1小時，便可到達風景最有特色、歷史最悠久，也最有德國精神的萊茵河區(Rheinland)，一般稱為萊茵河谷(Rheintal)或萊茵河中游(Mittelrhein)，寬闊又時而蜿蜒的河道，快速流越的河水，以及巍峨多姿的山嶽，每一眼都是那麼悅目！

萊茵河中段的河谷，意指美茵茲(Mainz)至科不倫茲(Koblenz)之間的流域，因群山環繞、河道蜿蜒，葡萄園、古堡、小城散布其間，景色美得醉人。黑瓦白牆的房舍在河邊構成一幅幅美麗的畫，時而夾雜著教堂的尖塔，每個小鎮悠閒地躺在河畔，等你去發現她的美麗。

近2,000年前，羅馬人的勢力進入此區，至今仍有廢墟作證。聳立在山頂上的古堡，則訴説著中古世紀騎士與俠客的輝煌事蹟，而萊茵河也是德法兩國擾攘不休的戰區，當然，如今皆已古月照今塵。因為河谷適中的溫溼度，這裡有許多酒鄉，孕育出香醇的萊茵白酒。河畔小鎮都有遊船或渡船串起，有些城鎮甚至有馬車、纜車可搭，讓你沉醉在最美的時空中。

交通方式

1. 搭IC快車直達，從法蘭克福到波帕(Boppard)，約1小時20分鐘。
2. 搭區間火車(RE)，約2小時。

旅行小抄

德國NO.1鐵道風景

搭火車時，請坐在右排靠窗的位置，過了美茵茲(Mainz)即沿著萊茵河行駛，過了賓根(Bingen)，火車更是完全行駛在萊茵河邊，這段風景堪稱全國第一。若是搭ICE高鐵由法蘭克福直達科隆，行駛路線中隧道較多，則會看不到萊茵河美景。

行程規畫

(記得將火車與搭船的時間一併納入規畫中)

法蘭克福 (Frankfurt)  火車 → 波帕 (Boppard)  遊船 → 聖高爾 (St. Goar)  遊船／渡船 →

聖高爾豪森 (St. Goarshausen)  遊船 → 巴赫拉赫 (Bacharach)  遊船 →

波帕 (Boppard)  火車 → 法蘭克福 (Frankfurt)

萊茵河畔的迷人小鎮——波帕

走訪淳樸小鎮風情

St.-Severus-Kirche教堂→市集廣場→萊茵河畔

上午抵達波帕火車總站後，往右方走即可抵達市區。這裡有精緻的徒步購物區，通往有2座方尖塔的**St.-Severus-Kirche教堂**及**市集廣場**(Marktplatz)，在與該街垂直的巷弄中，即可看到萊茵河的光影。在**萊茵河畔**(Rheinufer)，當然要享受在河邊聽水聲、吹微風、看行船、賞城鎮，或漫步，或騎單車，累了，就坐下來歇歇，一切都是那麼輕鬆愉快。

波帕的萊茵河山水景色動人

St.-Severus-Kirche教堂

遊萊茵河悠閒賞兩岸美景

從波帕搭船→貓堡→鼠堡

在波帕搭13:00往南的船，開始欣賞沿岸風光並感受船上的氣氛，若不想曬太陽，可選擇坐在船艙中；想吹微風，則可到甲板上，兩岸迷人的山丘、葡萄園、河畔小鎮等，處處散發濃濃的德國風情，伴著一杯果汁，或醉人的萊茵河白葡萄酒，人生夫復何求？

萊茵河在科布倫茲與美茵茲之間為河谷地形，平地很少，也因沒有大城，完全沒有建橋。此段長約80公里，居民及車輛來往兩岸，單靠渡船(Fähre)通行，非常特殊。其中，最精華的河段便是波帕到巴赫拉赫(Bacharach)這一段。

造型較為樸實的鼠堡

造型較為華麗的貓堡

沿岸山上的古堡，最有名的要算是聖高爾豪森(St. Goarshausen)附近的**貓堡**(Burg Katz)以及**鼠堡**(Burg Maus)了。這可愛的名稱是源自主教與伯爵的城堡競建，後來的把自己的當成貓而把對方的貶為鼠，而貓堡也的確比較華麗。這兩座城堡因屬私人所有(1980年代由日本人買下)，只能從遠處觀賞，不能入內參觀。

一窺傳說中羅雷萊女子

聖高爾→Burg Rheinfels古堡→聖高爾豪森、羅雷萊／巴赫拉赫

14：20抵達**聖高爾**(St. Goar)，這又是個迷人的小鎮。在城中漫遊，或在河邊散步，或搭遊車上山至**Burg Rheinfels古堡**，都是很美好的經驗。聖高爾的下一站即是對岸的**聖高爾豪森**(St. Goarshausen)，亦可搭穿梭於兩岸之間的渡船，這種渡船是當地居民往返兩岸的唯一工具。搭船抵達時，船上會奏起德國家喻戶曉的《羅雷萊》(Loreley)歌曲，此曲旋律優美，配上詩人海涅淒美的詞句，頗為動人心弦。

「**羅雷萊**」是一顆山巖，是這個小鎮的特點，此處是萊茵河的險灘區，傳說古代有個長髮美女，常在此地以誘人的歌聲迷惑經過的船夫，船夫因女子的歌聲太美妙而失神，引發船難，欲看這位美女，得在聖高爾豪森下船，

萊茵河畔的小城鎮處處是古意盎然的半木造老屋

萊茵河遊船

普法茲堡(Burg Pfalzgrafenstein)是鄰近巴赫拉赫的河中城堡

沿指標走一段路，便可在半島上看到雕像。爬上羅雷萊山巖，還可見到萊茵河周邊的美麗景色，但得要腳力與時間都夠才行。

若不去聖高爾豪森，可從聖高爾搭船至下個美麗小鎮——**巴赫拉赫**(Bacharach)，約需1小時。這是一個最具古意的小鎮，鎮上的房子都好古老，其中一棟有點傾斜的半木造古屋(Altes Haus)已有六百多年歷史，樓下是餐廳酒館。走在巴赫拉赫，猶如走進時光隧道，老街、窄巷、小屋、山坡、葡萄園等，都是那麼地動人！回程可直接從巴赫拉赫搭船回波帕，此方向是順游，所以速度會快很多，沿途再欣賞一次萊茵水上風光。

萊茵河畔小鎮流露古樸悠閒風情

旅行小抄

注意遊船開放時間

搭遊船是有時間限制的。每年4月底～10月底營運，有許多家可選擇，其中最大的一家是KD(Köln-Düsseldorfer)，船較大，班次密集，甚至可遠行至下游的科隆、杜塞道夫，而且對持有Eurail Pass／German Rail Pass(詳見P.307)的旅客有優待。

萊茵河的歷史遊船——歌德號

KD的船，每艘的造型都不一樣，也各有其特色，但都有數個樓層，並有餐廳跟開放式的甲板，其中頗具知名度的是懷舊蒸汽船——歌德號(Goethe)，需加價€1.5。旺季時約一天5、6班(每2小時1班)。全程重要站點有(由北至南)：科隆(Köln)－波昂(Bonn)－科布倫茲(Koblenz)－波帕(Boppard)－聖高爾(St. Goar)－聖高爾豪森(St. Goarshausen)－羅雷萊(Loreley)－巴赫拉赫(Bacharach)－呂德斯海姆(Rüdesheim)－賓根(Bingen)－美茵茲(Mainz)。時刻表與票價會隨季節更動，可至官網查詢。http www.k-d.com

浪漫二日遊

若能有2天的時間來遊萊茵河河谷，因時間較充裕，可較悠閒，且可欣賞更多景點，最重要的是，可以享受一整晚浪漫的萊茵之夜。

Day 1 先遊船，再散步

聖高爾→Burg Rheinfels古堡→聖高爾豪森→羅雷萊→萊茵河畔散步

先搭火車到波帕，至旅館Check-in，中午在波帕漫遊與午餐，下午13:00搭船至**聖高爾**，並搭遊車上山至**Burg Rheinfels古堡**，居高臨下，美景天成。然後再搭船到對岸的**聖高爾豪森**，可散步到**羅雷萊**雕像，或爬上羅雷萊山巖，欣賞萊茵河四周的美景。傍晚搭船回波帕(末班車是17:55，若錯過就要搭火車，車程11分鐘)，再到萊茵河畔散步，欣賞黃昏景色，晚餐可選擇一家典型的當地餐廳，記得點杯萊茵河的白葡萄酒來喝。

在萊茵河區遊玩，凡事一定要慢，觀光客就是要來享受無比的舒適與愜意，急只會破壞氣氛。在享受完燭光晚餐後，再到萊茵河畔散步吹晚風，並看看燈火通明的遊船，萊茵河畔的城鎮在夏季常有焰火及燈光秀(彩燈照耀古堡)，可向旅館或旅遊中心詢問，若來對時間，不妨到該城鎮去欣賞震撼感官的「Rhein in Flammen」(意指燃燒中的萊茵河)，夏夜亦有活動，會出動數十艘遊船，一起點燈行駛在萊茵河上，十分壯麗！活動時間可至官網查詢。

萊茵河谷盛產白酒

http www.rhein-in-flammen.com

搭船看景別具風情，很愜意

Day 2 180度驚奇大轉彎之旅

萊茵河大轉彎奇景→巴赫拉赫→法蘭克福

請旅館代叫計程車到坐纜車處(Seilbahn)，在此搭類似滑雪場的纜車上山，看**萊茵河大轉彎**(Rheinschleife)奇景，這可是180度的大轉彎，十分特殊，美景盡收眼底。約中午時間下山，再搭一次船，直達另一迷人城鎮——**巴赫拉赫**，踏遍古城後，坐船回波帕，並收拾行李搭火車回法蘭克福。火車上，記得要坐在靠河的那一側，再好好欣賞一次美麗的德國精神之河——萊茵河。

萊茵河大轉彎附近的美麗景致

科布倫茲德意志角的威廉皇帝騎馬雕像

沿萊茵河往北，將進入一段宛如仙境的美麗流域，若要完整將萊茵河各種的美存記在心底，這段萊茵河進階版行程，是絕對不能少的必訪路線。

科布倫茲Koblenz

這座城市是萊茵河與支流莫色爾河(Mosel)的匯流處，稱為德意志角(Deutsches Eck)，建有一座1870年統一後，德意志帝國首任皇帝威廉一世的銅製騎馬雕塑像，並匯集了德國16個邦的邦旗。科布倫茲(Koblenz)的萊茵河右岸，有座建於16世紀的巨型城堡Festung Ehrenbreitstein，並有纜車(Seilbahn)跨越兩岸，可一覽兩河周邊的美景。

➡可乘船沿萊茵河北上至科布倫茲，但船的班次少且速度慢，搭火車較為方便。從波帕至科布倫茲車程只要15分鐘；從法蘭克福至科布倫茲車程約1.5小時 MAP P.11

莫色爾河Mosel

莫色爾河(Mosel)乃是從法國佛日山脈流來，河道較窄且更加蜿蜒，其山巒、城堡、古屋、葡萄園等景色皆十分優美，兼具德國與法國味，精緻度不輸萊茵河畔城鎮，可視為萊茵河的進階版。這裡更是悠閒，可搭船、登山、賞河谷葡萄園，最負盛名的莫過於雷司令(Riesling)葡萄酒。

➡搭火車，從科布倫茲至科赫姆(Cochem)，車程約50分鐘 MAP P.11

旅行小抄

萊茵河畔訂房資訊

萊茵河畔小鎮的旅館，平日通常不會客滿，但假日則須及早預訂。價格通常很合理，只有河景房會貴許多，最有名的旅館是4星級的Bellevue，許多名人，如日本明仁天皇，都曾慕名而下榻於此。可在波帕的城市網頁上查詢旅館概況。

http www.boppard.de

豪華氣派的Bellevue外觀

Bellevue Rheinhotel

這是家有100多年歷史的好旅館，房間、餐廳、甚至連梯間都裝潢得典雅華麗，還有三溫暖、游泳池，是萊茵河谷地區最棒的旅館，來此一住，絕對值得！

✉Rheinallee 41, D-56154 Boppard http www.bellevue-boppard.de

一望無際的磚紅屋頂海，十足醉人

路線 3 陶醉於中世紀的古城羅騰堡

http www.rothenburg.de MAP P.13、P.81

路線特色

坐落在綠林中的羅騰堡，是著名的旅遊路線——浪漫之道 (Romantische Strasse) 的主角之一。

這裡有德國保存最好的城牆與古城，進入羅騰堡(全名Rothenburg ob der Taube，意指陶伯河上方的羅騰堡，以區別德國其他地區稱為羅騰堡的同名城鎮)就彷彿進入了12世紀，整座城鎮被城塔串起的城牆所包圍(雖然還留有城牆的城鎮在義大利很常見，但在德國卻很稀有)，城裡的房子個個古意盎然，石磚路上只有馬車與行人，在此可盡情迷戀於紅瓦與城牆之中，完全忘卻世事的紛紛擾擾。

交通方式

羅騰堡位於一條鐵路小支線的終點，從各大城市來都必須轉車2、3次，雖然削弱了發展工商業的機會，卻也使悠悠古城得以永久保存。

搭火車

搭ICE高鐵，從法蘭克福到威茲堡(Würzburg)，轉車至Steinach，再轉車至羅騰堡(Rothenburg ob der Taube)。全程約需2.5～3小時。

行程規畫

通往古城時光隧道

古城區

走出火車站需走約10分鐘的路，才能到達**古城區**(Altstadt，Old Town之意)。由Rödertor城門進入時光隧道，古屋、石磚路、窗外的小花和磚紅色的斜屋頂，時而夾雜城塔、鐘塔(進城後第一個鐘塔是Markusturm)以及馬車駛過的踢躂聲，真是沒有比這樣更古意，更浪漫的事了。

羅騰堡最為人津津樂道的是Der Meistertrunk歷史故事。話說1631年，正當30年戰爭時，敵軍即將攻入羅騰堡，市長Georg Nusch與敵方將領打賭，只要市長能喝下3又1/4公升的葡萄酒，就不攻城。市長果然一口氣喝下，也趁此時間將居民撤離。之後敵軍將領信守承諾，於是保住了城市，拯救居民們免於戰爭。之後的數年，羅騰堡沒有被發展也沒有破壞，因此才有機會讓世人得以感受道地的中世紀風情。每年6月都會在古城區街頭上演古裝劇，紀念這段故事，別具意義(活動時間請參考網站www.meistertrunk.de)。

MAP P.81

夢幻童話般的羅騰堡古城區

羅騰堡一景一物皆如詩如畫

在市政廳塔樓俯瞰市集廣場與噴泉

穿梭紅屋頂海下

市政廳、市集廣場→Georgbrunnen噴泉→聖誕節博物館、布偶及玩具博物館

古老風情的建築物一隅

羅騰堡城區小巧精緻，大約2、3小時便可走完，**市政廳**(Rathaus)與**市集廣場**(Marktplatz)是全城的中心。廣場中的噴泉稱為Georgbrunnen(以紀念拯救該城的市長為名)，值得欣賞。白天可購票登市政廳頂樓，俯瞰美麗的紅屋頂海。交叉於廣場的道路是最主要的街道，東西向為Herrngasse、Hafengasse與Rödergasse以及南北向的Schmiedgasse，都有許多紀念品店、咖啡廳、餐廳等。最值得造訪的有**聖誕節博物館**(Weihnachtsmuseum)、**布偶及玩具博物館**(Puppen- und Spielzeugmuseum)，一年四季都可感受到聖誕節慶歡愉的氣氛。其間交雜的窄街小巷，遊人較少，不妨恣意漫步，感受一下古樸之美。不論走往哪個方向，最終必會遇到城牆、城門、城塔，每段城牆都有人認養，其中還不乏有日本人來認養。可順著樓梯到城牆上走走，看看美麗的風景。

市集廣場與噴泉是最熱鬧的區域

MAP P.81

法蘭克福周邊延伸景點

科隆(Köln)(P.82)：德國第四大城，也是萊茵河畔第一大城。科隆距法蘭克福僅200公里，因近年來萊茵河右岸開築了新的ICE高鐵路線，使得兩城之間只需1小時的車程，是從法蘭克福一日遊的最佳選擇之一！

美茵茲(Mainz)：萊茵地－普法茲邦的首府，最重要的景點是德國活字板印刷之父，古騰堡(Johannes Gutenberg)博物館。

維斯巴登(Wiesbaden)：黑森邦的首都，與美茵茲隔著萊茵河相對，有極具傳統的(水)療養區Kurhaus。

馬堡(Marburg)：美麗的大學城。

哈瑙(Hanau)：童話之都，格林兄弟Brüder Grimm在此誕生。

威茲堡(Würzburg)(P.246)：浪漫之道的起點，其王宮Residen與花園Hofgarten之藝術氣息濃厚。

羅騰堡 Rothenburg

Klingenschütt
Klingenschütt
Rödersschütt
Schrannen-platz
Heugasse
Küblersgässchen
Sülzeng.
Kirch-platz
Georgeng.
Pfarrg.
Paradeisgasse
Stollengasse
Klostergasse
Grüner Markt
Kappellen-platz
Milchmarkt
Kirchgasse
市政廳 Rathaus
市集廣場 Marktplatz
Markusturm鐘塔
Rödergasse
Herrngasse
Hafengasse
Rödertor城門
聖誕節博物館 Weihnachtsmuseum
Georgbrunnen噴泉
火車總站 DB Hauptbahnhof
布偶及玩具博物館 Puppen- und Spielzeugmuseum
Burggasse
Alter Keller
Stadtgraben
Alter
Goldene Ringg.
Burggasse
Unt. Schmiedg.
古城區Alstadt
Röderschütt

誕節紀念品精美討喜，在羅騰堡聖誕節博物館可隨時見到

科隆

德國第四大城，北威邦第一大城，亦為萊茵河沿岸第一大都市。一到科隆，馬上可見到巨大雄偉的科隆大教堂、聞香源自本市的古龍水，並可感受到西歐自由開放的民風。

KÖLN

城市小檔案

德文	Köln
英文	Cologne
城市代號	K
城市人口	100萬
所屬邦區	北萊茵－西法倫邦
重要機場	科隆－波昂國際機場(代號CGN)
重要火車站	科隆火車總站 Köln Hauptbahnhof (Hbf) 科隆商展場站 Köln Messe／Deutz
旅遊中心	火車總站與大教堂前
城市官網	www.koeln.de

城市巡禮

蘊藏豐饒內涵的科技大城

千年羅馬帝國文化

古城科隆與悠悠的萊茵河相伴，已近2,000年，萊茵河地區的開發甚早，早在西元50年，羅馬帝國便在此建立殖民地(科隆德文Colonia即殖民地之意)，之後便不斷發展。因此，科隆現今仍留有羅馬帝國的遺跡，而市內多達12座建於10～13世紀的羅馬式教堂，更可見證本市悠久而輝煌的歷史。

談到教堂，就會令人想起巨大壯觀的科隆大教堂(Kölner Dom)。這是科隆的精神象徵，也是德國最大的地標之一，沒有到過科隆大教堂，就不算來過德國！科隆的另一個特色是舉世聞名的「古龍水」(Kölnisch Wasser)，其實它是以本市命名的香水，法文稱作「Eau de Cologne」(因為英、法文的科隆是Cologne，所以音譯為古龍水)，全市到處可見標號4711的古龍水，源自當時生產此香水的門牌號碼，四處飄香。

知識充電站

西德首任總理——阿登諾 (Konrad Adenauer)

當代對科隆影響最深遠的，莫過於西德建國後的首任總理阿登諾(Konrad Adenauer，1876~1967)。他曾任科隆市長，戰後，反納粹的他深得民心，擔任西德總理長達13年。他最為人稱道的是鮮明的親西方色彩及防範核戰的手腕，使西德在東西冷戰最危急的時期，仍能快速地成長。阿登諾在擔任科隆市長時所規畫的建設，至今仍隨處可見，包括將萊茵河右岸的工業區改建成超大型的商展場。

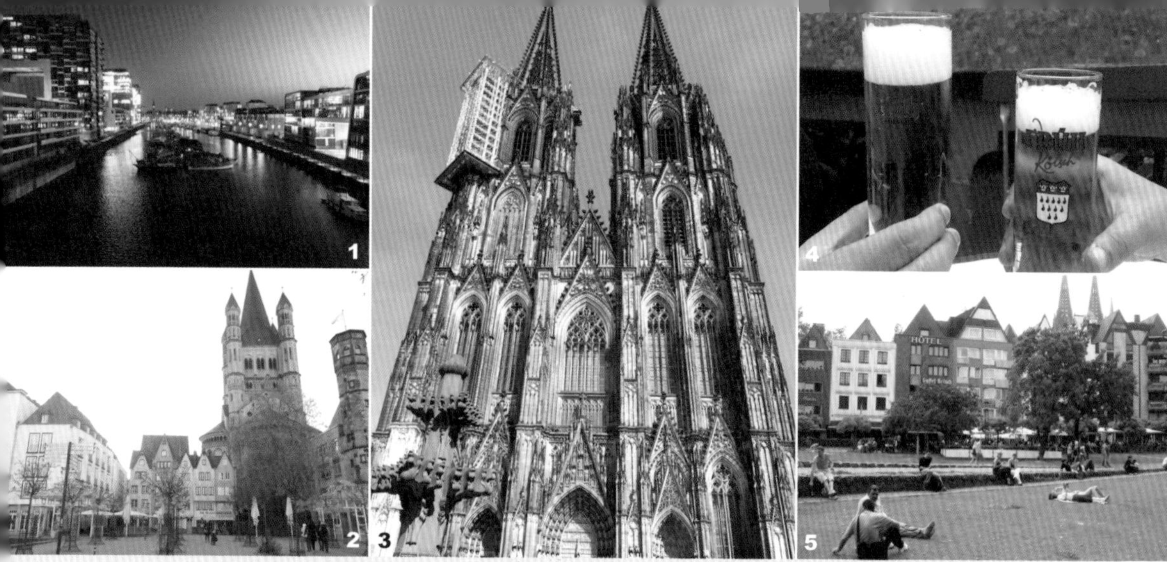

1.萊茵河港蛻變為科技業與文創業新區／**2.**科隆是承襲羅馬文化的萊茵河畔第一大城／**3.**無比莊嚴雄偉的科隆大教堂／**4.**來科隆必喝的當地小杯啤酒Kölsch／**5.**萊茵河造就科隆成為宜居大城

繁華的兩岸風光

科隆擁有百萬人口，是德國西部的最大城，自然成為人文薈萃的經濟與文化中心，擁有眾多精采的博物館，並有著極高水準的音樂廳與音樂盛會，在工商業方面的發達榮景更是不在話下，可說是德國現代化程度最高的城市之一。

位於左岸老市區中心南方的舊港區已改建完成，蛻變為最新潮的水岸辦公大樓與住宅，賦予左岸全新的氣象；而與左岸遙遙相對的右岸，更是早已從傳統的工業區轉型為大型展覽中心，還設置有占地廣大的萊茵公園綠地、一旁的水療區(Claudius Therme)，以及跨越萊茵河，連接到左岸科隆動物園的高空纜車，每年吸引無數工商界人士從世界各地來參展觀光。

以身為科隆人而自豪

科隆多樣的外表始終給人一種自豪的印象，光是從他們常用的Kölsch一字，便可看出端倪。此字有科隆方言、科隆特色以及科隆特產的啤酒之意。Kölsch啤酒只能用僅200ml的小玻璃杯盛裝，以確保口口新鮮香醇，通常會一連喝上好幾杯，與德國其他地區的大杯啤酒迥異。也許，科隆人在意的不是外表，而是她的獨特性以及城市的精神與內涵。

旅行小抄

科隆的特色節慶

科隆嘉年華會(Karneval)

每年2月舉行，是科隆最重要的節慶。數十萬人一起走上街頭狂歡，穿著奇裝異服參與嘉年華會遊行的人，將全城及遊客帶入另一時空。

夏季萊茵河畔煙火表演

稱為Rhein in Flammen(火焰中的萊茵河之意)或Kölner Lichter(科隆燈光之意)。通常在7月中上旬的週六晚上，數不盡的煙火加上古蹟上的燈光，照亮整個萊茵河，璀璨醉人、爛漫繽紛。

嘉年華會的街頭表演

聖誕市集(Weihnachtsmarkt)

每年11月下旬開始，為期近一個月，科隆冬天最迷人的節慶。在市政廳、老城區一帶，冬夜溫暖的燈光與熱食讓人流連忘返。

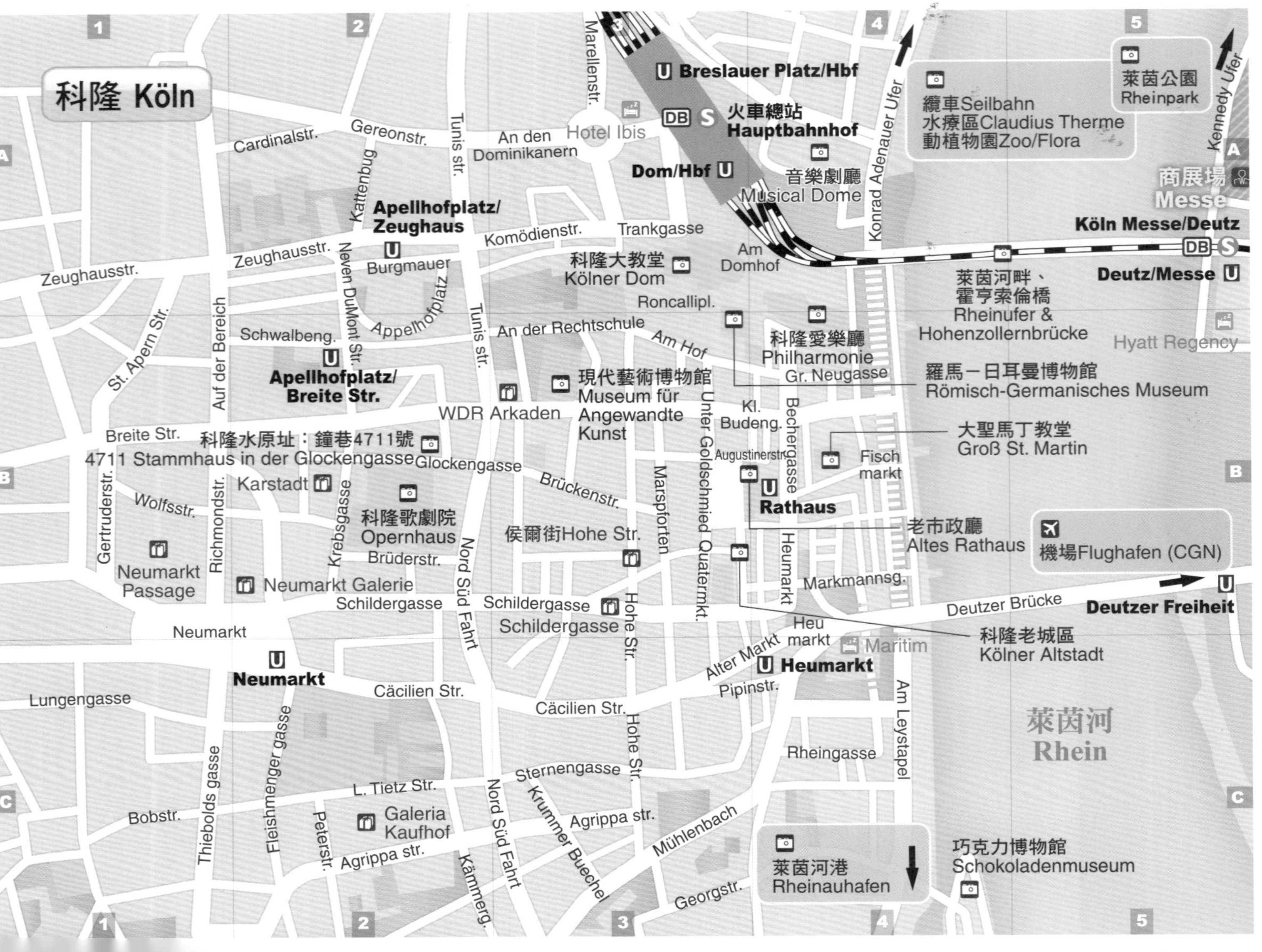

科隆 Köln
Breslauer Platz/Hbf
火車總站
Hauptbahnhof
Dom/Hbf
音樂劇廳
Musical Dome
纜車Seilbahn
水療區Claudius Therme
動植物園Zoo/Flora
萊茵公園
Rheinpark
商展場
Messe
Köln Messe/Deutz
Deutz/Messe
萊茵河畔、
霍亨索倫橋
Rheinufer &
Hohenzollernbrücke
Hyatt Regency
科隆愛樂廳
Philharmonie
羅馬－日耳曼博物館
Römisch-Germanisches Museum
科隆大教堂
Kölner Dom
Apellhofplatz/
Zeughaus
Apellhofplatz/
Breite Str.
現代藝術博物館
Museum für
Angewandte
Kunst
WDR Arkaden
科隆水原址：鐘巷4711號
4711 Stammhaus in der Glockengasse
大聖馬丁教堂
Groß St. Martin
Rathaus
老市政廳
Altes Rathaus
機場Flughafen (CGN)
Karstadt
科隆歌劇院
Opernhaus
侯爾街Hohe Str.
Neumarkt
Passage
Neumarkt Galerie
Deutzer Freiheit
Deutzer Brücke
科隆老城區
Kölner Altstadt
Maritim
Heumarkt
Neumarkt
萊茵河
Rhein
Galeria
Kaufhof
萊茵河港
Rheinauhafen
巧克力博物館
Schokoladenmuseum
Marellenstr.
Hotel Ibis
Cardinalstr.
Gereonstr.
Tunis str.
An den
Dominikanern
Trankgasse
Am
Domhof
Konrad Adenauer Ufer
Kennedy Ufer
Kattenbug
Komödienstr.
Zeughausstr.
Burgmauer
Neven DuMont Str.
Appelhofplatz
Roncallipl.
Schwalbeng.
St. Apern Str.
Auf der Bereich
An der Rechtschule
Am Hof
Gr. Neugasse
Kl.
Budeng.
Bechergasse
Augustinerstr.
Fisch
markt
Breite Str.
Glockengasse
Brückenstr.
Marspforten
Unter Goldschmied
Quatermkt.
Gertruderstr.
Wolfsstr.
Richmondstr.
Krebsgasse
Brüderstr.
Nord Süd Fahrt
Heumarkt
Markmannsg.
Schildergasse
Hohe Str.
Neumarkt
Heu
markt
Alter Markt
Pipinstr.
Lungengasse
Cäcilien Str.
Am Leystapel
Rheingasse
Thiebolds gasse
Fleishmenger gasse
L. Tietz Str.
Sternengasse
Krummer Buechel
Agrippa str.
Mühlenbach
Bobstr.
Peterstr.
Kämmerg.
Georgstr.

交通資訊

機場聯外交通

科隆與鄰近的波昂共用一座機場「科隆－波昂(Köln-Bonn Flughafen)」(CGN)，位於科隆南方，不過因為離法蘭克福國際機場太近了，從亞洲來的旅客直接用到的機會不大。機場交通詳見P.301。

──搭火車──

「科隆－波昂機場」的火車站站名為Köln／Bonn Flughafen，有區間火車(RE)以及通勤列車S13，到科隆市區僅需十幾分鐘。部分ICE高鐵(通常是連接法蘭克福與科隆之間的列車)也有停靠。

旅行小抄

漢莎航空「AIRail專案」

使用「AIRail專案」可搭ICE高鐵輕鬆往返科隆與法蘭克福機場。記得行李要掛至「AIRail Terminal」才方便領取，領取地點位在法蘭克福機場長途火車站與航廈相連的通道上。從法蘭克福下機後，可等到要搭ICE高鐵之前，再去取行李。反之，若從科隆出發，需在科隆火車站的櫃檯取得登機證(等同Check-in)，再到法蘭克福機場長途火車站掛行李。

──搭公車──

機場到波昂市中心以巴士較為方便。

──搭計程車──

沿機場出口的計程車指標可搭到排班計程車。搭至市中心火車總站或商展場的車資約€35～40。

──租車──

機場航廈出口附近有多家租車公司可選擇，在市區的火車總站亦有租車據點。預約可至國際租車網站或各大租車公司網站，詳見P.55。

城市交通

──火車──

科隆是德國西部的交通大樞紐，往西通比利時；往東到魯爾區，火車班次十分密集；往萊茵河流域各城，更是四通八達。且往返德國各大城，都有ICE高速鐵路直達。

1.前往商展場

科隆的商展場地是德國各大商展城中離火車站最近的，與火車總站隔著一條萊茵河，以霍亨索倫橋(Hohenzollernbrücke)相連。紅磚建築的商展場名叫Deutz(音似doits)，看起來已上了年紀，但因交通位置佳且設施齊全，至今使用率仍極高(展覽資訊詳見P.30)。

http www.koeln-messe.de

搭區間火車(RE)往商展場路線極多，RE12、22、24皆可，或搭S-Bahn，如S6、12、13，只需坐一站，站名為Köln Messe Deutz。也可直接步行穿越霍亨索倫橋即達，路程約10分鐘。

具歷史意義的科隆商展場

從火車站月台上一抬頭就能看到這氣派的設計

2.前往法蘭克福

德國最美麗的一段鐵路，是從法蘭克福西邊的美茵茲沿著萊茵河北上至科隆，沿途有看不完的古堡、老城，以及萊茵河谷風光。

本世紀初，德鐵在萊茵河右岸建了穿過許多隧道的ICE高鐵路線，連接法蘭克福與科隆兩大城，幾乎每小時都有兩班以上，車程皆在1小時以內，十分便利。其中，ICE-3最高時速近300公里，完全取代空運，全程超過200公里的路程，只花不到1小時！只是，若搭此段ICE高鐵則會看不到萊茵河美麗的景色，若要搭傳統美麗的路線，在查詢班次時，要加選中途有停靠科布倫茲(Koblenz)的火車，但車程會超過2小時。

Tips

火車交通詳情：購買火車票(P.306)、查詢火車時間(P.306)。搭乘通勤列車(S-Bahn)與市內地鐵(U-Bahn)詳見P.310。

──計程車──

火車總站前有排班計程車。

+49(0)221-288-2

$ 火車總站／市中心到商展場：約€15

http www.taxiruf.de、www.taxiautofare.com

知識充電站

科隆兩大主要火車站

●火車總站(Köln Hauptbahnhof)

科隆火車總站是德國最繁忙的火車站之一。這裡有S-Bahn、U-Bahn以及各級德鐵列車，甚至也有開往鄰國的其他火車，各路人馬齊聚，國際味十足。總站經過整修後，現已是全德最現代化、功能最齊全的火車站之一，站內形同一個小商場，稱為Colonade。科隆大教堂就在東側大門出口，對遊客來說極為便利。

繁忙的火車總站

火車總站裡有各式速食餐廳

●科隆商展站(Köln Messe／Deutz)

因調度與分擔火車總站的沉重負擔等因素，有些ICE高鐵班次會改停在此站。若是要從此站前往總站，需換搭區間火車(RE)或S-Bahn，即可在數分鐘內到達對岸的總站。

火車總站的旅遊中心

科隆市政廳的地鐵站

通勤列車(S-Bahn) 地鐵(U-Bahn)

科隆地區人口眾多，所以S-Bahn、U-Bahn站點及班次都十分密集。若是只在市中心活動，由於景點集中，通常步行即可。從市中心回火車總站可搭U-Bahn，例如在Neumarkt站可搭U16或U18，只要兩站就抵達火車總站。詳情請至科隆交通局網站查詢。

http www.kvb-koeln.de、www.vrsinfo.de

票價參考

車票種類	市區與附近	市區、展場與機場之間
單人單趟 EinzelTicket Erwachsene	€3.00 搭乘距離若在地鐵3站以內，可買短程票(Kurzstrcke)：€2.00	€3.00
單人一日票EinzelTagesTicket	€8.80	€8.80
多人一日票(至多5人) GruppenTagesTicket	€13.40	€13.40

※ 以上資料時有異動，以實際公告為準。

科隆地鐵圖

資料來源：科隆交通當局 KVB

必訪熱門景點

大教堂與古龍水令科隆舉世聞名。在這座歷史悠久的城市，有大聖馬丁等古老的羅馬式教堂與舊市政廳附近的老街，令人發思古幽情。此外，一定要到最美的萊茵河畔走走。

盛大壯觀的古羅馬遺跡

羅馬－日耳曼博物館

Römisch-Germanisches Museum

身為德國西部的超級大都會，科隆博物館館藏自然是相當精采。大教堂旁的「羅馬－日耳曼博物館」，就展示了一千多年前的古羅馬遺跡，能讓訪客學習到人類學之奧妙與民族文化之演進，令人讚歎。

Roncalliplatz 4　S+U，Hauptbahnhof站　www.museenkoeln.de/rgm　P.86／B3

沉穩的米灰牆面更襯托出上面的鮮紅色招牌

羅馬帝國遺跡

知識充電站

何謂日耳曼

德國人的德文是die Deutschen(英文：the Garmans)；日耳曼人則是die Germanen(英文：the Germanic people)。日耳曼人在中古時代生活於歐洲中部與北部，西元4～7世紀民族大遷徙之後，已沒有所謂的純日耳曼民族了，其後代遍布在德國、北歐、荷蘭、奧地利，甚至英國。

古羅馬式教堂建築

大聖馬丁教堂

Groß St. Martin

科隆有2,000年歷史，這可以從城內仍存有12座羅馬式教堂看出端倪。12座教堂都以聖者來命名如St. Maria、St. Georg、St. Ursula等，最有名的是萊茵河畔的大聖馬丁教堂(Groß St. Martin)，也是科隆最早的教堂之一，且與萊茵河相伴，是科隆的地標之一。

An Groß St. Martin 9,50667 Köln　S+U，Hauptbahnhof站　www.romanische-kirchen-koeln.de　P.86／B4

教堂旁有一整排彩屋非常可愛

全德第二高教堂尖塔

科隆大教堂

Kölner Dom

這座哥德式教堂，從1248年開始，前後蓋了六百多年，到19世紀才完全建成，無處不是精雕細琢的繁複藝術品，每一個細節都值得細細品味。

科隆大教堂有兩座對稱的尖塔，高157公尺，是全德第二高的教堂，二次世界大戰時奇蹟般地未受到轟炸，教堂周圍則幾乎被炸為平地。其中，南塔可步行登頂(需購買門票)，近塔頂處有一座重24噸的古老巨鐘——彼得鐘。走過509階後，登頂俯瞰科隆市及萊茵河的風光。

教堂保存了兩千餘年前，東方三博士(或稱三王)的遺骨，現在存放在鍍金的三王聖龕裡，1996年就已列為聯合國世界遺產。現今吸引遊客的一大原因則是2007年才建置完成，前衛風格的彩繪玻璃——黎希特窗(Richter Fenster)，其設計師為Gerhardt Richter。原本的彩繪玻璃大多是傳統描述宗教大事的古典技法，但黎希特窗運用數百個小方格，組成不規則的馬賽克式色彩，陽光透過絢麗的玻璃窗照進室內，成為夢幻般的影像，令人沉醉。

黎希特窗是科隆大教堂彩繪玻璃的現代代表

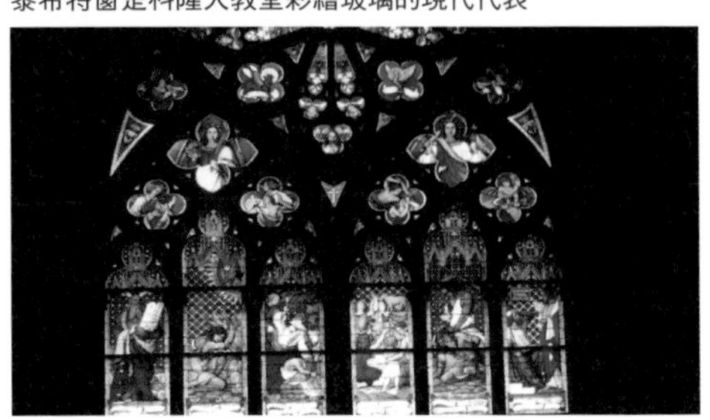

Domkloster 4, 50667 Köln　S+U，Hauptbahnhof站　http www.koelner-dom.de　MAP P.86／A3

Tips

德國最高尖塔是烏姆大教堂(Ulmer Muenster)，高161.5公尺，為世界上最高的教堂，詳見P.297。

體會科隆古老的美

科隆老城區

Kölner Altstadt

這座德國最古老的大城市卻有發達的現代化工商業，使人普遍感受不到她的古老。但到了老城區，見到古屋(大多是戰後照原貌重建)、老店、小巷，氣氛就不同了，這一帶有舊市集廣場(Alter Markt)，以及草料市場(Heumarkt)，十分迷人，還有許多的餐廳、啤酒屋、酒館，是品嘗當地啤酒Kölsch的最佳去處。

開放空間　U，Rathaus站；U，Heumarkt站　MAP P.86／B3

老城區裡的房子每一棟都各有特色

神奇古龍水發源地

科隆水原址：鐘巷4711號

4711-Stammhaus in der

舉世聞名的古龍水，其實就是科隆水。源自1792年10月此地一位修士(Karthäusermönch)送給一對年輕夫妻的禮物，號稱是神奇之水，配方是祕密。

當時科隆由法國占領，以法文Eau de Cologne稱此香水為科隆之水，德文是Koelnisch Wasser。正統的科隆水(Echtes Koelnisch Wasser)會維持傳統包裝，商品標籤上有鐘與4711字樣，這是因為當年從大教堂開始，對每一戶進行編號，販售科隆之水的這戶人家正好位在鐘巷4711號。雖在許多香水店裡都買得到，但此處是4711號原址，深具意義。

Glockengasse 4, 50667 Köln U，Appelhofplatz站；U，Neumarkt站 www.4711.com MAP P.86／B2

店家門口有寶藍色的醒目招牌

浪漫情鎖橋

萊茵河畔、霍亨索倫橋

Rheinufer & Hohenzollernbrücke

老城區旁即為萊茵河畔散步區，夏天經常有戶外活動，甚為愜意，秋冬較為寂靜，河邊涼風徐徐，記得要添加衣物。幾乎全年都有過夜的遊河輪船在此停靠，充滿度假歡樂的氣氛。

要領略科隆的美，一定要從左岸的市中心大教堂、火車總站這一側過到對岸，然後再走霍亨索倫橋返回市區。也唯有在此，才可見到市中心大教堂宏偉的全貌、大聖馬丁教堂以及悠悠的河水；若在晚間前來，配上打在教堂上的華燈及河中的倒影，怎不教人沉醉。

橋上掛滿了情鎖，更顯浪漫

霍亨索倫橋是跨越萊茵河最重要的鐵道橋

霍亨索倫橋是科隆最重要的交通要道，每隔2、3分鐘即有火車駛過。在橋上步行或騎腳踏車時，一定會看到數以萬計、密密麻麻的情鎖，據說鑰匙都丟在萊茵河中，充滿著世間男男女女的愛情故事。

開放空間 S+U，Köln Messe站／Deutz站；S+U，Hauptbahnhof站 MAP P.86／A4

獨家新潮景點

科隆是萊茵河畔最大的城市。亙古的大河孕育了古城。近年來，又將萊茵河畔的舊區改建，成為魅力獨具的現代建築新區，一定要前來看看！

與河岸意外和諧的現代建築

萊茵河港

Rheinauhafen

萊茵河左岸(西岸)是經典的河岸散步區，沿著河道往南邊走即可到達昔日的港務與倉儲區，現已改建成全新開發的萊茵河港區(Rheinauhafen)。這一代有許多新式建築，有辦公區、新住宅區，以及風格獨具的餐館、藝廊等。其中最搶眼的是3座巨大的吊車型玻璃建築，稱為吊車屋(Kranhaus)。有兩棟是複合式商辦，一棟是高級住宅，在此上班或居住或在餐廳用餐，可欣賞超美的河景，也可感受現代德國有著持續進步的動力。

開放空間 U，Severinstr.站；U，Ubierring站；公車106，Rheinauhafen站 http www.rheinauhafen-koeln.de MAP P.86／C4

↓在吊車屋的燈光照射下，河水也變得多彩繽紛

巧克力免費試吃

巧克力博物館

Schokoladenmuseum

位於市區與萊茵河港區之間的Severinbrücke橋附近，是一座現代建築，展示巧克力的製作過程，更棒的是可以免費試吃巧克力產品！

Am Schokoladenmuseum 1A, 50678 Köln U，Severinstr.站；U，Ubierring站；公車106，Rheinauhafen站 http www.schokoladenmuseum.de MAP P.86／C4

廣受歡迎的巧克力博物館

真正達到紓壓的育樂設施

萊茵公園、纜車、水療區、科隆動植物園

Rheinpark、Seilbahn、Claudius Therme、Zoo／Flora

萊茵公園是科隆最經典的公園綠地，有許多讓市民休閒育樂的設施，包括水舞噴泉(Tanzbrunnen)、夏日的人工沙灘、露天劇場等。北連萊茵河纜車，可在高空跨越萊茵河，分別連至左岸和右岸，欣賞絕佳的河景與市景。左岸可遊覽全德屬一屬二的科隆動物園和植物園，右岸則有規模龐大的水療設施(有三溫暖)，是紓壓的絕佳去處。

Riehler Straße 180, 50735 Köln；水療：Sachsenbergstr. 1, 50679 Köln；動植物園：Riehler Straße 173, 50735 Köln 左岸：U，Zoo／Flora站；右岸：公車150、250、260，Im Rheinpark／Thermalbad站 纜車：3月中旬～11月上旬，10:00～18:00；水療：09:00～00:00(三溫暖逢週一為女性專用日)；動植物園：夏季每日09:00～18:00，冬季每日09:00～17:00 http纜車：www.koelner-seilbahn.de；水療：www.claudius-therme.de；動植物園：www.koelnerzoo.de MAP P.86／A4、A5

Tips

科隆展覽場館就緊鄰著萊茵公園，位於其南邊，商展過程中可以忙裡偷閒，盡情享受這片綠地美景。

旅行小抄

兼具古典與現代創新的藝文都市

科隆文化歷史悠久，其歌劇院(Opernhaus)與愛樂廳(Philharmonie)皆在西方國家中享有盛名，此外，市內也有多座現代音樂劇廳和劇場，如現代藝術博物館、音樂劇廳(Museum für Angewandte Kunst & Musical Dome)，展現出其年輕活潑的一面。可事先上網查詢節目表和票價，做好安排。

綠草如茵、綠樹滿園的萊茵公園(圖片提供／方義凱)

購物指南

作為富饒的萊茵河地區第一大都市，科隆的購物環境當然也是碩大、豐富、精采。而更美好的是商店相當集中，可讓人在最短的時間與距離內，享有最多的選擇。

熱門購物點，人潮密度高

侯爾街 Hohe Strasse

從科隆火車總站走向大教堂，再往前會有精品店、特產店及紀念品店。繼續往前走，便可到達最熱鬧的侯爾街。這條徒步街上的商店十分密集，因為不寬，所以顯得人潮眾多，是德國最熱鬧的街道之一，在這條街上，買的、吃的皆可一次購足。

MAP P.86／B3

人潮不斷的徒步大街

旗艦型百貨商場林立

希爾德街Schildergasse

緊連著侯爾街盡頭的徒步長街，各式商店都有。其中不乏一些名品店，也有好幾家大型百貨公司與購物中心，包括德國最常見的兩大百貨公司Galeria Kaufhof與Karstadt，在此地的規模都很龐大。附近有許多室內商場，不論天氣如何，都可在此愉悅地購物。尤其是對旅人很重要的超市與藥妝店，通常在主要大街上不易看到，但走進商場或購物中心即可輕鬆找到，可以好好添購必備用品與食品。

規模龐大的Galeria Kaufhof百貨公司

MAP P.86／B3

時尚建築更添購物樂趣

新市場購物中心、西德廣播電視台商城 Neumarkt、WDR-Arkaden

在Schieldergasse西端通及新市場(Neumarkt)之處，還有兩棟很受歡迎的購物中心，Neumarkt-Passage和Neumarkt-Galerie，裡面的商店也很多。而沿著與侯爾街平行的突尼斯街(Tunisstrasse)步行，則可達西德廣播電視台商城(WDR-Arkaden)，這是一棟有特殊幾何造型的玻璃建築，在此逛街購物十分賞心悅目。

MAP P.86／B1、B2、B3

美食情報

來到科隆，一定不能錯過萊茵河畔熱鬧的餐廳和酒吧，細細品嘗一番傳統德式料理才算沒有白來；而繁榮的侯爾街則是許多新式餐廳與異國料理的最佳去處。

火車站美食區

味美價廉歐式烤雞

科隆火車總站的小吃與速簡餐廳相當多元，有大約20家任你選擇，而且食物的展示一目了然，幫助你迅速做好決定。推薦歐式烤雞，一份半雞配上可樂與薯條(德國人喜歡沾番茄醬與美乃滋一起吃)，相當美味且價格實惠，雖不是養生型的餐飲，但在行程匆忙時，能迅速飽餐一頓。

最近的地鐵站：S+U，Hauptbahnhof站 MAP P.86／A3

CURRYWURST EXPRESS

火車站也買得到好吃的咖哩香腸

歐式烤半雞餐

老城區傳統美味

週末夜生活好去處

從老城區至萊茵河畔，有數不盡的傳統餐廳與酒館，週五與週六的夜晚尤其熱鬧。

最近的地鐵站：U，Rathaus站；U，Heumarkt站
MAP 靠近地鐵站P.86／B4

Tips

雖然科隆本身有很精采的夜生活，但鄰城杜塞道夫(P.104)有世界最長酒吧的稱號，餐廳與酒館綿延不斷，車程只要20分鐘，若有時間不妨去逛逛。只是要注意回科隆的火車班次，以免錯過末班車。

→一杯接著一杯暢飲的Kölsch啤酒

在傳統建築物內吃傳統德式料理，這趟旅程才不算白來

還沒到晚上，每個人面前都是一杯啤酒，熱烈地聊天

侯爾街

大啖美食一路不停

沿侯爾街而行，有許多連鎖餐廳，包括美式速食(肯德基、麥當勞、漢堡王、必勝客pizza等)、德式香腸與各式熟食店，亦可見到海鮮類的簡餐(如Nordsee)。如果想要更多選擇，就再往下走到Galeria Kaufhof與Karstadt百貨公司，或進入室內商場，可好好享用各種美食。

最近的地鐵站：S+U，Hauptbahnhof站；U，Neumarkt站 MAP P.86／B3

繁榮的侯爾街

住宿概況

如果市區的旅館被訂滿或只剩高價房，可試試周邊城市如Duesseldorf、Bonn、Hagen、Wuppertal、Dortmund、Bochum、Essen、Duisburg、Aachen等，車程多只需半個多小時，網址皆為www.城市名.de。

火車站	火車總站緊鄰科隆大教堂，往南延伸就是購物街，是全市精華區，有許多商務機能旅館，如Ibis。最普遍的是平價的小旅店，享有便利交通又不會太傷荷包。
地鐵站	市中心重要的地鐵站都有許多不錯的旅館，平均水準較火車總站周邊高，也有些大型連鎖旅館。
機場	若隔天一早要搭機，可選擇機場周邊旅館。
展場	商展場離火車總站很近，所以旅館相對較少，主要有Hyatt、Dorint等高級商務旅館，非展覽期間房價會便宜許多，是享受物美價廉的好機會。
大型連鎖旅館	科隆的連鎖旅館很多，可至旅館集團網站比較各分店的地點與價位。只是需注意有些是對開車族較為方便(離交流道近、有停車位)，卻離地鐵站較遠。

近郊觀光漫遊路線

來到科隆，不應只看到大教堂就滿足了，因為東西南北都有一級棒的景點。針對科隆周邊，提供3種特色路線。

Tips

科隆的近郊景點亦適用於自杜塞道夫出發。

大學城明斯特是科隆附近的熱門景點

路線 1 和平大學城——歐斯納布魯克與明斯特

http www.osnabrueck.de、www.muenster.de MAP P.13、P.101

路線特色

由科隆往北，離開萊茵河後進到另一世界，美得讓人愛不能捨的和平之城。

17世紀因宗教理念不合等原因，最後由哈布士堡家族所掌控的神聖羅馬帝國、西班牙與周邊國家(瑞典、丹麥、法國等)發生了慘烈的30年戰爭(1618～1648)，導致歐洲人口銳減，最終於歐斯納布魯克(Osnabrück)與明斯特(Münster)簽訂《西發里亞和平條約》而正式結束，此條約對歐洲產生深遠的影響，這裡居民也以身為和平之城而自豪。兩城都不大，可悠閒地任選其一遊覽，或一天造訪兩城也不成問題。

歐斯納布魯克的老城區(圖片提供／Werner Schmudde)

交通方式

搭ICE高鐵或IC快車到明斯特，車程約1.5～2小時。經明斯特後，需再30分鐘，才到歐斯納布魯克，總共約2～2.5小時。

Tips

若從杜塞道夫(P.104)前來，搭IC快車至歐斯納布魯克，車程約2小時；至明斯特約2.5小時。若從漢諾威(P.118)前來，搭IC快車至歐斯納布魯克，車程約1.5小時；至明斯特約2小時。

推薦景點

歐斯納布魯克 Osnabrück

歐斯納布魯克美麗的景點都在老城區。

■聖彼得大教堂(Dom St. Peter)

位於城中心，是一座建自11世紀的華美教堂，現在看到的都是之後的500年陸續建成的結果，裡面的精緻程度與外表一樣壯觀。

✉Domplatz, 49074 http www.dom-osnabrueck.de

■市政廳(Rathaus)

始建於1487年，是極為華美的建築。市政廳內的和平廳(Friedenssaal)，即是當年簽訂《西發里亞條約》的地方，這麼有歷史意義的場景，被用心地保留下來。歐斯納布魯克全城古蹟遍布，而且還留有城牆包圍，饒富詩意。

✉Markt, 49074 http www.osnabrueck.de/rathaus.html

■王宮(Schloss)

可一路步行到城中心南方的王宮及花園，沿途可經過歐斯納布魯克最美的街巷。

✉Schloßstraße, 49074 http www.dom-osnabrueck.de

歐斯納布魯克的老城區

成排綿延的山形牆是明斯特的特色

眾多的腳踏車構成大學城的美好印象

明斯特Münster

離歐斯納布魯克僅半小時車程的明斯特，自古便與歐斯納布魯克互別苗頭，她除了也是座和平之城，同時更是德國最具規模的大學城之一。城裡最大的特色是腳踏車超多，形成十分愜意的景觀，火車站旁的腳踏車停車場更有數千輛腳踏車，很是壯觀，不難想像明斯特還是個環保城。

明斯特城內最美的風景，莫過於一棟棟哥德式與文藝復興風格的房屋，他們有十分美麗的山形牆正立面，而且似乎每棟都在爭豔。市政廳前排的拱廊華屋一路綿延到大教堂廣場，加上穿梭其間的腳踏車，這種景致，怎不令人陶醉。

大教堂(Dom)

位於本市市中心，是典型的雙塔建築。大教堂廣場(Domplatz)則是欣賞本市柱廊華邸的重要景點。

Domplatz 28, 48143 http www.paulusdom.de MAP P.101／B3

市政廳(Rathaus)

位於Ludgerie大街上的市政廳有最美麗的山形牆，其內的和平廳(Friedenssaal)同樣也是簽訂和平條約的地方。

Prinzipalmarkt 10, 48143 http www.muenster.de/stadt MAP P.101／B3

朗伯提教堂(Lambertikirche)

位於大教堂附近，有全市最高的尖塔，教堂的西邊則是大學的建築群，更西邊則是王宮(Schloss)及宮廷花園(Schlossgarten)。

Kirchherrngasse 3, 48143 http www.st-lamberti.de MAP P.101／B3

明斯特的朗伯提教堂

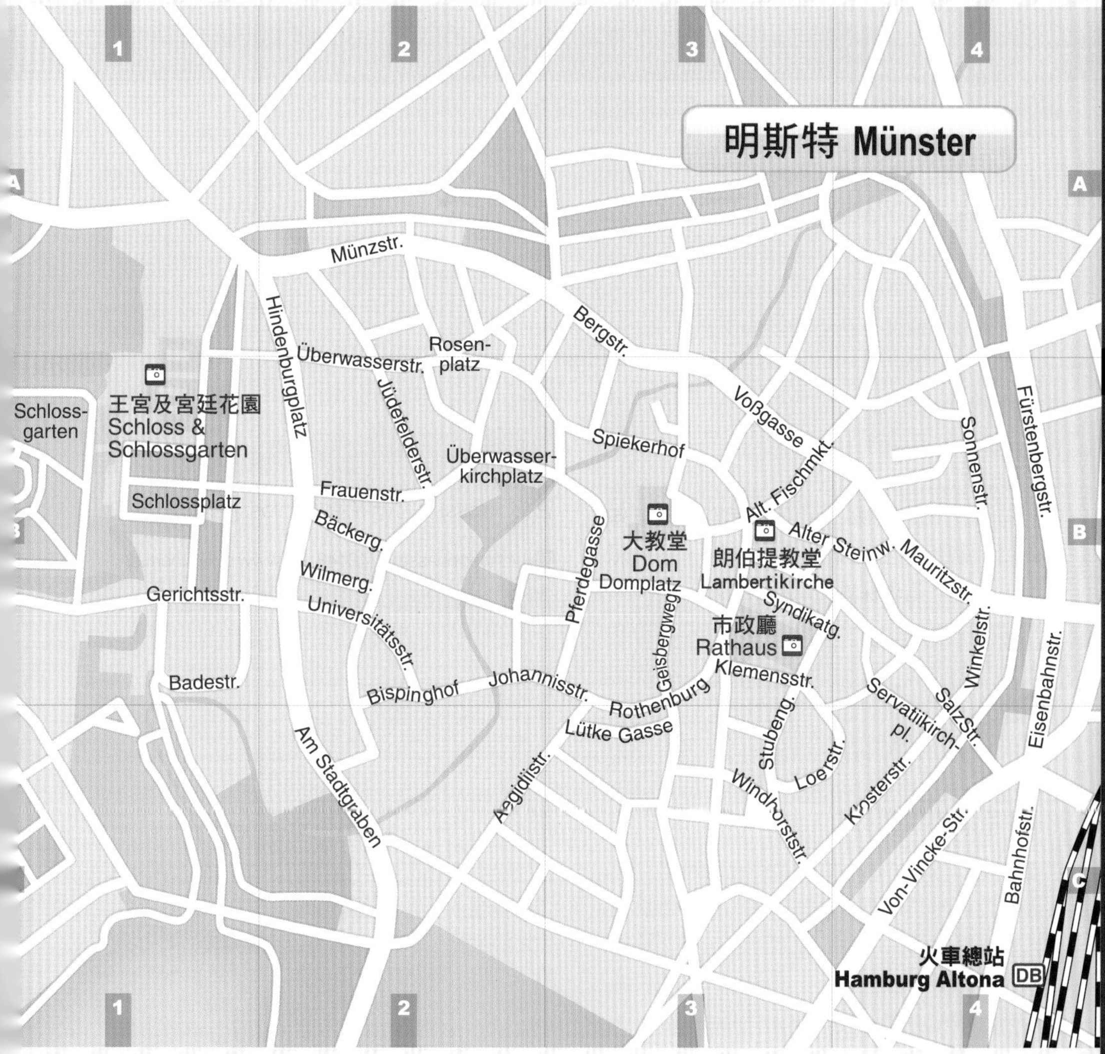

明斯特 Münster

Münzstr.
Hindenburgplatz
Überwasserstr.
Rosen-
platz
Bergstr.
王宮及宮廷花園
Schloss &
Schlossgarten
Schloss-
garten
Jüdefelderstr.
Überwasser-
kirchplatz
Spiekerhof
Voßgasse
Sonnenstr.
Fürstenbergstr.
Frauenstr.
Schlossplatz
Bäckerg.
Alt. Fischmkt.
大教堂
Dom
Domplatz
朗伯提教堂
Lambertikirche
Alter Steinw.
Mauritzstr.
Wilmerg.
Gerichtsstr.
Universitätsstr.
Pferdegasse
Geisbergweg
Syndikatg.
市政廳
Rathaus
Winkelstr.
Eisenbahnstr.
Badestr.
Bispinghof
Johannisstr.
Rothenburg
Klemensstr.
Servatiikirch-
pl.
Salzstr.
Lütke Gasse
Am Stadtgraben
Aegidiistr.
Stubeng.
Loerstr.
Windhorststr.
Klosterstr.
Von-Vincke-Str.
Bahnhofstr.
火車總站
Hamburg Altona
DB

路線 2 萊茵河與莫色爾河人文風采

路線特色

科隆是萊茵河畔的第一大城，周邊景點的首選，非萊茵河莫屬！

萊茵河中段河谷之所以美麗，要歸功於兩旁連綿的山地與葡萄園，遊訪波帕(P.72)等城鎮主要是看自然山水風光；但若想參觀較多的文化景點，則需到科隆、波昂這些有平地河岸的城市。波昂(Bonn)是樂聖貝多芬的故鄉，留下濃厚的文藝氣息。

Tips

從科隆(或杜塞道夫)搭萊茵河遊船(P.75)要搭很久才能到達，建議先搭火車到波帕(Boppard)，直接悠遊於最美的中段河谷自然風景中。

推薦景點

萊茵河支流——莫色爾河 Mosel

萊茵河與支流莫色爾河交匯於科布倫茲，莫色爾河河道蜿蜒，風光明媚，沿岸最迷人的城鎮當屬被葡萄園河谷包圍的科赫姆(Cochem)。

位於萊茵河與莫色爾河交匯處的科布倫茲

➡搭區間火車(RE)至科赫姆，車程約1小時40分 http www.cohem.de MAP P.11

特利爾Trier

莫色爾河更上游是德國最老的城市——特利爾，以黑門(PortaNigra)為地標，展現羅馬帝國文明曾經輝煌的證據。其市中心的老市集廣場，周圍的房屋繽紛雅致。她也是馬克思的故鄉，可參觀馬克思博物館(Karl-Marx-Haus)的文物，從留言簿裡，還可看出許多中國人對馬克思崇拜的程度。

➡搭區間火車(RE)至特利爾，車程約2.5小時 http www.trier.de MAP P.13

洛林大城南錫的王宮

旅行小抄

Saar-Lor-Lux生活圈

莫色爾河上游是德國除城市邦以外，面積最迷你的邦——薩爾邦。因鄰近法國，1955年才經由公投加入聯邦(當時是西德)。首府薩爾布魯根(Saarbrücken)是此地區的文化與工業重鎮。

薩爾邦和法國洛林大區和盧森堡公國形成一個跨越3國的大生活圈，稱為Saar-Lor-Lux，甚至更廣義地將鄰近的比利時法語區瓦隆尼亞(Wallonia)以及德國的萊茵地－普法茲邦(Rheinland-Pfalz)涵蓋進來，德、法語言與文化在此交錯融合，十分特別。

路線3 到西歐呼吸自由開放的空氣

路線特色

近在眼前的比利時與荷蘭美景，都是科隆一日遊的最佳選擇之一！

推薦景點

比利時——布魯塞爾

由科隆一路向西，最先到達的是與比利時的邊界城——阿亨(Aachen，網址：www.aachen.de)，其大教堂歷史地位極為崇高，是10～16世紀神聖羅馬帝國皇帝的正統加冕場所，早已被列入聯合國世界文化遺產。溫泉及糕餅(Aachner Printen，有八角等多種香味)也是阿亨不能錯過的特產。繼續往西即進入比利時。這裡是歐盟的首都，擁有典雅的氣氛，最重要的景點是市中心的大廣場以及尿尿小童(Manneken Pis)。比利時的巧克力、咖啡、鬆餅、淡菜鍋都聞名全球。

比利時首都布魯塞爾的大廣場美輪美奐

➡搭法國Thalys高鐵，由科隆到比利時首都布魯塞爾，車程僅1小時50分 MAP P.13

Tips

從布魯塞爾可繼續搭Thalys飛快到達法國巴黎，或搭歐洲之星(Euro Star)過英法海底隧道(EuroTunnel)直達英國倫敦。

荷蘭——阿姆斯特丹

阿姆斯特丹全市荷蘭運河(Gracht)縱橫，風情萬種，岸邊滿是積木般多彩的房屋，配上楊柳、小橋，美景處處。而市內一些雄偉的建築，如火車總站、百貨商場等，是荷蘭輝煌歷史的見證；這裡的美術館，價值非凡，梵谷博物館更是梵谷迷的聖地。阿姆斯特丹是最自由開放的城市，其紅燈區也是世界奇觀，當然不能錯過。不過也因自由開放，治安一直是問題，所以隨身財物要安置妥當，一旦被扒竊，是既麻煩又掃興。

若想在週五或週六到阿姆斯特丹來過夜，沒有事先預訂，絕對一房難求。所以，早上出發，晚上回的一日遊行程，會是比較單純且實際的玩法(週末搭ICE高鐵單日往返常會有優待，可向車站人員詢問)。

阿姆斯特丹處處都是運河與美麗的建築

➡搭ICE高鐵，由科隆到阿姆斯特丹，車程只需2小時40分。若持有歐鐵Railpass，此趟全程不需再付費；持德鐵Railpass則可搭至德荷邊界，只需付荷蘭境內的票價 MAP P.13

杜塞道夫

位於萊茵河畔，離科隆僅半小時車程，卻不會被科隆的光芒所掩蓋。她不僅是人口最多的北西邦首府，更是德國流行時尚的首都，最重要的是，這裡的招商功力一流，吸引無數跨國企業進駐，尤其是亞洲企業，許多展覽皆視此地為首選。

DÜSSELDORF

城市小檔案

德文	Düsseldorf
英文	Dusseldorf或 Duesseldorf
城市代號	D
城市人口	60萬
所屬邦區	北萊茵－西法倫邦 注
重要機場	杜塞道夫國際機場(代號DUS)
重要火車站	杜塞道夫火車總站 Düsseldorf Hauptbahnhof (Hbf)
旅遊中心	火車總站右前方
城市官網	www.duesseldorf.de

注 亦音譯北萊茵－威斯特法倫邦，或以英文名譯北萊茵－西發里亞邦；中文常簡稱北威邦或北萊茵邦

城市巡禮

商展首選的前衛時尚城

西北德工商新勢力

Düssel是指杜塞爾河(萊茵河的支流)，Dorf則是村落，可見該城市是由杜塞爾河邊的小村落發展起來的。位於萊茵河畔的杜塞道夫，除了萊茵河，並沒有十分傲人的自然風景，除了老城區的古屋，也沒有很壯麗的古蹟，可是杜塞道夫選對了發展方向，而成了德國舉足輕重的城市之一，與鄰近大城科隆互別苗頭。

二次世界大戰後，作為北萊茵邦的首府，杜塞道夫選擇發展商業，成為工商服務的中心，運用優惠等有利條件，吸引眾多外商進駐，日本有數百家企業在此設立分公司，台灣公司也不少！加上便利的交通，使商展辦得越加有聲有色，如今已成為德國最重要的工商展覽城市之一，全市到處可見商展的旗幟及廣告。老城區(Altstadt)則有上百家酒館，是提供商務人士放鬆身心的重要場所。

處處都有商展宣傳廣告

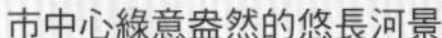

市中心綠意盎然的悠長河景

杜塞道夫的國王大道上有許多時尚商場與大樓

前衛時尚之都

因位處西歐，自由開放的民風加上發達的資訊網絡，杜塞道夫除了是銀行城外，也是全國的時尚中心。走在國王大道(Köenigsallee)上，可看見穿貂皮大衣的貴婦，或是模特兒般的妙齡女子提著最新款的名牌包；穿著西裝、打上領帶、拎著公事包的紳士們，街道上個個競逐行頭，這就是流行之都杜塞道夫的景象。

旅行小抄

杜塞道夫嘉年華會

每年2月舉行，此期間路上塞滿前來慶祝的人潮，以及參與遊行表演的本地人，到處奇裝異服，猶如置身另一個世界。嘉年華會(Karneval)在德國西部與西南部大小城鎮都有，最特別的是，揭開嘉年華會的時間都會在每年的11月11日11點11分11秒。

節慶雖然好玩，夜晚還是要避免到較暗或較少人的地方，工商大城的人口結構通常較為複雜，遊覽時須時時注意自身安全。

知識充電站

德國第一大邦

北萊茵西法倫邦(Nordrhein-Westfalen，NRW)或譯北萊茵威斯特法倫邦，簡稱北威邦。位於德國最西邊，人口最多，也是全德最西化的地方，總人口達1,700多萬。鄰接荷蘭和比利時，更是直通法、英的門戶，這裡予人一種自由奔放、多元現代的文化氛圍。其最大的工業區——魯爾工業區(Rhurgebiet)，從西到東分別是杜伊斯堡(Duisburg)、埃森(Essen)、波鴻(Bochum)及多特蒙德(Dortmund)。這裡曾經礦藏豐富，自工業革命以來，便是德國的黑鄉，以煤鐵生產出無數的高品質金屬製品，造就德國傲人的工業聲譽。

如今，在不斷轉型及改造之下，魯爾區已由黑轉綠，許多工業區被改建為博物館或公園，例如杜伊斯堡北部的風景公園(Landschaftspark Duisburg-Nord，網址：www.landschaftspark.de)、Wunderland Kalkar主題樂園(網址：www.wunderlandkalkar.eu)等，更在2010年獲選為歐洲文化首都，可見其轉型之成功。

魯爾區大城——多特蒙德

核電廠轉型成為主題樂園

杜塞道夫 Düsseldorf
機場Flughafen(DUS)
日本花園Japanischer Garten
商展場
Messe
Hofgarten
Fr.-Roeber-Str.
Eiskellerstr.
Kaiserstr.
Jägerhof-str.
宮廷花園、歌德博物館
Hofgarten, Goethe-Museum
劇場博物館
Theatermuseum
Reuterkaserne
Ritterstr.
Ratinger Str.
北萊茵邦美術館
Kunstsammlung
Nordrhein Westfalen
Schlossufer
Altestadt
Lieferg.
Heinrich-Heine-Allee
Lands-
Krone
萊茵河
Rhein
Mühlenstr.
Huns rückenstr.
萊茵歌劇院
Deutsche Oper
am Rhein
Jan
Wellem-
Platz
Burgplatz
萊茵河畔及老城區
Rheinufer & Altstadt
Kurze Str.
Marktstr.
Hofgartenstr.
Schadow-
platz
Rathausufer
Bolkerstr.
Heinrich-
Heine-Allee
Kaufhof
an der Kö
夏多夫大街
Schadowstr.
Markt-
platz
海涅故居
Heinrich Heine Geburtshaus
Flingerstr.
Th.-Körner-Str.
Schadow Arkaden
Blumenstr.
Kö Center
Berger Str.
Akad. str.
Hafenstr.
Grabenstr.
Trinkausstr.
Girardet-
brücke
Königstr.
Bolker str.
Steinstr./
Königsallee
Max-
platz
Karl-
platz
Königsallee
Königsallee
Mannesmannufer
Orangerie str.
Bilkerstr.
Hohe Str.
Benrather Str.
Breite Str.
Steinstr.
Sevens
火車總站
Hauptbahnhof
Oststr.
海涅博物館
Heinrich Heine Institut
Kö Galerie
Berger Allee
Poststr.
Bastionstr.
Kasernenstr.
Bastionstr.
國王大道
Königsallee(Kö)
Grünstr.
Spee's
Graben
Südstr.
Huschbergerstr.
Karl-Theodor-Str.
媒體港MedienHafen
萊茵塔Rheinturm
新稅局Der neue Zollhof
Haroldstr.
Graf-Adolf-
Platz
Graf-Adolf-Str.

交通資訊

杜塞道夫的交通地位十分重要，是德國往西到達荷蘭的門戶，與德國各大城都有ICE高鐵可直達，而往東到魯爾區及往南到科隆都有班次密集的區間火車(RE、RB)、S-Bahn。

機場聯外交通

杜塞道夫機場位於市區的西北方，是德國第三大機場，有A、B、C三個航廈。機場各航廈之間以特殊懸吊式的Skytrain相連，Skytrain同時也連接到停車場與機場火車站。機場交通詳見P.301。

——搭火車——

1.搭S-Bahn前往市區

在C航廈的通勤列車站(Flughafen Terminal)搭S11至市區火車總站，車程約10～15分鐘。

2.搭高鐵／火車前往市區

先搭Skytrain到機場長途火車站，轉ICE高鐵、IC快車或區間火車(RE)至市區火車總站。

火車總站人群熙來攘往

——搭公車——

機場與市區之間可在機場出口搭公車，如遇大展期間，還會提供機場與商展場間來回運行的Shuttle bus，每15分鐘一班車。

——搭計程車——

沿機場出口的指標可搭到排班計程車。從機場到火車總站車資約€25；到商展場約€16。

——租車——

航廈出口附近有多家租車公司可選擇，市區火車總站亦有租車據點。預約可上國際租車網站或各大租車公司網站，詳見P.55。

城市交通

通勤列車(S-Bahn)地鐵(U-Bahn)

杜塞道夫火車總站(Düsseldorf Hbf)作為邦首府的火車總站，有近20個月台，從最快的高鐵(ICE、IC／EC)，到區間火車(RE、RB)、S-Bahn及U-Bahn都有。火車軌道在地上層，地鐵則在地下層，站前更有多路電車及公車停靠。詳情可查「萊茵／魯爾區(不含科隆)」交通網站。杜塞道夫地鐵路線圖見封面裡。

http www.vrr.de

票價參考

車票種類	市區與附近	市區、展場、機場之間
單人單趟 EinzelTicket Erwachsene	€2.90 短程票(Kurzstrecke)：€1.70	€2.90
單人一日票 EinzelTagesTicket	€7.10	€7.10
多人一日票(至多5人) GruppenTagesTicket	€20.70	€20.70

※以上資料時有異動，以實際公告為準。

杜塞道夫火車總站外觀

1.前往市中心國王大道

有多條地鐵可搭，如U74～79至Steinstr／Königsallee站或Heinrich-Heine-Allee站。

在火車總站搭地鐵可達市中心國王大道等要地

在火車總站搭U78地鐵可達商展場

2.前往商展場

杜塞道夫商展場位於城市北部的萊茵河畔，交通便利，搭U78至終點站(Messe-Rheinstadion)，車程只要15分鐘，且班次密集。

http www.duesseldorf-messe.de

——搭計程車——

☎ +49(0)211-33333、+49(0)211-99999、+49(0)211-212121

$ 火車總站／市中心到商展場：約€20

http www.taxi-duesseldorf.com

必訪熱門景點

杜塞道夫是德國的時尚首都，血拚的魅力自然是無法抗拒。然而，其老城區、萊茵河畔的傳統風味，以及經典的文化景點，亦是不容錯過。

德國第三座歌德紀念館

宮廷花園、歌德博物館

Hofgarten & Goethe-Museum

走過多采多姿的國王大道，繼續往北會到達這片靜謐的綠園——宮廷花園，可來此綠洲淨化心靈。綠園中還有一大片英式景觀花園，是屬於自然風格的森林公園。附近還有多座文化場館林立，有北萊茵邦美術館(P.108／A3)、劇場博物館(P.108／A4)、以及萊茵歌劇院(P.108／B3)，充分展現杜塞道夫精采的人文建設。

宮廷花園中最值得欣賞的建築是狩獵宮(Schloss Jägerhof)，乃普魯士王族狩獵時的宮殿，建於18世紀中葉，屬洛可可風格的建築。此宮現已成為歌德博物館，是繼法蘭克福與威瑪的歌德故居之後，第三座極富意義、紀念大文豪的史料所。

Jacobistr. 2, 40479 Düsseldorf U，Heinrich-Heine-Allee站 http www.goethe-museum.com MAP P.108／A4

市中心處處是綠意

旅行小抄

拜訪詩人海涅

海涅(Henrich Heine，1797～1856)的博物館及其故居(Institut & Geburtshaus)也在此地鐵站區域，是在杜塞道夫出生的名人中最重要的一位，城中到處有他的名字作為路名、站名、大學校名等，很值得參觀。

http www.heinehaus.de

MAP P.108／B2

全市時尚指標

國王大道

Königsallee(Kö)

名氣響亮的國王大道是杜塞道夫的時尚大街，但這裡不只有精品店，還是一條林蔭大道且有多家銀行進駐。1802年之前，這裡是護城壕溝，之後改建成大道，中央是水道與噴泉，水道旁栽植了兩排大樹，氣勢宏偉，被取名為栗樹大道，1851年之後更名為國王大道，暱稱Kö。當時的國王是普魯士的腓特烈．威廉四世(統一德意志的皇帝威廉一世就是他的弟弟)。

國王大道有寬敞的林蔭與水岸大道，非常迷人

國王大道與萊茵河平行，北端是宮庭花園，往南則延伸至老城區附近。當今大道上最吸睛的莫過於各家名牌旗艦店，以及高級商場與珠寶店。有些小商店則是未來設計大師的搖籃。對時尚有興趣的人士別錯過了這處聖地。

開放空間 U，Steinstrasse／Königsallee站 http www.koenigsallee-duesseldorf.de MAP P.108／C4

世界最長酒吧

萊茵河畔及老城區

Rheinufer & Altstadt

鄰萊茵河的大城市中，最有都會休閒風情的一段就在這裡。在散步大道上吹風、漫步、看船、看河景，是何等愜意！更迷人的是，道上有接連不斷的餐廳及露天雅座，每到夏日的傍晚至深夜時段，便成為最浪漫的地方。

向左右望去，兩側各有一座現代風格的跨河大吊橋，位於北邊的是Oberkasseler Brücke，始建於1898年，是杜塞道夫最早可通行車輛的跨河大橋。

杜塞道夫的萊茵河畔多采多姿，餐廳酒館連綿

古老的市政廳

隨處可見迷你的書報攤與挑選購買的人群

附近就是老城區，這裡的房屋古韻猶存，此區的中心是有五百多年歷史的市政廳及前方的市集廣場，而最棒的是餐廳、酒館一家連著一家，據說總共有兩百多家餐廳與酒館，號稱「世界上最長的酒吧區」(die „Längste Theke der Welt)，其中不乏充滿異國風情的館子。夜晚時，處處洋溢著歡樂的氣氛，是旅行者最佳放鬆的地方。

🖂開放空間 🚉U，Heinrich-Heine-Allee站 MAP P.108／B2

旅行小抄

多元的文化活動與場館

杜塞道夫的文化活動也都辦得有聲有色。這裡有德國最具規模的亞洲文化族群，尤其是日本人，在老城區，每年5月會選一天舉辦一連串的日本文化活動，範圍從萊茵河畔一直延伸到邦議會。具代表性的文化場館則有北萊茵邦美術館(Kunstsammlung Nordrhein-Westfalen)、劇場博物館(Theatermuseum)和萊茵歌劇院(Deutsche Oper am Rhein)。

日本花園

商展場附近的日本花園，能讓人體會日本文化在本市的重要性。

🖂Stockum, 40474 Düsseldorf

🚉U，Nordpark/Aquazoo站

http www.japantag-duesseldorf-nrw.de

MAP P.108／A4

最前衛的建築都在這裡

媒體港、萊茵塔、新稅局

MedienHafen & Rheinturm & Neue, Zollhof

從萊茵河畔散步大道往南走，會到達杜塞道夫最新發展的區域——媒體港，這裡原本是傳統的萊茵河港區，港務、稅務、運輸業是以前最典型的行業。當河運逐漸式微，80年代便開始將此區轉型為新一代的服務業，媒體業便是其中之一，此區也因此被稱為媒體港。因為杜塞道夫是時尚城，此區同時也有許多時尚業的分

被稱為城門的媒體港玻璃大樓

北威邦的首府特區有壯闊的現代建築，包括萊茵塔

公司，處處是有河景、綠草地的美麗新建築，非常適合在此悠閒地散步。

萊茵塔是杜塞道夫最高的建築，有240公尺高，於1982年落成，作為廣播電視訊號塔，對遊客來說，則是觀覽市景與河景最絢爛的景點。塔身晚上會點燈，閃爍的方式使之成為世界上最大的數位時鐘。附近另一地標建築Stadttor(城門之意)是一棟ㄇ字型的現代玻璃大樓，位於政府特區附近，氣勢非凡。

新稅局則是這裡最具前衛感的地標，主要由美國建築師Frank O. Gehry設計，因此又稱Gehry建築群(Gehry-Bauten)，1999年起陸續落成。接連的幾棟建築都有不對稱、歪斜、窗櫺突出等特色，卻又不失協調，從任何角度欣賞都好看，為此區更添生命力。

Neuer Zollhof 2, 40221 Düsseldorf 公車725、726線，Rheinturm站 http www.medienhafen.de MAP P.108／D1

媒體港的前衛建築炫耀著杜塞道夫的新潮富庶

超現代的酷炫新區，彷彿到了未來世界

購物指南

杜塞道夫火車總站前並不是商圈，需步行約15分鐘，或搭地鐵U74～U79到Steinstr／Königsallee站，從國王大道開始Shopping！

名品朝聖者的天堂

國王大道 Königsallee

這裡吸引世界各地的時尚追求者前來朝聖。河岸的綠蔭為寬敞的大道增添高雅的氣氛，兩旁的大樓與商店盡是各家名牌精品，不可勝數，小巷內也有許多時尚精品店，獨立設計師及小名牌很多，可買到個性化的商品，如果不想讓荷包縮水，就用眼睛好好享受一下吧！這裡還有2間大型精品商場和Kaufhof an der Kö百貨公司，亦不容錯過！

U，Steinstrasse／Königsallee站 MAP P.108／C4

■Kö Galerie商場 MAP P.108／C4

有數層樓，看起來都很光鮮亮麗，有許多設計師開的時裝店，連咖啡座都很高級。

Sevens以科技感十足的前衛設計取勝

■Sevens商場 MAP P.108／C4

耀眼的Sevens就在Kö Galerie旁邊，走的是年輕的流行路線，裝潢讓人眼睛為之一亮！

■Kaufhof an der Kö百貨公司 MAP P.108／B3

碩大的歷史建物，氣氛高雅、商品齊全。

Tips

機場內亦有精采的購物商場Airport-Arkaden，搭機時可順道逛街購物。

超好買Shopping大街

夏多夫大街 Schadowstrasse

這裡的店家會以溫馨可愛的布置妝點門面

如果說國王大道充滿貴氣，那這裡則是大眾化的血拼區，由Schadow Arkaden商場坐鎮。由於位處時尚城，這一區的商店也妝點得很氣派豪華，所幸高貴不貴，大家都可在此滿載而歸。

U，Schadowstrasse站 MAP P.108／B4

旅行小抄

生活用品、小吃哪裡找？

從國王大道往西行，會來到老城區，以生活用品居多，有許多小超市及藥妝店。週日街上商店沒有營業時，可利用火車總站內便利的設施，小吃及藥妝都十分豐富，一應俱全。

美食情報

在火車總站與國王大道一帶的鬧區，較易找到現代風格的簡單餐廳，而老城區與萊茵河畔則有數不盡的傳統酒館，吸引世界各地的旅人前來發掘。

特色美食街區

車站商場最好找

■火車站美食區

提供商旅人士快速解決一餐的最佳場所，莫過於火車總站，這裡有多樣的選擇，且食物多用圖片或直接陳列在玻璃櫥窗裡，一目了然。

最近的地鐵站：S+U，HauptBahnhof站　MAP靠近地鐵站P.108／C4

■各家百貨商場

百貨公司樓上或國王大道的商場裡，例如Sevens，都有多間美食餐廳可供選擇。商場裡有較多的異國風味料理。

最近的地鐵站：U，Steinstrasse／Königsallee站、U，Heinrich-Heine-Allee站　MAPP.108／C4、B3

↑Sevens的美食區座位設計得很優雅

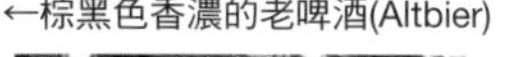
←棕黑色香濃的老啤酒(Altbier)

老城區

與深黑老啤酒最對味

老城區的餐廳與酒館林立，在Strasse與市政廳廣場的周邊，以德國餐最多，大多都有供應這裡最具特色的老啤酒(Altbier)，是一種味道濃、甘、香且酒精度較高的深黑啤酒。夏天還可選擇坐在露天區，別有風味。

最近的地鐵站：U，Heinrich-Heine-Allee站 MAP靠近地鐵站P108／B3

Tips

鄰近的萊茵河畔亦是風格獨特的區域，餐廳很多，且有河景相伴，十分迷人。

萊茵河畔的餐館充滿休閒風情

住宿概況

杜塞道夫位於德國人口最稠密的地區，旅館當然很多，但還是要及早預訂。若遇上大活動，在本市訂不到房，可試試周邊城市如：Köln、Bonn、ollingen、Wuppertal、Hagen、Dortmund、Bochum、Essen、Duisburg、Aachen等，網址皆為www.城市名.de。

火車總站	火車總站前並非鬧區，站內即有Ibis，周圍有許多適合商務客與背包客的機能型平價旅館，如Motel One、Bahn Hotel(兩家皆在總站前方垂直的Karlstr.上)。
地鐵站	重要的地鐵站附近都有各式旅館。靠近國王大道購物區與老城區一帶，最適合旅遊時住宿。
大型連鎖旅館	市中心附近不乏著名的連鎖旅館，選擇性多，可至各大旅館官網查詢。
展場	展場靠近北公園，環境佳，展覽期間房價高，若在平時，則可享中低價的高品質消費，值得試試。

漢諾威

HANNOVER

全德最典型、規模最大的工商展覽城市，一年四季展覽不斷，重要展覽如CeBIT電腦展、漢諾威工業展等。同時也是北德的交通中樞：北通漢堡，南達法蘭克福、慕尼黑，西往魯爾區，東接柏林。

城市小檔案

德文	Hannover
英文	Hanover
城市代號	H
城市人口	60萬
所屬邦區	下薩克森邦(Niedersachsen)
重要機場	漢諾威國際機場(代號HAJ)
重要火車站	漢諾威火車總站 Hannover (Hbf) 漢諾威商展場站 Hannover Messe／Laatzen
旅遊中心	火車總站右前方
城市官網	www.hannover.de

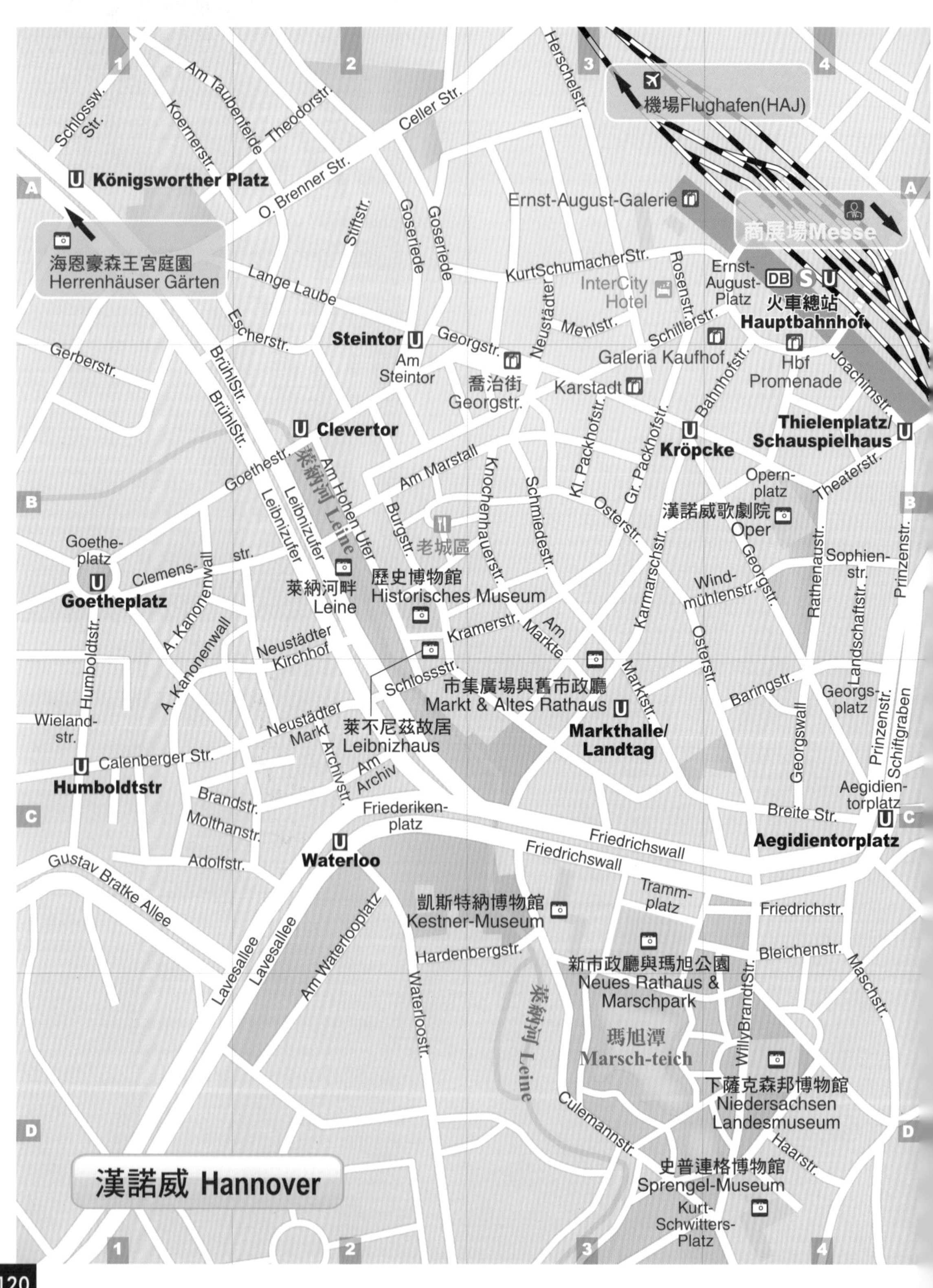

漢諾威 Hannover
機場Flughafen(HAJ)
商展場Messe
海恩豪森王宮庭園
Herrenhäuser Gärten
Königsworther Platz
Ernst-August-Galerie
InterCity Hotel
Ernst-August-Platz
火車總站
Hauptbahnhof
Steintor
Am Steintor
喬治街
Georgstr.
Galeria Kaufhof
Karstadt
Hbf Promenade
Clevertor
Kröpcke
Thielenplatz/
Schauspielhaus
Opernplatz
漢諾威歌劇院
Oper
老城區
萊納河 Leine
萊納河畔
Leine
歷史博物館
Historisches Museum
Goetheplatz
市集廣場與舊市政廳
Markt & Altes Rathaus
萊不尼茲故居
Leibnizhaus
Markthalle/
Landtag
Humboldtstr
Waterloo
Aegidientorplatz
凱斯特納博物館
Kestner-Museum
新市政廳與瑪旭公園
Neues Rathaus &
Marschpark
瑪旭潭
Marsch-teich
下薩克森邦博物館
Niedersachsen
Landesmuseum
史普連格博物館
Sprengel-Museum
Kurt-Schwitters-Platz
Celler Str.
Theodorstr.
Am Taubenfelde
Koernerstr.
Schlossw. Str.
O. Brenner Str.
Stiftstr.
Goseriede
Herschelstr.
Lange Laube
KurtSchumacherStr.
Rosenstr.
Neustädter
Mehlstr.
Schillerstr.
Escherstr.
Georgstr.
Gerberstr.
Brühlstr.
Bahnhofstr.
Joachimstr.
Kl. Packhofstr.
Gr. Packhofstr.
Goethestr.
Am Marstall
Am Hohen Ufer
Leibnizufer
Burgstr.
Knochenhauerstr.
Schmiedestr.
Osterstr.
Theaterstr.
Karmarschstr.
Georgstr.
Windmühlenstr.
Sophienstr.
Rathenaustr.
Prinzenstr.
Clemensstr.
A. Kanonenwall
Neustädter Kirchhof
Kramerstr.
Am Markte
Marktstr.
Landschaftstr.
Schlossstr.
Baringstr.
Georgsplatz
Humboldtstr.
Wielandstr.
Neustädter Markt
Archivstr.
Am Archiv
Calenberger Str.
Georgswall
Schiftgraben
Brandstr.
Molthanstr.
Friederikenplatz
Breite Str.
Aegidientorplatz
Friedrichswall
Adolfstr.
Gustav Bratke Allee
Trammplatz
Friedrichstr.
Bleichenstr.
Maschstr.
Hardenbergstr.
Lavesallee
Am Waterlooplatz
Waterloostr.
WillyBrandtStr.
Culemannstr.
Haarstr.

城市巡禮

世界展會博覽大城

提到漢諾威，許多人一定先想到電子展，每年3月，全球最大的CeBIT電子展吸引數百家台灣廠商進駐，對許多國人來說，漢諾威是德國最重要的工商展覽城市。另一著名的漢諾威工業展(Hannover Messe)，參展的台灣廠商也不少，是自動化、精密製造等產業的展覽殿堂，於每年4月舉辦。

這裡也不只有展覽，她是北德最大邦的邦首府，也是其中最大的城市。該邦地勢平坦，農地較多，因此更凸顯漢諾威在此地政治、經濟、文化中心的地位。周邊古樸迷人的童話小鎮很多，利用空餘時間造訪，對忙碌的商展出差行程有極佳的調劑作用。

漢諾威及其周邊城鎮皆有迷人的古樸老街

旅行小抄

漢諾威的特色節慶

瑪旭湖節(Marschseefest)

每年7、8月間舉行，長達3週，有露天音樂Party、煙火秀等。

http www.hannover.de/Maschseefest

老城區聖誕市集

每年11月下旬開始，涵蓋範圍達整個市中心，規模龐大。

交通資訊

機場聯外交通

由亞洲飛來德國，可自法蘭克福機場或慕尼黑機場轉國內線至漢諾威國際機場，位於城市北方，國內線與歐洲線航班都很多，有A、B、C三個航廈。機場沒有德鐵長途火車站，僅以通勤列車與市區互通，車站位在C航廈附近。

——搭火車——

1.搭S-Bahn或區間火車前往市區

從機場搭區間火車(RE，此區也稱metronom列車)或S5都可直達市區火車總站，車程約20分鐘，每半小時一班。

——搭公車——

在C航廈外可搭直達巴士(Airport-Messe Shuttle)，直達展場北2區(Nord 2)，車程約40分鐘，車資一人約€8。較具代表性的營運公司為B.F.M.。

商展場與機場之間的Shuttle Bus指示牌

——搭計程車——

沿機場出口的計程車指標可搭到排班計程車。從機場到市中心火車總站車資約€25，車程約20分鐘；到商展場約€50，車程約30分鐘。

——租車——

機場航廈出口附近有多家租車公司可選擇，在市區的火車總站亦有租車據點。事先預約可上國際租車網站或各大租車公司網站，詳見P.55。

Tips

機場交通詳見P.301。

城市交通

在德國，像漢諾威這種中型城市(約60萬人口)有十幾個，每個中型城市都有十分完善的軌道交通。漢諾威的鐵路、地鐵路網四通八達，可應付參展期間每天數萬至數十萬外地旅客的需求。

連接火車總站、市中心與商展場的地鐵

——火車——

此城是北德的鐵路中樞，北通漢堡，南達法蘭克福、斯圖加特、慕尼黑，西往魯爾區、科隆，往東則是首都柏林，都有ICE高鐵可快速直達，班次非常密集。

1.前往法蘭克福

- **到法蘭克福機場長途火車站**：搭ICE高鐵，車程約2小時40分鐘。
- **到法蘭克福火車總站**：搭ICE高鐵，車程約2小時20分鐘。

知識充電站

漢諾威火車總站

為了主辦EXPO 2000世界博覽會，漢諾威火車總站(Hannover Hauptbahnhof，Hbf)曾大力整修，使得每個月台都有玻璃電梯及電扶梯，是攜帶大型行李者的一大福音。火車總站亦是通勤列車(S-Bahn)的車站，地下層還有地鐵(U-Bahn)的車站。站內商店多，方便旅客快速購買零食、飲料、紀念品、保養品、藥品等。不過市中心購物大街就在火車站正前方，若時間充裕，不妨至市中心逛逛。

漢諾威火車總站外觀

通勤列車(S-Bahn) 地鐵(U-Bahn)

買車票的區劃請看「紅色」區劃圖，包含展覽場為一區(稱為TicketZone Hannover或1 Zone)，包含機場則為二區(TicketZone Umland或2 Zonen)，更外圍為三區(稱為TicketZone Region或3 Zonen)。「藍色」區劃圖則是交通卡的分區法。詳情請至漢諾威交通局網站查詢。

http www.gvh.de

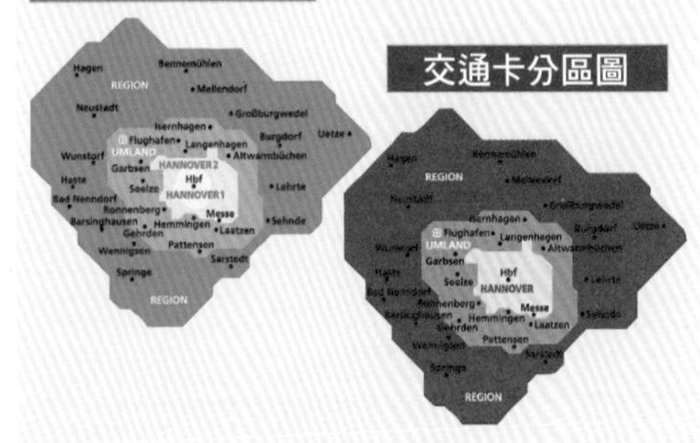

一般紙本車票與交通卡分區有所不同

Tips

搭乘通勤列車(S-Bahn)與市內地鐵(U-Bahn)詳見P.310。火車交通詳情：購買火車票(P.306)、查詢火車時間(P.306)。

票價參考

車票種類	市區與商展場之間 (1 Zone)	市區與機場之間 (2 Zonen)	機場與展場之間 (2 Zonen)	更外圍 (Ticket Zone Region; 3 Zonen)
單人單趟 EinzelTicket	€2.80	€3.60	€3.60	€4.50
單人一日票 TagesEinzelTicket	€5.60	€7.20	€7.20	€8.80
多人一日票(至多5人) TagesGruppenTicket	€10.40	€13.20	€13.20	€16.20

※以上資料時有異動，以實際公告為準。

1.前往商展場

漢諾威是德國最重要的商展城，外號Messestadt(展覽城之意)，其展覽場也是全德規模最大。於2000年在此辦了世界博覽會，因而有最高水準的軟硬體。展覽場地接近南方的小城Laatzen。由於展場廣大，有多種交通路線，停靠的站點各不相同，事先查好離要去的展位最近的車站與路線，可節省進場時間。若3、4個人同行，又有行李，亦可考慮搭計程車。

http www.hannover-messe.de

就在這座巨型展場裡，曾舉辦了世博會

搭S-Bahn：

搭S4至Hannover Messe／Laatzen站，到展場西南側西1區(West 1)，車程約20分鐘。走Skywalk玻璃天橋的手扶電動走道就能進入會場。

玻璃天橋連接商展火車站與商展場

搭地鐵(U-Bahn)：

(1)到西1區(West 1)

搭U1(或稱STB1，為Strassenbahn之簡稱)，在Eichstrasse，Laatzen站下車，車程約20分鐘。

(2)到北1、2區(Nord 1+2)

搭U8、U18(或稱STB8、18)，在 Messe／Nord站下車，車程約20分鐘。

(3)到東3區(Ost 3)

步行到火車總站前的Kröpcke站，搭U6、U16(或稱STB6、16)，在Messe／Ost站下車，車程約25分鐘。

Tips

因展覽場地相當大，選好交通方式並選好離自己要去的攤位或場館最近的車站，可節省不少時間。

旅行小抄

自行開車前往商展場

東西向的A2高速公路(西從科隆、魯爾區，東到柏林)，與南北向的A7高速公路(南自法蘭克福，北至漢堡)，在漢諾威市東方形成Hannover Ost系統交流道，是德國北方最重要的交通樞紐。西側另有A37及B3、B6商展快道(Messe-Schnellweg)，因此從各方向開車前往商展場都很方便。

──計程車──

火車總站前有排班計程車可搭。

☎+49(0)511-235-19335、+49(0)511-3811

$火車總站、市中心到商展場：約€20

http www.taxi-airport-hannover.de、www.taxi-hannover.de

漢諾威地鐵圖

Card-Zone Hannover 1
Card-Zone Hannover 2
Ticket-Zone Hannover
Ticket/ Card-Zone Umland
Ticket/ Card-Zone Region

Hogrefestraße
Hemelingstraße
Stöcken/Friedhof
Fuhsestraße/Bhf.
Leinhausen/Bahnhof
Herrenhäuser Markt
Schaumburgstraße
Herrenhäuser Gärten
{ Haltenhoffstraße }
11
Parkhaus
Schneiderberg/W.-Busch-Museum
Universität
Königsworther Platz
16
Mecklenheidestraße
Beneckeallee
Friedenau
Kreipenstraße
Chamissostraße
Bertramstraße
Fenskestraße
Nordstadt/Bahnhof
Strangriede
Kopernikusstraße
Christuskirche
Hauptbahnhof
Langenhagen/ Angerstraße
Berliner Platz
Wiesenau
Wasserturm
Kabelkamp
Kanalbrücke
Büttnerstraße
Niedersachsenring
Vahrenwald/Bhf.
Dragonerstraße
Vahrenwalder Platz
Werderstraße
Sedanstraße/ Lister Meile
Lister Platz
Lortzingstraße
Vier Grenzen
Pelikanstraße
Spannhagengarten
Klingerstraße
Buchholz/ Noltemeyerbrücke
Buchholz/Bhf.
Bahnstrift
Tempelhofweg
Zehlendorfweg
Papenwinkel
Vahrenheider Markt
Reiterstadion
Großer Kolonnenweg
{ Fasanenkrug }
7
Bothfelder Friedhof
Kurze-Kamp-Straße
Bothfeld
Bothfeld/Kirche
3
9
{ Lahe }
18
8
9
{Hauptbahnhof} ZOB
10
Medizinische Hochschule
Roderbruch-markt
Oststadt-krankenhaus
Ticket-Zone Hannover
Glocksee/Bhf.
Clevertor
Steintor
Limmer/ Schleuse
Harenberger Straße
Wunstorfer Straße
Ungerstraße
Leinaustraße
Küchengarten/ Ihmezentrum
Goethe-platz
Glock-see
Steintor
Kröpcke
Markthalle/ Landtag
Humboldtstraße
Waterloo
Thielenplatz/ Schauspielhaus
10
17
{ Aegidientorplatz }
Braunschweiger Platz
Clausewitzstr.
11
{ Zoo }
Hannover CongressCentrum (HCC)
4
{ Roderbruch }
Misburger Straße
Karl-Wiechert-Allee
Schwarzer Bär
Lindener Marktplatz
Nieschlagstraße
Bernh.-Caspar-Str.
Lindener Hafen
Krankenhaus Siloah
Stadionbrücke
Fischerhof/Fachhochschule
August-Holweg-Platz
Schünemannplatz
Beekestraße
17
{Wallensteinstraße}
Bartold-Knaust-Straße
Am Sauerwinkel
Mühlenberg
Tresckowstraße
Schlägerstraße
Geibelstraße
Altenbekener Damm
Döhrener Turm
Fiedelerstraße
Peiner Straße
Bothmerstraße
Dorfstraße
Am Brabrinke
Laatzen/Werner-von-Siemens-Platz
Bahnhof Laatzen/Eichstraße
Marien-straße
Döhren/Bhf.
2
Stadtfriedhof Seelhorst
Mittelfeld
18
8
Messe/Nord
Freundallee
Kerstingstraße
Kantplatz
Uhlhornstr.
Nackenberg
Bult/Kinderkrankenhaus
Bischofshol/Lange-Feld-Straße
Bünteweg/Tierärztliche Hochschule
Pressehaus
Seelhorster Garten
Emslandstraße
Bemerode/Mitte
Feldbuschwende
Kronsberg
Krügerskamp
Stockholmer Allee
16
6
Messe/Ost
(EXPO-Plaza)
Annastift
Bleekstraße
Mettlacher Straße
Kaiser-Wilhelm-Straße
Großer Hillen
Tiergarten
Ostfeldstraße
Königsberger Ring
{ Anderten }
5
Laatzen/ Park der Sinne
Laatzen/ Centrum
1
{Laatzen}
Laatzen/ Rethener Winkel
{Rethen}
2
Laatzen/ Stadtbad
Laatzen/ Krankenhaus
Laatzen/ Neuer Schlag
Laatzen/ Ginsterweg
Rethen/Nord
Rethen/Steinfeld
Rethen/Bahnhof
Rethen/Galgenberg
Gleidingen/Nord
Gleidingen/Mitte
Gleidingen/Süd
Heisede
Heisede/Süd
Sarstedt/Boksberg
Sarstedt/Röntgenstraße
{ Sarstedt }
1

資料來源：漢諾威交通當局 GVH

必訪熱門景點

商展城漢諾威可不只有工商業。從火車站前一路往南走，過了熱鬧的購物區後，即可到達市集廣場，附近的古城風味，與現代風格的購物區迴然不同，讓緊湊的商旅行程增添文化氣息。更遠一點的新市政廳及附近的綠園、湖泊則能洗盡塵囂。

老城區內最具代表性

市集廣場與舊市政廳

Markt & Altes Rathaus

穿越火車站前的現代風格，即可來到風格迥異的老城區(Altstadt)。這裡同樣是屬於徒步區，但都是古街老厝，處處有半木造屋，也有許多風味餐廳，遊客或商務客可以在此選擇休閒或宴客。

此區代表性的歷史建築莫過於舊市政廳。迷人的紅磚建築，建於1410年，已經超過600歲了。老城區內有市區最大的傳統市場，且經常有各式節慶，每年11月下旬開始有最迷人的聖誕市集，從火車站前綿延至老城區。

舊市政廳是山形紅屋建築

Karmarschstr. 42, D30159 Hannover U，Markthalle／Landtag站 http www.altes-rathaus-hannover.de MAP P.120／B4

←市集廣場常有傳統活動，包括精采的聖誕市集

老城區到處都是古屋窄巷

恬靜的河畔風情

河畔跳蚤市場挖寶

萊納河畔

Leine

平時寧靜宜人，綠樹成蔭。週六河邊即成跳蚤市場，地點在Am Hohen Ufer。來此逛逛，說不定可找到自己心儀、可珍藏一生的寶物。下薩克森邦首府的政府特區、邦議會就建在萊納河畔。在以前王國時代，這裡就是王宮區。

開放空間　U，Markthalle／Landtag站　MAP P.120／B2

旅行小抄

沿萊納河畔參觀藝世界

萊納河周邊一帶有許多博物館，包括數學家萊不尼茲的故居(Leibnizhaus)，其旁是歷史博物館(Historisches Museum)。市政廳兩側，西北邊有凱斯特納博物館(Kestner-Museum)，收藏埃及希臘羅馬的文物。東邊則由下薩克森邦博物館(Niedersachsen Landesmuseum)坐鎮，有19世紀德國印象派名畫。史普連格白物館(Sprengel-Museum)則是收藏當代藝術、20世紀的畫作。

市中心獨一無二的古典建築

漢諾威歌劇院

Oper

在漢諾威市中心，盡是現代的商店建築，但有座美麗的古典建築，完成於1852年，那就是漢諾威歌劇院。這是北德最重要的表演藝術殿堂之一，經過不斷翻新，使得表演效果更佳，最近的一次於2012年整修完成。旅途中，可趁晚上空閒時間來看場歌劇，將是一大享受。記得事先規畫，上網訂票，否則就只能到時碰碰運氣了。

漢諾威歌劇院是各國旅客必訪的景點

Opernplatz 1, 30159 Hannover　U，Kröpcke站
http www.oper-hannover.de　MAP P.120／B4

愜意的市民公園

新市政廳與瑪旭公園

Neues Rathaus & Marschpark

美輪美奐的新市政廳，散發濃濃的藝術氣息，為邦首府增加氣勢與色彩。相較於老城區的舊市政廳，新市政廳宏偉且年輕許多，但也已超過100歲了。可搭電梯登塔，俯瞰綠意之中的漢諾威。廳前為瑪旭潭(Maschteich)和瑪旭公園。繼續往南，可到達碩大美麗的瑪旭湖(Maschsee)，是市民最佳休憩也最方便的去處。夏日時分風帆點點，讓人幾乎要忘了漢諾威其實是個工商城，這麼有綠意的地方，居然離市區如此近！在逛市區之餘，來此小酣一下，也是挺愜意的。

✉Trammplatz 2, 30159 Hannover 🚇U，Markthalle／Landtag站 http www.hannover.de MAP P.120／C3

新市政廳就像宮殿一樣美麗

新市政廳周邊盡是綠園與波光

超大規模王室花園

海恩豪森王宮庭園

Herrenhäuser Gärten

距離市中心僅十幾分鐘的U-Bahn車程，即可到達王宮庭園，感受當年漢諾威王室展現的泱泱大國之風，見識17、18世紀王宮之美，也能在此舒適地體驗庭園之美與愜意。

花園占地相當廣闊，包括英式風格的喬治花園(Gorgengarten)，以同時統治大不列顛與漢諾威的喬治國王為名，其內有萊布尼茲宮殿(Leipniztempel)、大花園(Grosser Garten)，始建於17世紀，屬巴洛克風格，是王宮花園的核心建築。小山花園(Berggarten)有德國最大的植物園，2000年舉辦世博會時，還在這裡建了人工熱帶雨林館，以及威爾芬花園(Welfengarten)。王宮主建築是巴洛克式宮殿，現今可作為會議活動場所，宮外法式庭園的圖案造型極美，可媲美凡爾賽宮的花園。

✉Herrenhäuser Straße, 4 30419 Hannover 🚇U，Herrenhäuser Gärten站 http www.hannover.de/Herrenhausen MAP P.120／A1

這裡的庭園又多又大，上官網可查詢更多資訊

購物指南

漢諾威火車總站一旁即有大商場，前方則是連綿的徒步購物街，有多家大型百貨公司，是德國最能有效率地購物的大城市，參展忙碌的商務客亦能快速地享受到購物的樂趣。

商場集中血拼大享受

徒步購物街區

漢諾威的市中心大小適中，且商店、景點集中，非常適合有效率地逛街購物及覽勝。行人徒步區就在火車總站正前方，所有大大小小的商店就在這幾分鐘的步行範圍之內。

從車站出來後，廣大的商圈十分耀眼

■喬治街(Georgstrasse)

市中心Kröpcke地鐵站位於一個大路口，橫向的喬治街上商店林立，商品應有盡有，包括Karstadt百貨公司，與喬治街垂直的數條小街道亦是商店雲集，在此區的南側接近市集廣場處，還有另一家Galeria Kaufhof百貨公司。

S+U，Hauptbanhof MAP P.120／B3

Tips

Ernst-August-Platz廣場上有一座著名的騎馬雕像矗立在大廳前，是為紀念漢諾威王國的國王——恩斯特奧古斯特一世。人們喜歡在馬尾巴下相約見面，當地人習稱此地點為「Unter dem Schwanz」(或Unterm Schwanz)。

漢諾威國王雕像

旅行小抄

喬治街的由來

喬治街(Georgstrasse)以喬治國王為名，1714年時任漢諾威選帝侯的喬治一世，依照大不列顛安妮女王的遺囑繼承王位，因安妮女王沒有後嗣，喬治國王為其親戚，且又同樣信仰新教。後來傳給喬治二世、三世、四世，至1837年才分家，維多利亞女王繼位統治大不列顛，漢諾威則由男性國王統治。

夜晚的喬治街閃爍著霓虹燈，十分耀眼

百貨大樓一棟接著一棟

■Galeria Kaufhof百貨公司

位在車站前方，十分方便，更棒的是，它的地下街商店還能直接連到市中心最繁華的Kröpcke地鐵站(與火車總站距離一站)。

S+U，Hauptbanhof MAP P.120／A4

■Hauptbahnhof Promenade商場

位於火車總站內，亦有許多小店。

S+U，Hauptbanhof MAP P.120／A4

■Ernst-Augus-Galeriet商場

從車站大廳出來向右走，可通到Ernst-August-Platz，商場就在這一區。這座購物中心裡有數十家商店與多家餐廳，若是外面天氣不佳，亦可在此輕鬆愉快又有效率地購物。

S+U，Hauptbanhof MAP P.120／A3

美食情報

在大城市裡，最方便的午餐吃法，便是在大街上找街頭小吃，或到速食餐廳、百貨公司頂樓享用簡餐。參展會場的食物較貴，最常見是在像咖啡廳般的簡易餐廳吃，或三明治及香腸配麵包。

特色美食街區

無數餐廳美食任君挑選

■火車站美食區

漢諾威火車總站本身就是美食天堂。各式各樣的速簡餐廳，簡易供外帶的食物應有盡有，包括三明治、比薩、德式香腸、亞洲式的炒麵等。

其中有家德式簡易餐廳，所有食物都擺在櫥窗中任你選擇，這裡可吃到德國豬腿、各種德式香腸，配菜也相當精采豐富。

最近的地鐵站：S+U，Hauptbahnhof站 MAP 靠近地鐵站P.120／A4

火車總站的美食區應有盡有，德式香腸也很容易找到

迫不及待要吃香腸的客人很多，店員正忙碌地準備著

老城區風味餐廳

道地德式料理挑動味蕾

越過火車總站前的購物鬧區繼續往前走，即可到達漢諾威的老城區，這裡都是老式的半木造屋，德國味十足，更棒的是有許多具各國特色的餐廳，當然還是以德式餐廳居多，可品嘗德國當地餐及啤酒。最具代表性的街道有Knochenhauerstrasse、Kramerstrasse、Burgstrasse。

老城區的店家特色十足，是晚上聚會的最佳選擇

最近的地鐵站：U，Kröpcke站、U，Markthalle站

MAP P.120／B2

Tips

如果想要了解漢諾威的夜生活，可查詢網站：www.hannover-nightlife.de/start.php。

住宿概況

想在漢諾威大展前夕找到旅館，可是天下一大難事，必須及早預訂。如果市區的旅館被訂滿或只剩天價的房間，則可試試周邊城市如Hildesheim、Celle、Göttingen、Kassel、Hameln、Lüneburg、Braunschweig、Osnabrück、Wolfsburg，單趟車程均不用1小時，且每小時皆有一班以上的火車，通常是搭乘區間火車(RE)，網址皆為www.城市名.de。

↑歐洲商務旅館的衛浴都是乾濕分離，以淋浴較常見

↑漢諾威有許多商務旅館，接待前來參展的旅客

火車總站	這裡是精華區，都是商務機能型旅館，連鎖型的規模較大、配備較新，若是私人經營則較舊，但網路及早餐通常較優惠。
地鐵站	地鐵站周邊通常有許多不錯的選擇，只是要帶著大行李從火車總站搭車，較為不便。
機場	若一早要搭機離開，可選住機場附近。這裡的旅館比市中心寬敞，如Maritim Airport Hotel、Leonardo Hotel Hannover Airport、Holiday Inn等。
展場	對參展人士來說，下榻於此是最方便的，但展覽期間房價極高，且一定要及早預訂。
大型連鎖旅館	漢諾威的連鎖旅館應有盡有，且若經常住同一集團的旅館，可享有常住會員的好處。

近郊觀光漫遊路線

漢諾威附近兼具知性與度假性的大城小鎮不可勝數，提供數套一日遊建議行程，若每年都來參展，每年皆可享受不一樣的一日遊喔！

來到哈梅恩彷彿進到童話世界

路線 1 到不萊梅感受藝文氣息

http www.bremen.de　MAP P.13、P135

路線特色

熱門旅遊路線「德國童話之道 (Deutsche Märchenstrasse)」的美麗終點。

許多人第一次聽到不萊梅，大概都是小時候看格林童話時。有4隻被認為一無是處的動物，分別為驢、狗、貓、雞，在不萊梅偶遇，牠們曾經用混合的歌聲，將壞人嚇跑，於是聲名大噪，成為廣受歡迎的「不萊梅的音樂家」。這4隻可愛的動物，就像該城的守護神，至今仍佇立在不萊梅街頭。

不萊梅與威悉河口的不萊梅港(Bremerhafen)構成一個如同漢堡一樣的獨立城邦，15世紀時加入漢撒同盟成為明星港市，也一直以漢撒自由市自居，人口合計80萬，是全德最小巧的邦。不萊梅雖不大，卻是個十足的文化大城與貨運大港，有極精緻美麗的古城區，也有原物料與車輛運量極大的德國第二大港，是北德最值得一遊的城市之一，景點相當集中，所以可以慢慢悠閒地賞玩。

↓風車展現德國西北部的風情

交通方式

搭火車抵達不萊梅後，可再搭U-Bahn前往市中心，步行則約15分鐘可達。

搭火車

1. 若持德鐵或歐鐵Railpass，搭ICE高鐵或IC快車到不萊梅，車程約1小時10分鐘。
2. 若持週末票或下薩克森邦票，搭區間火車(RE)到不萊梅，車程約1小時30分鐘。

推薦景點

市中心古城區

從火車站起行，一路上，會經過古時候的護城河以及城牆區形成的一大片綠地，還會看到一座風車(Mühle)喔！

不萊梅火車總站

市集廣場Marktplatz

這裡是本城的活動與精神中心，由許多美麗且重要的建築物所包圍，最重要的當然是市政廳(Rathaus)。這座散發歷史風味的哥德式建築，精緻的外觀及迷人的雕塑，吸引一批又一批遊客們的目光。市政廳旁銅製的可愛動物雕像，是雕刻家Gerhardt Marcks的作品，代表4個不萊梅市的音樂家——雞、貓、狗、驢，忠實地陪伴著不萊梅。而守衛著不萊梅的是廳前的羅蘭像(Roland)，已列入聯合國世界遺產，他正氣凜然地拿著劍與盾。想更進一步領略廣場風情，就在露天咖啡座上坐下來悠閒地喝一杯吧！

來不萊梅一定要跟動物音樂家們握手致意

MAP P.135／C3

古意盎然的不萊梅市政廳

布特切街Böttcherstrasse

由市集廣場往南走到威悉河畔之間，就會到達這條最迷人的老街。20年代由一位做咖啡貿易的富商將此街改建，注入許多新的建築風格，如裝飾藝術(Art Deco)，新藝術(Art Nouveau)，十分有特色。如今，這些建築變成藝廊、書店、博物館、劇場等，成為精神生活的昇華之地。

MAP P.135／C3

狹窄的布特切街風情獨具

施諾爾區Schnoorviertel

沒來到這裡，就不知不萊梅的美。這裡是全市的魅力所在，到處是紅磚屋拱廊窄巷形成中世紀的風情，猶如進入漢撒同盟時代，航海與貿易造就出富足卻又不失樸實的生活。這種紅磚屋可是北德的特產，在南德是看不到的喔！現在這裡則有許多風味餐館、酒吧、藝品店，讓人駐足流連，夜生活尤其精采。

MAP P.135／C3

此區流露濃濃文藝氣息

銳利的尖角屋頂是這裡的特色

聖彼得大教堂 St. Petri Dom

位於市集廣場附近，是不萊梅的地標。這座有一對高聳的哥德式對稱尖塔的教堂，已將近1,000歲了，經過歲月的洗禮與幾番整修，呈現出一股淬煉後的面貌，是不萊梅市民的精神支柱。

高聳對稱的尖塔是全市的焦點

✉Sandstraße 10-12, 28195 Bremen http www.stpetridom.de MAP P.135／C4

不萊梅其他景點還有……

不萊梅港(Bremerhavn)
威悉河在北方50公里外的不萊梅港注入大海，澎湃港景豪情萬千。
http www.bremerhaven.de/en MAP P.135／A3

德國海事博物館(Deutsches Schiffahrtsmuseum)
位於不萊梅港，對船舶有興趣的遊客來說，是一大聖地。
http www.dsm.de MAP P.135／A3

威悉河畔(Weserufer)
悠閒散步、欣賞河景的好地方，也有遊船可環遊整個區域。 MAP P.135／C2

四海博物館(Übersee Museum)
位於火車站右前方，展示自殖民時代以來的異國文物，以非洲，大洋洲及亞洲等地為主。
http www.uebersee-museum.de MAP P.135／A4

不萊梅藝術(美術)館(Kunsthalle Bremen)
以19～20世紀德國及法國印象派作品為主，亦有15世紀畫家作品，如林布蘭特(Rembrandt)。
http www.kunsthalle-bremen.de MAP P.135／C4

不萊梅劇院(Bremer Theater)
可從官網查詢節目內容。但若是當晚不留下過夜，就不能在此看劇。
http www.bremertheater.com MAP P.135／C4

不萊梅 Bremen
不萊梅港
Bremerhaven
德國海事博物館
Deutsches
Schiffahrtsmuseum
四海博物館
Übersee-Museum
火車總站
Hauptbahnhof
Bahnhofs-
platz
風車
Mühle
威悉河
Weser
不萊梅藝術(美術)館
Kunsthalle Bremen
不萊梅劇院
Bremer Theater
市政廳
Rathaus
Domshof
Am
Markt
聖彼得大教堂
St. Petri Dom
市集廣場
Marktplatz
威悉河畔
Weserufer
布特切街
Böttcherstrasse
施諾爾區
Schnoorviertel
Am Wall
Stephani-
kirchhof
Faulenstr.
Diepenau
Neuenstr.
Geeren
Hinter der Mauer
Jakobistr.
Am Brill
Bürgermeister-Smidt-Str.
Bürgermeister-Smidt-Brücke
Bornstr.
Falkenstr.
Am Wandrahm
Hochstr.
Philisophenweg
Birkenstr.
Herdentorswallstr.
Knochenhauerstr.
Papenstr.
Lloydpassage
Sögestr.
Pieperstr.
Langenstr.
Martinistr.
Obernstr.
Hohentorstr.
Am Deich
Langemarckstr.
Teerhofbrücke
Häschenstr.
Grünenstr.
Westerstr.
Gr. Annenstr.
Teerhof
Bredenstr.
Am Dom
Markt-
str.
Violenstr.
Sandstr.
Buchtstr.
Ostertorstr.
Dechanatstr.
Kolpingstr.
Schnoorviertel
DB

路線 2 浸入童話世界哈梅恩

http www.hameln.de　MAP P.13

路線特色

這個靜靜躺在威悉河畔 (Weser) 的小鎮，來頭可不小，她可是格林童話「捕鼠人 (或稱穿彩衣的吹笛手)」(Rattenfänger) 的發源地。

哈梅恩(Hameln)市區裡的景點都設計成跟捕鼠人的故事有關，成為著名的「童話路線」上最有特色的城鎮之一。每到夏季週末，這裡頓時成為熱鬧的觀光勝地，週日中午，居民還會在市政廳婚禮之家前面的廣場，實地演出這齣童話故事。

哈梅恩婚禮之家前的雕像

除了童話故事，哈梅恩城裡的街道、房屋等等，也都充滿童話色彩。這裡的半木造屋極多，大多很雅致、很美觀、整齊樸素，彷彿進入中古世紀城裡大家同心合力，守望相助的年代。

交通方式

搭通勤列車S5到哈梅恩，車程約1.5小時，班次頻繁，通常每小時一班。

行程規畫

→石板大街上的老鼠圖像引導遊客尋找童話遊蹤

童話大街邊拍邊買

Bahnhofstr → Osterstrasse → 捕鼠人之家、市政廳婚禮之家、哈梅恩博物館

哈梅恩市政廳

沿火車站的**Bahnhofstr街**，往市區方向走約15分鐘可達旅遊中心，再繼續往前走就進城了，便可踏在童話小鎮的主街——**Osterstrasse**上。這是哈梅恩的購物街，也是景點集中地。最重要的有**捕鼠人之家**(Rattenfängerhaus)、**市政廳婚禮之家**(Hochzeithaus)、**哈梅恩博物館**(Museum Hameln)等。一定要到紀念品店逛逛，買個捕鼠人童話的紀念品。與主街交叉的靜巷裡也都很有中古世紀的童話氣氛喔！

著名周邊城鎮

金龜迷的聖地
沃福斯堡Wolfsburg

德國第一大眾化名車品牌福斯汽車(Volkswagen)的故鄉，又譯為狼堡，德文Volkswagen意指國民車，亦即要讓人人都買得起又能享有高品質，金龜迷對福斯當然更情有獨鍾。到漢諾威參展，一定要抽空到只有30分鐘車程的沃福斯堡造訪碩大的福斯車廠及福斯汽車城(VW Autostadt)，地標是兩座壯觀的圓柱狀玻璃車塔。

汽車城的超現代建築

➡搭火車至Wolfsburg Hbf站(有ICE至RE各級列車停靠)，下車步行即達 http www.wolfsburg.de、汽車城網址：www.autostadt.de MAP P.13

經典車種可在這裡一次看個夠

頭頂諾貝爾獎榮譽光環
哥廷根Göttingen

享譽盛名的大學城，曾出過多位諾貝爾獎得主。市中心廣場十分美麗，其中的鵝少女噴泉(Gänselisebrunnen)非常著名，凡是在哥大取得博士學位者，就必須爬到池中，向鵝少女親親嘴，此習俗稱為Doktorkuss，當然這位新科博士的博士袍就會因此弄濕，沾滿哥廷根的泉水。

哥廷根鵝少女噴泉

➡搭火車至Göttingen Hbf站(有ICE至RE各級列車停靠)，下車步行即可達 http www.goettingen.de MAP P.13

漢諾威周邊延伸景點

哥斯拉(Goslar)：千年歷史的帝王之城，位於哈次山脈(Harz)北緣，有很多巫婆(Hexe)的傳奇故事，已列入聯合國世界遺產，絕對值得一遊。

http www.goslar.de

策勒(Celle)：有名的半木造屋(Fachwerkhaus)之城，其多與美，可謂北德之冠。

http www.celle.de

歐斯納布魯克(Osnabrück)與明斯特(Münster)(P.98)：結束30年戰爭的歷史名城，城內美景處處，隨時都是熱鬧精采。

漢堡(Hamburg)(P.138)：漢諾威往北只要約一個半小時。

柏林(Berlin)(P.162)：搭ICE高鐵直達，只需一個半小時，班次頻繁。難得來德國，當然不能錯過首都。

OSS DOCK ELBE 17
ACL
ALL YOU NEED IS LOVE
STADTRUNDFAHRT
Top -Tour - Hamburg
Stadtrundfahrt
DFAHRT

漢堡

風情萬種的德國第一大港、第二大城。位於易北河出海口附近，她的美是水襯托出來的，有舉世聞名的紅燈區、發達的工商業以及繁盛的文化活動。

HAMBURG

城市小檔案

德文	Hamburg
英文	Hamburg
城市代號	HH
城市人口	180萬
所屬邦區	漢堡城邦
重要機場	漢堡國際機場(代號HAM)
重要火車站	漢堡火車總站 Hamburg Hauptbahnhof(Hbf) 漢堡商展場站 Hamburg Dammtor 漢堡阿通納站 Hamburg Altona
旅遊中心	火車總站內
城市官網	www.hamburg.de

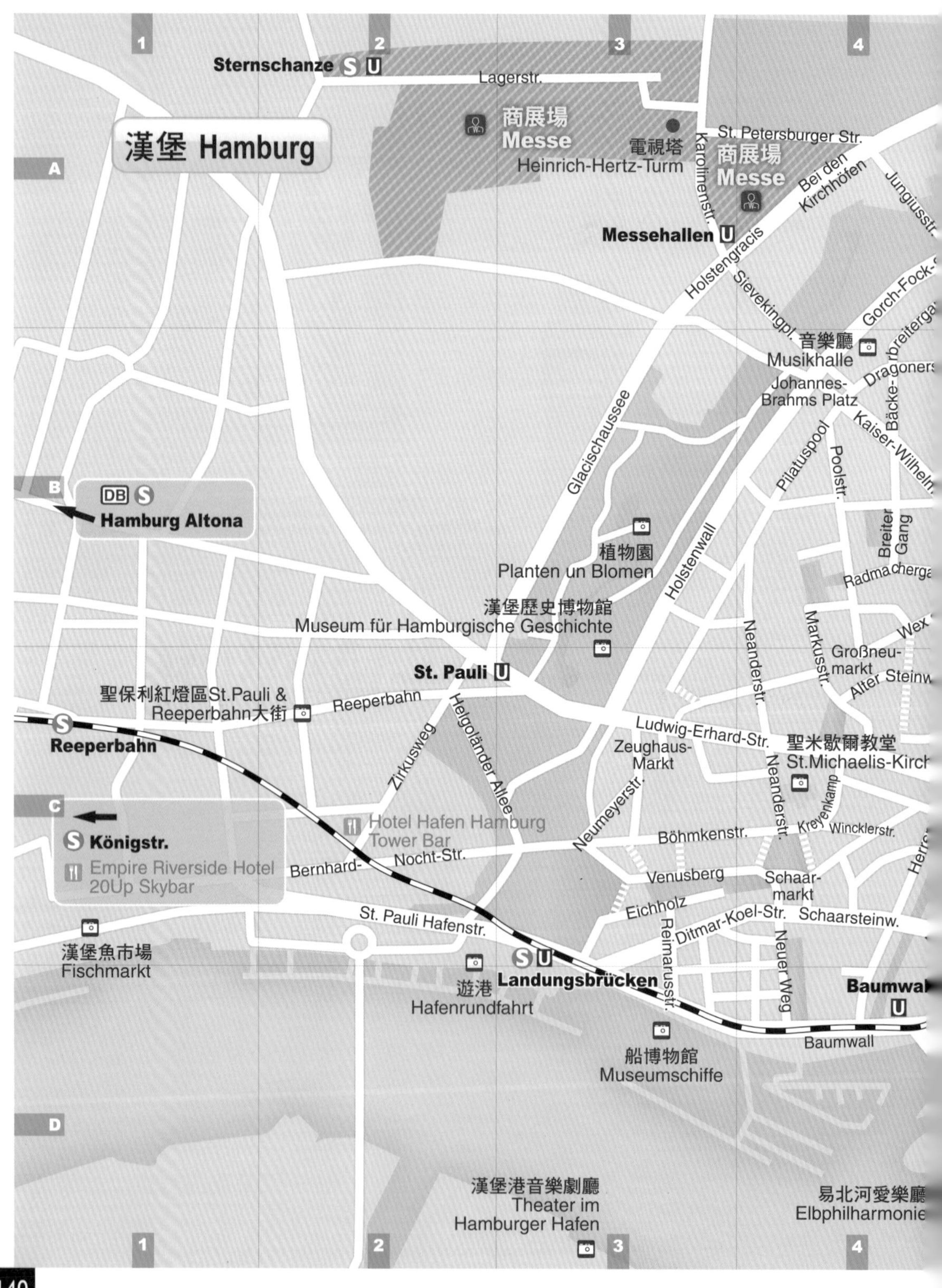
漢堡 Hamburg
Sternschanze
Lagerstr.
商展場
Messe
電視塔
Heinrich-Hertz-Turm
St. Petersburger Str.
商展場
Messe
Karolinenstr.
Bei den Kirchhöfen
Jungiusstr.
Messehallen
Holstengracis
Sievekingpl.
Gorch-Fock-
音樂廳
Musikhalle
Johannes-Brahms Platz
Dragoners
Kaiser-Wilhelm
Bäcke-
Glacischaussee
Pilatuspool
Poolstr.
Breiter Gang
Hamburg Altona
植物園
Planten un Blomen
Holstenwall
Radmachergа
漢堡歷史博物館
Museum für Hamburgische Geschichte
Neanderstr.
Markusstr.
Großneu-markt
Wex
Alter Steinw
St. Pauli
聖保利紅燈區St.Pauli &
Reeperbahn大街
Reeperbahn
Reeperbahn
Zirkusweg
Helgoländer Allee
Ludwig-Erhard-Str.
Zeughaus-Markt
聖米歇爾教堂
St.Michaelis-Kirch
Neumeyerstr.
Krayenkamp
Wincklerstr.
Königstr.
Empire Riverside Hotel
20Up Skybar
Hotel Hafen Hamburg
Tower Bar
Bernhard-
Nocht-Str.
Böhmkenstr.
Venusberg
Schaar-markt
Eichholz
St. Pauli Hafenstr.
Ditmar-Koel-Str.
Schaarsteinw.
漢堡魚市場
Fischmarkt
Reimarusstr.
Neuer Weg
Landungsbrücken
遊港
Hafenrundfahrt
Baumwal
Baumwall
船博物館
Museumschiffe
漢堡港音樂劇廳
Theater im
Hamburger Hafen
易北河愛樂廳
Elbphilharmonie
A
B
C
D
1
2
3
4

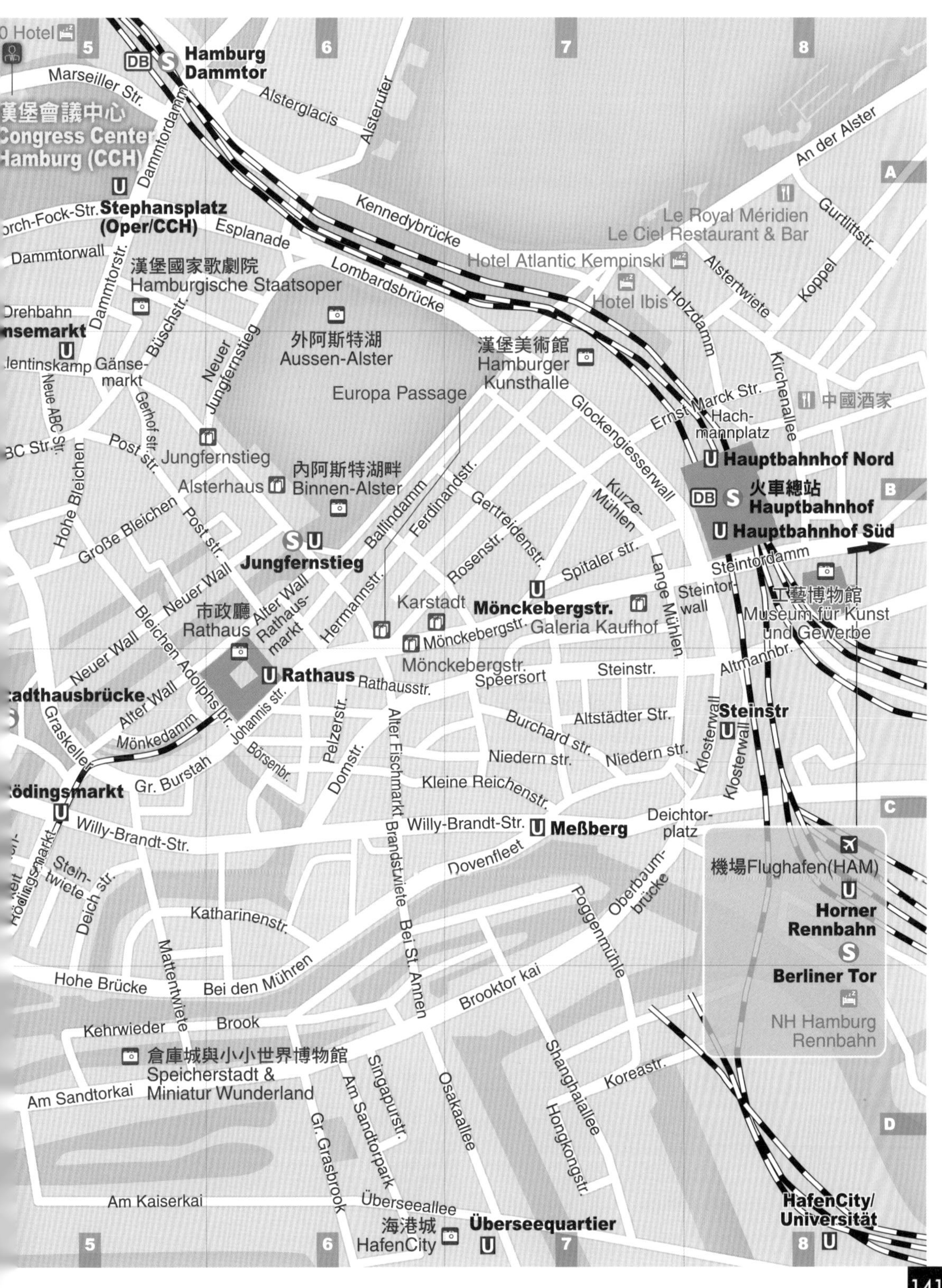
Hamburg Dammtor
漢堡會議中心
Congress Center Hamburg (CCH)
Stephansplatz (Oper/CCH)
漢堡國家歌劇院
Hamburgische Staatsoper
外阿斯特湖
Aussen-Alster
漢堡美術館
Hamburger Kunsthalle
Europa Passage
Le Royal Méridien
Le Ciel Restaurant & Bar
Hotel Atlantic Kempinski
Hotel Ibis
中國酒家
Hauptbahnhof Nord
火車總站
Hauptbahnhof
Hauptbahnhof Süd
Jungfernstieg
內阿斯特湖畔
Binnen-Alster
Alsterhaus
市政廳
Rathaus
Karstadt
Mönckebergstr.
Galeria Kaufhof
工藝博物館
Museum für Kunst und Gewerbe
Rathaus
Steinstr
Meßberg
機場Flughafen(HAM)
Horner Rennbahn
Berliner Tor
NH Hamburg Rennbahn
倉庫城與小小世界博物館
Speicherstadt & Miniatur Wunderland
海港城
HafenCity
Überseequartier
HafenCity/ Universität
Rödingsmarkt
Stadthausbrücke
Gänsemarkt
Marseiller Str.
Alsterglacis
Alsterufer
An der Alster
Kennedybrücke
Lombardsbrücke
Esplanade
Dammtorwall
Dammtorstr.
Dammtordamm
Büschstr.
Neuer Jungfernstieg
Gerhof str.
Post str.
Große Bleichen
Hohe Bleichen
Neuer Wall
Alter Wall
Rathausmarkt
Bleichen
Adolphsbr.
Johannis str.
Mönkedamm
Graskeller
Gr. Burstah
Börsenbr.
Ballindamm
Ferdinandstr.
Hermannstr.
Rosenstr.
Gertreidenstr.
Glockengiesserwall
Kurze-Mühlen
Spitaler str.
Lange Mühlen
Steintorwall
Steintordamm
Ernst Marck Str.
Hachmannplatz
Kirchenallee
Holzdamm
Koppel
Gurtlittstr.
Alstertwiete
Altmannbr.
Rathausstr.
Speersort
Steinstr.
Burchard str.
Altstädter Str.
Niedern str.
Klosterwall
Kleine Reichenstr.
Pelzerstr.
Domstr.
Alter Fischmarkt
Brandstwiete
Willy-Brandt-Str.
Deichtorplatz
Dovenfleet
Oberbaumbrücke
Poggenmühle
Katharinenstr.
Steintwiete
Deich str.
Mattentwiete
Hohe Brücke
Bei den Mühren
Bei St. Annen
Brooktor kai
Kehrwieder
Brook
Am Sandtorkai
Gr. Grasbrook
Am Sandtorpark
Singapurstr.
Osakaallee
Shanghaiallee
Hongkongstr.
Koreastr.
Am Kaiserkai
Überseeallee

城市巡禮

通往世界的泱泱大港

市中心處處水景輝映

漢堡是德國第一大港、第二大城，也是最美麗的水都，她其實不靠海，乃是易北河上的河港，不過易北河流至此，河道已相當開闊，宛如大海一般，城市的美與水景相互輝映，帶給漢堡無窮的希望。

在這裡，乘船遊港當然是少不了的，市中心的內阿斯特湖(Binnenalster)及周邊水道，將全城照得水水亮亮，四處都是美景，也使得其間的購物區、精品街更顯光鮮亮麗。除精緻的市中心之外，還有不能錯過的聖保利紅燈區(St. Pauli)，是這自由開放的港都所特有的另類風情。市區內，亦有數不盡的美景及文化寶藏等著你。

漢堡市中心的阿斯特湖散發無限魅力

船公司的旗海洋溢著貿易大港的風情

海港城(HafenCity)是漢堡的新興區

引以為傲的漢撒光環

漢堡不只是一個城市，也是德國最具代表性的城市邦，一直維持著獨立港市的特性，自14世紀漢撒同盟，已奠定其在波羅的海地區貿易大港的地位。

漢撒同盟(德文：Hanse或Hansebund；英文：Hanseatic League；拉丁文：Hansa)，是過去在波羅的海沿岸(特別是現今德國及波蘭北部)，形成的貿易聯盟，經濟勢力龐大，甚至超越當時日耳曼地區的國家，造就長達數世紀的繁榮，如今，雖已不復存在，原屬漢撒同盟的漢堡仍以此為榮，至今仍自稱「漢撒自由市」(德文：Freie- und Hanselstadt Hamburg；英文：Free and Hanseatic Town of Hamburg)。甚至，身為城市代號H開頭的最大城，漢堡卻堅持使用HH，可見她將「漢撒」看得何等重要！

優質文藝夜生活

漢堡除了是貿易商港，亦是北德的文化中心，在文化藝術上的表現，令人刮目相看！這裡的夜生活絕不只是燈紅酒綠，還有許多世界級的音樂會、歌劇、音樂劇，博物館少說也有數十所，以及許多小型音樂廳、劇場等，絕對能讓你耳目一新、滿載而歸。

夕陽暮色伴著人群前往對岸的音樂劇廳

漢堡亦是文化港都，必訪新景點為易北河愛樂廳

交通資訊

機場聯外交通

漢堡機場(HAM)是德國北部的航空門戶，位於市區北方，班次極多，亦有許多班機飛往各度假勝地。機場有兩個航廈，其中，第一航廈設計較新穎，頗具現代感。在航廈之間有百貨商場(Airport Plaza)，商店與服務設施應有盡有。

——搭火車——

144

1.搭S-Bahn到市中心火車總站

機場通勤列車站名為Flughafen Hamburg，搭S1至漢堡火車總站，車程約25分鐘。

Tips

S1是黃金路線，從機場出發，過了火車總站後，還會繼續駛向市中心的Jungfernstieg站，以及港口區的St. Pauli Landungsbrücken站。

鋼構的車站大廈，是鐵道迷觀賞火車的聖地

漢堡地鐵系統極為便捷、先進

——計程車——

沿機場出口的計程車指標可搭到排班計程車。搭至市中心火車總站或商展場，車程約20分鐘，車資約€25。

——租車——

機場航廈出口附近與市區火車總站前，都有多家租車公司可選擇。預約可至國際租車網站或各大租車公司網站，詳見P.55。

旅行小抄

前往丹麥，輪船美景盡收眼底

漢堡與北歐關係密切，搭火車通行非常方便，至丹麥首都哥本哈根及日德蘭半島，可搭EuroCity快車或ICE高鐵，每隔4小時一班。沿途可看到無垠的農田、碧海藍天、白船彩屋等，每分每秒都可感受北歐的海洋風韻。

輪船非常巨大，是很難得的體驗

最特別的部分是在抵達丹麥前的一段海峽，會將火車開進輪船，乘客必須離開火車，到船上看海、享用點心，時間約1小時。此外，搭大輪船(德文一般稱為Fähre；英文：Ferry)也是常見且舒適的方式，可在船上用餐過夜，若有開車，也可將車開入船內。

感受海洋吹來的風，身心舒暢

Tips

機場交通詳見P.301。

城市交通

——火車——

漢堡是北德最大城，交通四通八達。北達丹麥，東往柏林，南至漢諾威、魯爾區和法蘭克福，更遠還有到南部的慕尼黑以及西南部的斯圖加特，甚至通往瑞士蘇黎世的ICE高鐵，也都是以漢堡為起站。

從漢堡到柏林的黃金路線曾歷經一段輝煌又坎坷的歷史。在還是使用蒸汽火車的30年代，德國火車「Berlin-Hamburger Bahn」在「漢堡－柏林」這段鐵路上，締造了270公里用2小時21分行駛完畢的飛快佳績。

如此輝煌的成就，卻因戰後東西德分裂，此路線荒廢長達45年，即使在統一後，也只有InterCity一般快車有行駛。雖曾計畫要蓋磁浮列車(MagLev或Transrapid㊟)，但由於造價太高，加上環保等因素而取消，最後以ICE高鐵擔任此要務。約每小時皆有一班ICE高鐵直達車，車程約1小時45分。

㊟ 時速可達500公里，全世界僅有上海浦東機場到浦東新區龍陽路站的路線有正常營運此列車。

知識充電站

漢堡火車總站

漢堡火車總站(Hamburg Hauptbahnhof，Hbf)的建築設計十分特殊，很有看點。主結構由鋼鐵構築，十足鋼鐵時代的產物，最特別是其鐵軌與月台在車站中央較低的位置，而大廳及出入口則在兩側較高處，因此，旅客等車時，常喜歡在兩側的觀景台上觀看列車進出。漢堡火車總站碩大且設施完善，但因大廳位在兩側，所以公共設施較為分散，仔細看指標指示，就能找到所需要的項目。

大廳有清楚的資訊與豐富的設施

漢堡火車總站雄偉古典的外觀

大城市的服務中心通常都設有專屬的英文諮詢櫃檯

漢堡最新的地鐵U4線，連接市區與海港城

漢堡商展場與白色的電視塔為其地標

通勤列車(S-Bahn) 地鐵(U-Bahn)

身為德國第二大城，自然有密集站點的地下鐵路網。火車總站同時也是S-Bahn與U-Bahn的中心，約有10條路線在此經過。總站很大，地鐵U2停靠在北側；U1、U3以及往海港城的U4則停靠在南側。詳情可查漢堡交通局網站。

http www.hvv.de

1.前往市中心

市中心並非在火車站前，可步行或搭S-Bahn、U-Bahn，到Jungfernstieg站或Mönckebergstrasse站下車，一站即達。

2.前往商展場

展覽場就位於市中心附近，東西南北各有不同站點可達，選擇離欲到之展位較近的站可節省時間。

http www.hamburg-messe.de

到展場東北側：搭S21、S31到Dammtor站，一站即達。漢堡會議中心CCH也在此站。

http www.cch.de

到展場東側：U1 Stephansplatz站

到展場南側：U2 Messehallen站

到展場西側：S & U3 Sternschanze站

Tips

若有漢堡卡，購買門票時需先出示，可享有博物館及遊船等觀光行程優惠。一般車票、日票、團體票皆可在販賣機購買，城市卡則須向旅遊中心購買。有些商展會跟該市交通局合作，可向旅遊中心詢問是否有Messeticket優待。

計程車

火車總站前有排班計程車。以下電話號碼與價格供參考。

☎ +49(0)40-211211、+49(0)40-311311、+49(0)40-6003040、+49(0)40-666666

$ 火車總站、市中心到商展場：約€10

http www.hamburger-taxi.info
www.taxihamburg.de

Tips

市區交通詳情：購買火車票(P.306)、查詢火車時間(P.306)、搭乘通勤列車(S-Bahn)與市內地鐵(U-Bahn)詳見P.310。

票價參考

車票種類	市區與附近	市區、展場與機場之間
單人單趟 EinzelTicket Erwachsene	€2.30 短程票(Kurzstrecke)：€1.70	€3.30
單人一日票 EinzelTagesTicket	€7.80	€7.80
單人上午9點後一日票 EinzelTagesTicket nach 9 Uhr	€6.50	€6.50
多人上午9點後一日票(至多5人) GruppenTagesTicket	€12.20	€12.20

※以上資料時有異動，以實際公告為準。

漢堡地鐵圖

Richtung Neumünster
Boostedt
Großenaspe
Wiemersdorf
Bad Bramstedt
Bad Bramstedt Kurhaus
Lentföhrden
Nützen
dodenhof
Holstentherme
Kaltenkirchen
Kaltenkirchen Süd
Henstedt-Ulzburg
Ulzburg Süd
Alveslohe
Langeln
Barmstedt
Barmstedt Brunnenstraße
Voßloch
Bokholt
Sparrieshoop
Langenmoor
Elmshorn
Tornesch
Prisdorf
Pinneberg
Thesdorf
Halstenbek
Krupunder
Elbgaustraße
Tanneneck
Ellerau
Quickborn
Quickborn Süd
Hasloh
Bönningstedt
Burgwedel
Schnelsen
Hörgensweg
Eidelstedt Zentrum
Eidelstedt
Stellingen (Arenen)
Langenfelde
Diebsteich
Holstenstraße
Großbereich Hamburg (Ringe AB)
RE6/RE7/RE70/RB61/RB71
Meeschensee
Haslohfurth
Quickborner Straße
Friedrichsgabe
Moorbekhalle (Schulzentrum Nord)
Norderstedt Mitte
Richtweg
Garstedt
Ochsenzoll
Kiwittsmoor
Langenhorn Nord
Langenhorn Markt
Fuhlsbüttel Nord
Fuhlsbüttel
Klein Borstel
Hamburg Airport (Flughafen)
Sengelmannstraße (City Nord)
Alsterdorf
Lattenkamp (Sporthalle)
Hudtwalckerstraße
Kellinghusenstraße
Eppendorfer Baum
Hoheluftbrücke
Schlump
Niendorf Nord
Schippelsweg
Joachim-Mähl-Straße
Niendorf Markt
Hagendeel
Hagenbecks Tierpark
Lutterothstraße
Osterstraße
Emilienstraße
Christuskirche
Poppenbüttel
Wellingsbüttel
Hoheneichen
Kornweg (Klein Borstel)
Ohlsdorf
Rübenkamp (City Nord)
Alte Wöhr (Stadtpark)
Habichtstraße
Sierichstraße
Borgweg (Stadtpark)
Saarlandstraße
Barmbek
Ohlstedt
Hoisbüttel
Buckhorn
Volksdorf
Meiendorfer Weg
Berne
Farmsen
Trabrennbahn
Wandsbek-Gartenstadt
Alter Teichweg
Straßburger Straße
Wandsbek Markt
Friedrichsberg
Wandsbeker Chaussee
Dehnhaide
Hamburger Straße
Mundsburg
Uhlandstraße
Lübeckere Straße
Lohmühlenstraße
Ritterstraße
Wartenau
Landwehr
Berliner Tor
Hasselbrook
Burgstraße
Hammer Kirche
Rauhes Haus
Horner Rennbahn
Legienstraße
Billstedt
Merkenstraße
Steinfurther Allee
Mümmelmannsberg
Richtung Neumünster
RB82
Rickling
Wahlstedt
Fahrenkrug
Bad Segeberg
Altengörs
Wakendorf
Fresenburg
Kupfermühle
Bargteheide
Gartenholz
Ahrensburg
Buchenkamp
Ahrensburg West
Ahrensburg Ost
Schmalenbeck
Kiekut
Großhansdorf
Richtung Lübeck
RE8/RE80
Reinfeld
Bad Oldesbe
RB81/RB82
Richtung Lübeck
RE83
Ratzeburg
Mölln
RE8/RE80/RB81
Rahlstedt
Tonndorf
Wandsbek
Großbereich Hamburg (Ringe AB)
Greater Hamburg Area (fare rings AB)
Dammtor (Messe/CCH)
Klosterstern
Alster
Hallerstraße
Sternschanze (Messe)
Messehallen
Gänsemarkt (Oper)
RE7/RE70/RB61
Stephansplatz (Oper/CCH)
Jungfernstieg
Altona
RE6/RB71
Feldstraße (Heiligengeistfeld)
St. Pauli
Stadthausbrücke
Nord
Hauptbahnhof
Central Station
Süd
Mönckebergstraße
Rathaus
Meßberge
Steinstraße
Überseequartier
HafenCity Universität
Wedel
Rissen
Sülldorf
Iserbrook
Blankenese
Hochkamp
Klein Flottbek (Botanischer Garten)
Othmarschen
Bahrenfeld
Elbe
Königstraße
Reeperbahn
Landungsbrücken
Baumwall
Rödingsmarkt
Agathenburg
Dollern
Horneburg
Neukloster
Bargstedt
RB33
RE5
Harsefeld
Ruschwedel
Apensen
Buxtehude
RB33
Neu Wulmstorf
Fischbek
Neugraben
Neuwiedenthal
Heimfeld
Harburg Rathaus
RB5
Elbe
RE5
RE3/RE4/RE5
RB31/RB41
Hammerbrook (City Süd)
Veddel (BallinStadt)
Wilhelmsburg
Harburg
Meckelfeld
Maschen
Stelle
Ashausen
Hittfeld
Klecken
RE4/RB41
Buchholz
RB38
Suerhop
Holm-Seppensen
Büsenbachtal
Handeloh
Richtung Soltau
RB38
RE4/RB41
Sprötze
Tostedt
Richtung Bremen
RE4/RB41
Rothenburgsort
Tiefstack
Billwerder-Moorfleet
Mittlerer Landweg
Allermöhe
Nettelnburg
RE1
Bergedorf
Reinbek
Wohltorf
Aumühle
RB11
Friedrichsruh
Schwarzenbek
Müssen
Richtung Schwerin/Rostock
RE1
Büchen
RB11
RE1
RE1/RB11
Lauenburg
Echem
Elbe
Winsen
RE3/RB31
Radbruch
Bardowick
Lüneburg
RB31/RB32/RE83
RE83
RE3/RB31
RE3 Richtung Uelzen
Wendisch Evern
Vastorf
Bavendorf
Dahlenburg
Neetzendorf
Göhrde
Leitstade
Hitzacker
RB32
Dannenberg Ost
RB32

資料來源：漢堡交通當局 HVV

必訪熱門景點

漢堡是個大港都，但沒有任何工業城的不良印象。到處是水與綠地，例如阿斯特湖、縱橫交錯的運河、植物園等；隨處可見港埠風情，如倉庫城、魚市場，及新開發的海港城等地；文化方面亦極為豐富，古典與現代風味兼具，漢堡一遊必教人永難忘懷！

湖景四季各具風情

市中心地鐵站與內阿斯特湖畔

Jungfernstieg & Binnen-Alster

漢堡市中心最美麗、最精采的地段就是Jungfernstieg地鐵站周圍，有多條路線交會，離火車總站與市政廳皆僅一站距離。周邊是高級的商業購物區與美麗絢爛的內阿斯特湖，湖的周圍盡是白色典雅的雄偉建築，加上湖中心的擎天水柱，將湖景襯托得淋漓盡致，增添了漢堡市的華麗風采。由於晚上大樓燈光開啟，將湖水映照出點點彩光，非常浪漫迷人。

可選擇搭船遍覽內外阿斯特湖(Alster Rundfahrt)，或在湖邊散步也別有一番風味。值得一提的是，湖上有許多美麗的白天鵝，這群貴氣的天鵝可不是野生的，牠們是漢堡的市寶，每隻都有註冊登記，天冷的時候還會被帶到室內保暖呵護呢！冬天時有一奇幻特色，若氣溫夠低，湖面會結冰，可在冰上漫步，但這種情形並不常見，應好好把握。

開放空間　S+U，Jungfernstieg站　http www.hamburg.de/jungfernstieg　MAP P.141／B6

乘船遊阿斯特湖最是愜意

湖畔與運河邊盡是華屋、餐廳、名品店

北德威尼斯

外阿斯特湖

Aussen-Alster

內阿斯特湖的北側有甘迺迪橋(Kennedybrücke)，可看到火車進出總站，再往北就是碩大開闊的外阿斯特湖，這裡是水上活動愛好者的最愛。夏日湖面上風帆點點，配上湖邊的綠意及主宰漢堡天際線的數座尖塔，是離市中心最近的天然景點。

春天的外阿斯特湖畔開滿水仙花

開放空間　S+U，Jungfernstieg站　http www.hamburg.de/alster　MAP P.141／A6

典雅貴氣的大廣場區

市政廳

Rathaus

靠近市政廳，必定會被它華麗壯觀的外表所深深吸引。這座新文藝復興式的建築完成於1897年，雕工精細、左右對稱。尖塔美麗的幾何造型，呈現出一股貴氣，而屋頂的銅綠更襯托出無盡的風華。市政廳前的大廣場，經常舉辦各種節慶，例如葡萄酒節、聖誕市集等，也是市民相約會面的最佳場所，人們的歡笑已伴隨莊嚴的市政廳度過悠悠一百多年的歲月。入內參觀可看到市政廳更精緻的一面以及漢堡港市的簡史。

市政廳周邊有許多商店，其中不乏精品店，景觀更是美不勝收。最賞心悅目的莫過於水邊的迴廊，迴廊外的水光與華麗的市政廳尖塔相互輝映；迴廊裡人們悠閒地喝咖啡、逛街、看精品店，一切顯得悠閒自在。這裡的景致聽說模仿自威尼斯，但比威尼斯乾淨、精緻許多，也沒有擁擠的人群。

☒Rathausmarkt 1, 20095 Hamburg 🚉S+U，Jungfernstieg站；U，Rathaus站 http www.hamburg.de/rathaus MAP P.141／C6

華麗的市政廳與周邊的運河相互輝映

巴洛克式尖塔地標

聖米歇爾教堂

St. Michaelis-Kirche

北德最重要的巴洛克式教堂。這座教堂除有華美的建築與雕飾，其尖塔更是漢堡的地標，甚至遠在港口外亦可見到此尖塔。另有2處著名的教堂，分別是位於市政廳站(Rathaus)附近的聖彼得教堂(St. Petri-Kirche)、與Mönckeberg站的聖雅各教堂(St. Jacobi-Kirche)。

☒Englische Planke 1a, 20459 Hamburg 🚉U，Baumwall站；S，Stadthausbrücke站 http www.st-michaelis.de MAP P.140／C4

聖米歇爾教堂附近優雅舒適

→漢堡港的地標鐘塔

感受河港旺盛生命力

遊港

Hafenrundfahrt

如果說遊阿斯特湖可感受到漢堡市的嫵媚，那麼遊港則可體驗漢堡港的豪情。可在Landungsbrücken站附近搭船，最具代表性的船公司是Große Hafenrundfahrt，每天11:00～16:30開放，每小時一班，一趟約1小時，若配合船上解說時間(有英文時段)，能增添更多知識與樂趣。

遊港是來漢堡必備的行程

船會先行經一些小河道，可感受水與城市交錯的那份融合。最特別的一段是倉庫城建築群(P.152)，一望無際的磚紅色建築，蔚為奇景。隨著船漸漸向外航行，河道變得相當寬廣(離出海口尚有數十公里)，看著一艘艘貨輪及無數的起重機，令人感受到蓬勃的生命力。回頭望去，市區已越來越遠，吹來的海風，飛過的海鳥，湛藍的水面與晴朗的天空，給人無限開闊的感覺。

開放空間 S+U，Landungsbrücken站 http www.hamburg.de/hafenrundfahrt/2162712/grosse-hafenrundfahrt MAP P.140／C2

一生難得的登艦體驗

船博物館的3艘大船

Museumschiffe

這是唯有港都才能提供的登艦體驗，3艘停在岸邊的舊大船，各自獨立營運，但都在船博物館附近。有開往西印度群島的三桅大帆船——里可梅里可梅斯號(Rickmer Rickmers)、聖地牙哥號貨船(Cap San Diego)，以及名威一時的德國潛艇(U-Boot U434)。

Ponton 1a, 20359 Hamburg St. Pauli Fischmarkt 10, 20359 Hamburg Rickmer Rickmers、Cap San Diego：S+U，Ladungsbrücken站；U-Boot：S，Reeperbahn站 http www.rickmer-rickmers.de、www.capsandiego.de、www.u-434.de MAP P.140／D3

多采多姿的漢堡港

Rickmer Rickmers懷舊遊船

探索新奇夜生活

聖保利紅燈區、Reeperbahn大街

St. Pauli & Reeperbahn

漢堡的紅燈區與荷蘭阿姆斯特丹齊名，最有名的街是譯繩索街(Reeperbahn)，區域名稱為St. Pauli。這裡不只有特種行業，而是集多采多姿的夜生活之大成，包括數不盡的酒館、夜店，以及精采的舞台劇場，如Schmidts Tivoli、St. Pauli Theater等。

除Reeperbahn外，小巷內也會有不一樣的發現。其中有一條Herbertstrasse，只准成年男性進入，感興趣的可自行發掘！此地行人幾乎都是觀光客，治安則有人說好，有人說不好，總之小心為宜。

✉Reeperbahn, St. Pauli, 20359 Hamburg 🚉S，Reeperbahn站；U，St. Pauli站 http www.hamburg.de/reeperbahn MAP P.140／C2

聖保利劇場

來漢堡必來體驗精采夜生活

最新開發高級商圈

海港城

HafenCity

海港城是漢堡近年來最重要的開發案，這個新特區從上世紀末開始規畫，將原本易北河畔的港務與倉庫區改建，還有許多區塊尚在施工中，未來將成為漢堡的現代都心。

此區除了新穎的商業大樓與高級的水岸住宅，還有漢堡大學新校區——海港城大學，增添文教氣息；Cruise Center可欣賞水岸新建築，若運氣好，還可看到大型豪華郵輪停靠；不遠處即為嶄新的易北河愛樂廳及倉庫城，是生活品質相當高的區。新穎的海港城與倉庫城相輝映，各有特色，頗有薪火相傳之意味。

海港城盡是現代新建築

✉開放空間 🚉U，Baumwall站；U，Überseequartier站～HafenCity/Universität站 http www.hafencity.com MAP P.141／D7

精選3大藝文看點

擁有輝煌歷史的漢堡，有著各式各樣新奇有趣的博物館，以及世界級的音樂廳、劇院，入內參觀體驗港都的過去與未來，絕對值回票價。

看點 1 漢堡最高藝文建築

易北河愛樂廳

Elbphilharmonie

因工程延宕，至2017年才落成，但落成後一直有高水準的樂團演出，已成為世上最重要的音樂殿堂之一。如欲欣賞音樂會，請及早計畫並線上購票。

如果是臨時遊客，建議於當天排隊，索取Plaza-Ticket至陽台參觀，體驗這棟新穎的建築以及周邊的美景。亦可事先線上預約。若提早線上預約導覽，還可進入內部設計亦很新潮前衛，而且音效近乎完美的音樂廳參觀喔！

Am Kaiserkai, 20457 Hamburg
U，Baumwall站
www.elbphilharmonie.de
MAP P.140／D4

超摩登的音樂新殿堂——易北河愛樂廳

看點 2 見證海運時代的紅磚特區

倉庫城與小小世界博物館

Speicherstadt & Miniatur Wunderland

倉庫城有多家博物館值得探索

在19世紀末、20世紀初，大西洋兩岸海運貿易最發達的年代，易北河港邊建了一大片紅磚風格的建築物，主要功能為儲存與集散貨品，所以稱為倉庫城，坐船遊港會行經此地。

此區最經典的博物館就是倉庫城博物館(Speicherstadtmuseum)，而最值得一遊的莫過於小小世界博物館，或稱迷你樂園。初期以火車模型為主(歐洲有無數的鐵道迷)，現則有超過21萬個迷你居民及近萬部各式交通工具，有多個不同的國家主題。全天都有動態展覽，保證令大小朋友流連忘返。

小小世界博物館有迷人的德國風情

此外，還有德國海關博物館(Deutsches Zollmuseum)、國際海事博物館(nternationale

Maritime Museum)，以及漢堡地下城(Hamburg Dungeon)，在地下城能遇見600年前至今社會上的各種人物，極具戲劇性，這可不是鬼屋，絕對歡樂多於驚悚。

☒Am Sandtorkai 36, 20457 Hamburg、Kehrwieder 2, Block D, 20457 Hamburg 🚉U，Baumwall站 http www.speicherstadtmuseum.de、www.miniatur-wunderland.de MAP P.141／D5

看點 3 畢生難忘的世界級大規模音樂劇

漢堡港音樂劇廳

Theater im Hamburger Hafen

漢堡與柏林及斯圖加特齊名，有德國最具規模的音樂劇(Musical)，看過一次必然永生難忘。音樂劇同一檔期會持續很久，週末價格較貴，可盡量選在平常日觀賞，團體票及家庭票另有優待。

☒Rohrweg 13, 20457 Hamburg 🚉S+U，Landungsbrücken站 ➡1、3號橋之間搭免費的Schiff-Shuttle到易北河對岸(至Stage Entertainment官網訂票) http www.stage-entertainment.de MAP P.140／D3

往返易北河兩岸的音樂廳船載著觀眾至對岸欣賞音樂劇

推！來漢堡一定要認識的5個人文展廳

1 漢堡國家歌劇院 Hamburgische Staatsoper

☒Große Theaterstraße 25, 20354 Hamburg 🚉U，Gänsemarkt(Oper)站；U，Stephansplatz (Oper/CCH)站 http www.hamburgische-staatsoper.de MAP P.141／A5

2 音樂廳 Musikhalle

☒Johannes-Brahms-Platz 1, 20355 Hamburg 🚉U，Gänsemarkt站；U，Messehalle站 http www.musikhalle-hamburg.de、www.elbphilharmonie.de MAP P.140／B4

3 漢堡美術館 Hamburger Kunsthalle

☒Glockengießerwall, 20095 Hamburg 🚉U，Hauptbahnhof Nord站 http www.hamburger-kunsthalle.de MAP P.141／B7

4 漢堡歷史博物館 Museum für Hamburgische Geschicht

☒Holstenwall 24, 20355 Hamburg 🚉U，St. Pauli站 http www.HamburgMuseum.de MAP P.140／C3

5 工藝博物館 Museum für Kunst und Gewerbe

☒Steintorplatz, 20099 Hamburg 🚉U，Hauptbahnhof Süd站 http www.mkg-hamburg.de MAP P.141／B8

購物指南

漢堡市中心是廣大的購物區。舉凡百貨公司、大型購物中心、精品店、大眾化連鎖店，應有盡有，且多在步行範圍，周圍又有湖景、河景相伴，真不愧為購物天堂！

漢堡最重要的購物長街

[Mönckebergstrasse]

位於市政廳前廣場的右前方，長約1公里，東端直通火車總站。兩側有數不盡的商店，Galeria Kaufhof與Karstadt兩大百貨公司也在這裡互別苗頭。中途還有一站Mönckebergstrasse，可由此搭U3到下個行程景點，十分方便。

U，Mönckebergstrasse站 MAP P.141／B6

即使是下雨天，鬧區的街道仍然非常地乾淨，走在街上心情一點也不受影響

阿斯特湖畔最美購物大道

[Jungfernstieg]

Jungfernstieg是湖畔的購物大道，一出站就會被周圍的美景所震懾，皎白的建築、鮮豔的花朵、澄澈的湖水、高樓上迎風飄展的旗幟，不論往哪個方向走，必定步步愉悅、幕幕驚豔。

沿著人行道，會經過一家家名店，其中最著名的莫過於最大的Alsterhaus百貨公司，商品比一般的連鎖百貨更多且精緻。樓上亦有以取用分量計價的自助式景觀餐廳，靠窗的座位可眺望阿斯特湖美景，附近還有數家大型商場，都相當高檔。

市政廳附近的商店街最是優雅

Europa Passage大型購物商場造型新潮

■Europa Passage

內阿斯特湖南岸最耀眼的新明星，內有數十家商店，包括時尚服飾店、大型超市、藥妝店，以及數十家各國風格的餐廳。

■精品名店區

從Jungfernstieg到市政廳(Rathaus)之間，到處都是名牌店，有些在街道上，有些則在室內的通道商場(Passage)裡。

■雅致小店

與Jungfernstieg交叉的每一條小街都有光鮮亮麗的商店及許多餐廳、咖啡廳。走往市政廳方向大多是徒步區，可愜意地散步遊覽。

S1、S2、S3， Jungfernstieg站 MAP P.141／B6

市政廳周邊的步行街都是精品店

美食情報

身為港都，海鮮當然是首選，但不一定要到大餐廳，市中心大街上一樣有好吃的海鮮小吃或簡餐，百貨公司樓上的自助式餐廳也很豐富(只開到晚上8點)，若是再晚，就找家餐廳，好好享受燭光晚餐吧！

特色美食街區

異國料理排排站

■火車站美食區

火車總站南北兩側有多家速食簡餐廳，北側(有麥當勞的那一側)有一整區美食廣場，集結各國料理如中國、印度、中東等。另一側則以熟食店為主，供應各式德式香腸、三明治與速食簡餐等。

來港都必嘗各種夾魚的德式三明治

最近的地鐵站：S+U，HauptBahnhof站 MAP 靠近地鐵站P.141／B8

■各家百貨商場

市中心多家百貨公司的頂樓都有典型自助式餐廳，選擇性很多。內阿斯特湖南側的Europa Passage裡也有很多異國餐廳。此外，市政廳對面有一處現代型市場，有許多熟食可買。

最近的地鐵站：S+U，Jungfernstieg站 MAP 靠近地鐵站P.141／B6

這裡有各式異國餐廳，中國、中東、印度等

↓香噴噴的咖哩飯，在德國用餐分量都很多

亞洲風味餐廳

歐洲人也說讚

火車總站前即有典型的德國與中東風味的餐廳，頗具盛名的「中國酒家」除傳統的中國菜，還有德國不容易吃到的港式點心。市政廳周邊、Mönckebergstrasse路上及附近的街巷內，也有許多優雅的餐廳。

在漢堡可吃到德國難得一見的港式點心

最近的地鐵站：S+U，Hauptbahnhof站 MAP P.141／B8

熱門景觀餐廳

大啖美味同時賞迷人港景

漢堡的許多餐廳與酒吧都以超現代的風格呈現，內部設計也很值得細細品味！觀光區中，港區(St. Pauli、Landungsbrücken站)以海鮮餐廳居多，娛樂區(Reeperbahn站)則是越晚越熱鬧。有些可賞湖景，如Le Ciel Bar可看阿斯特湖景(Le Royal Méridien Hotel頂樓)；或位處高樓有美麗市景，如港區的Hotel Hafen Hamburg頂樓有Tower Bar，以及Empire Riverside Hotel頂樓的20Up Skybar，皆可看到易北河景與港口。

S，Reeperbahn站；S+U，Landungsbrücken站；U，St. Pauli站 MAP P.140／C1、C2

↓來港都漢堡必嘗海鮮湯

連鎖海鮮餐廳Gosch Sylt

→漢堡運河邊有許多風味餐廳

住宿概況

漢堡不僅是繁榮的港都，各種工商性質以及文化與娛樂性質的活動極多且精采，需及早訂房，尤其許多現代風格的新旅館，旺季時房價不菲，需把握優惠時機！如果市區已一房難求，可試試周邊城市如Lübeck、Harburg、Neumünster、Kiel，網址皆為www.城市名.de。

火車總站

東北側有許多機能型旅館，屋齡通常較高，但交通便利性無可匹敵。

地鐵站

交通必然方便，且選擇性與住房條件通常較火車總站附近佳。

機場

←Radisson Blu在漢堡的旅館

Raddison Blu連鎖旅館在此有分店，地點極佳。

展場

Raddison Blu連鎖旅館在此有分店，近Dammtor火車站，地點極佳、設施好、視野開闊。

五星級旅館

←1.高級的Hotel Atlantic Kempinski／2.Le Meridien房間設計新穎

最經典的高檔旅館位於阿斯特湖畔，如Fairmont Hotel Vier Jahreszeiten、Hotel Atlantic Kempinski 、Le Méridien Hamburg、Crowne Plaza等。獨特的Boutique Hotel如SIDE、Le Méridien(頂樓有景觀酒吧)，屬於現代新風格。

大型連鎖旅館

←在歐洲很常見的便利旅館Ibis

全球知名的連鎖旅館幾乎都可在此找到，如跑馬場邊的Hamburg Horn(西班牙NH集團)，位於Horner Rennbahn地鐵站附近，面跑馬場的房間可看到無垠的綠草地。

近郊觀光漫遊路線

漢堡靠近海岸，周邊名城大多與海港及漢撒同盟有關，如呂北克、不萊梅、基爾等，也可至海邊無垠的白沙灘感受浪漫。因為鄰近丹麥、瑞典，順道至北歐感受斯堪地納維亞風情，更是值得。

漢堡近郊的海岸有連綿不絕的白色沙灘

路線1 遠征瑞典哥特堡

http www.goteborg.se

路線特色

走在哥特堡市區，街道乾淨，房屋整齊，綠樹成蔭，水道縱橫，商業繁榮，是不容錯過的北歐動感港都。

北歐緯度極高，所幸有暖流經過，南部氣候尚屬溫和，這裡有無垠的大地、稀疏的人口、完善的社會福利、高品質的生活水準，以及夏天明亮且超長的白晝，唯一的缺點可能就是過長且陰暗的冬天吧！

哥特堡(瑞典文是Göteborg；英文為Gothenburg)位於瑞典西南部，是瑞典第一大港、第二大城。廣闊的哥塔運河(Göta Älv)流經哥特堡出海，將城市分為南北兩岸，北岸以工業為主，南岸則為古城區。近年來，北岸的工業區也已改建為亮麗的現代水岸建築，再加上著名的Chalmers工業大學新校區，為此區注入了全新的生命力。

哥特堡是瑞典最大的港都，船景氣勢非凡

街道上插滿一整排國旗是瑞典的特色

哥特堡市中心的運河

交通方式

在德國北部的基爾港(Kiel)，STENA LINE的大輪船每晚19:30開船，隔日09:00到達哥特堡。時間可能因季節而異，可至官網查詢。

http www.stenaline.se

市內交通以藍白相襯的輕軌電車為主，但市中心景點集中，腳力夠好的話可直接步行，另有從中央火車站出發，經市區到Liseberg樂園的懷舊電車。

哥塔運河對岸的新區是觀賞夕陽的好地方

Tips

哥特堡電車是先買票，上車再打票，若被查到沒打票則視同未購買，會罰約新臺幣NT$2,000！

詩畫般優美的哥特堡中央火車站

搭火車+大輪船

搭區間火車(RE)到基爾總站，車程約為1小時20分鐘，再轉搭電車或者計程車到Schwedenkai(往瑞典的碼頭)，必須在開船前約1小時到達。

連接瑞典哥特堡與德國基爾的Stena Line

自行開車+大輪船

在德國租車，可直接開進瑞典的大輪船，但夏天旺季時船票與車位皆非常緊繃，須及早訂位。

推薦景點

大運河一帶

市區有一條大運河及許多小運河流經，因此處處有水景。市政廳及廣場即位於大運河邊，廣場上有古斯塔夫王(Gustav Adlf)的雕像，古色古香的中央火車站(Centralstation)是重要的歷史建築。喜歡火車的朋友不妨到月台上看看瑞典自行開發的高速火車X-2000。

哥特堡歌劇院 Göteborgs Operan

90年代後期成立的哥特堡歌劇院，位於大河邊，造型新穎，是北歐最重要的歌劇殿堂之一。

+46(0)31-108000 http www.opera.se

現代建築風格的歌劇院

購物商圈

大街起點的美術館與海神像

Avenye是這裡最高雅繁華的大街，有寬廣的人行道(類似巴黎香榭大道上的露天咖啡座)，風情萬千，起點是著名的海神像，後方為哥特堡美術館。重要街道都聚集在海神像與古斯塔夫像之間，其中，狹長的皇后街(Drottinggatan)與國王街(Kungsgatan)徒步區，(瑞典是王國，所以喜歡以國王及皇后作為名稱)，商店接連不斷。附近還有最大的NK百貨公司與綜合商場。

哥特堡熱鬧的國王街

旅行小抄

彩色手繪木馬

瑞典的玻璃製品、木製藝品都十分精美，最具代表性的紀念品莫過於彩色手繪木馬(Dala Horse)。相傳是森林裡的伐木工人在遠離家園工作時，晚上會用刀雕木馬，之後帶回家給小孩作玩具。顏色以紅色為主，亦有藍、黃、白，每一隻都是手雕手繪，十足珍貴！

Liseberg主題樂園

這裡是北歐最受歡迎的旅遊景點，就在市區附近。遊樂設施適合所有人，有可愛的、新潮的、會噴濕的、極刺激的……，一定要親自來體驗！還有一座可上升欣賞整個園區及哥特堡港市的旋轉塔。Liseberg用綠色與粉紅色的可愛兔子作吉祥物，與迪士尼呈現不同的風格。每年夏天開幕時都會翻新，展現不同的風貌。

✉Örgrytevägen 5, 40222 http www.liseberg.se

夢幻的Liseberg樂園入口，彷彿通往童話世界

哥特堡其他景點還有……

哥塔運河(Göta Älv)

直通外海，景觀最為壯麗，搭船遊港(Paddan)，可將重要建築及美景一覽無遺。其中最搶眼的是紅白相間的船形高樓，這是哥特堡最高的大樓。

哥特堡美術館(Göteborgs Konstmuseum)

位在Avenyn尾端的海神像後面。館藏包羅萬象，北歐畫家的作品尤其豐富。

✉Götaplatsen, 41256
http www.konstmuseum.goteborg.se

王宮公園(Slottsskogen)

位於市區附近，占地遼闊，處處綠草如茵。

✉Slottskogspromenaden, 41476
http www.goteborg.se/slottsskogen

商展場與新旅館

位於Liseberg樂園旁，有亮麗的商業大樓與現代風格的旅館。

✉Örgrytevägen 5, 40222
http www.liseberg.se/intro.asp

Ullevi足球場

哥特堡有瑞典最大的足球場，曾舉辦歐洲盃足球賽與世界田徑賽。

✉Paradentrén, Ullevigatan, 41139
http gotevent.se

走訪北德八大文藝名城

MAP P.13

德國最北：什列斯威－豪斯坦邦

800年悠久地標——霍爾斯登城門(Holstentor)，散發昔日漢撒同盟首都榮光

呂北克(Lübeck)

➡搭區間火車(RE)，車程約45分鐘

http www.luebeck.de MAP P.13

基爾帆船週(Kieler Woche)節慶每年6月開始狂歡！

基爾(Kiel)

➡搭區間火車(RE)，車程約1小時20分

http www.kiel.de MAP P.13

無垠白沙超浪漫，全德最豪華海灘區！

威斯特蘭(Westerland，Sylt)

➡搭IC快車，車程約3小時20分

http www.westerland.de MAP P.13

邊界城，濃厚的北歐風情！

福連斯堡(Flensburg)

➡搭區間火車(RE)，車程約2小時

http www.flensburg

德國東北：美克倫堡－前波曼邦

昔日美克倫堡公國的華麗宮殿

施威林(Schwerin)

➡搭區間火車(RE)，車程約1.5小時；搭IC快車，車程約51分鐘

世界文化遺產

威斯瑪(Wismar)

➡搭區間火車(RE)，車程約2小時(需在施威林轉車) MAP P.13

世界文化遺產

史特拉爾松德(Stralsund)

➡搭區間火車(RE)，車程約3.5小時(需在羅斯托克轉車)；搭IC快車，車程約2小時50分 MAP P.13

著名的聖瑪利亞教堂(Marienkirche)

羅斯托克(Rostock)

➡搭區間火車(RE)，車程約2.5小時；搭IC快車，車程約1小時50分 MAP P.13

Tips

美克倫堡－前波曼邦的4個城市亦可從柏林搭區間火車(RE)前往，車程約2.5～3小時。

漢堡周邊延伸景點

不萊梅(Bremen)(P.132)：北德最迷人的中大型城市，以風味古街及童話氣息著稱，教人流連忘返。

➡搭ICE高鐵或IC快車，車程約1小時10分；搭區間火車(RE)，車程約1.5小時

http www.bremen.de

柏林(Berlin)(P.162)：到過柏林，才知道什麼是新德國，無論如何，撥個空來準沒錯！

➡搭ICE高鐵直達，只需1.5小時，每小時一班以上，班次頻繁

柏林

德國首都，也是第一大城。一九八九年柏林圍牆倒塌後，逐漸成為最讓年輕人嚮往，創新、創意的聖地。許多跨國企業在此設立東歐總部，最著名的展覽活動如柏林消費性電子展(IFA)、柏林航空展(ILA)等。

BERLIN

城市小檔案

德文	Berlin
英文	Berlin
城市代號	B
城市人口	340萬
所屬邦區	柏林城邦
重要機場	西區：柏林Tegel國際機場(代號TXL) 東區：柏林Schönefeld國際機場(代號SXF) 興建中：柏林布蘭登堡威利布蘭特國際機場Berlin Brandenburg Willy Brandt International Airport(代號BER)
重要火車站	柏林火車總站 Berlin Hauptbahnhof (Hbf) 東站Berlin Ostbahnhof 動物園站Berlin Zoologischer Garten
旅遊中心	火車總站內、布蘭登堡門前、亞歷山大廣場、動物園站附近的歐洲中心(Europa Center)內
城市官網	www.berlin.de

柏林中心區 Berlin Mitte
火車總站
Hauptbahnhof
Motel One
Europaplatz
Oranienburger Tor
Claire Waldoff Str.
Sauerbruchweg
Virchowweg
Luisenstr.
Alexandersfer
Einbahnstr.
Meiningen
Rachel-Hirsch-Str.
G. Heinem. Br.
Kapelle-Ufer
Schuhmannstr.
Reinhardtstr.
Marienstr.
史普瑞河
Alt Moabit
InterCity Hotel
E.-Abregg-Str.
W.-Brandt-Str.
Steigenberger
Konrad Adenauer Str.
瑞士大使館
Otto v. Bismarck Allee
史普瑞河
Spree
聯邦總理府
Bundeskanzleramt
Bundestag
Friedrichs
Schiffbauerdamm
Spree
Paul-Löbe-Allee
Reichstagufer
Gr. Querlaaee
Heinr.-v.-Gagern-Str.
德國國會
Bundestag
Scheidemannstr.
Ebertstr.
Dororheenstr.
John-Foster-Dulles-Allee
Mittelst
菩提樹下大
Unter den Linc
法國大使館
Unter den Linden
布蘭登堡門
Brandenburger Tor
Pariser Platz
Brandenburger Tor
Str. des. 17. Juni
Hotel Adlon
俄國大使館
商展場
Messe
美國大使館
英國大使館
Behrenstr.
Glinkastr.
輕歌劇
Komische Oper Ber
Ahornsteig
提爾公園
Tiergarten
大屠殺紀念場
Holocaust Mahnmal
Wilhelmstr.
Jägers
Taube
Tiergartentunnel
Mohren
Mohrenstr.
Lennestr.
Ahornsteig
Ritz Carlton
Vossstr.
Tiergartenstr.
愛樂廳
Philharmonie
波茨坦廣場
Potsdamer Platz
美術畫廊
Gemäldegalerie
SONY Center
Leipziger Str.
Potsdamer Str.
Potsdamer Platz
Hyatt
Südkreuz
Krausens
H. v. Karajan Str.
文化廣場
Kulturforum
A
B
C
D
1
2
3
4

柏林圍牆紀念場
Gedenkstätte
Berliner Mauer
DB S
Gesundbrunnen
Oranienburger Str.
Arcotel Vilvet
新猶太教堂Neue Synagoge
腓特烈城皇宮演藝廳
Friedrichstadt Palast
歐朗尼亞堡街
Oranienburger Str.
哈克市場
Hackescher Markt
Ampelmann
Weinmeisterstr.
Ziegelstr.
Dircksenstr.
卡爾-馬克思大道
Karl-Marx-Allee
史普瑞河 Spree
波德博物館
Bodemuseum
Monbijou-
platz
Galeria Kaufhof
博物館島
Museuminsel
Hackescher
Markt
亞歷山大廣場
Alexanderplatz
Alexanderplatz
佩加蒙博物館
Pergamonmuseum
新博物館
Neues Museum
舊國家畫廊
Alte Nationalgalerie
Radisson BLU
東德博物館
DDR Museum
柏林電視塔
Berlin Fernsehturm
NH Friedrichstrasse
舊博物館
Altes Museum
Liebknechtbrücke
腓特烈大街商圈Friedrichsstr.
Maritim
新衛堡
Neue Wache
Lust-
garten
柏林大教堂
Berliner Dom
市政廳
Rotes Rathaus
洪堡大學
Humboldt
Unversität
德意志歷史博物館
Deutsches Historisches Museum
德意志國家圖書館
Deutsches
Staatsbibliothek
Unter den Linden
王宮橋
Schloss-
brücke
Schloss-
platz
Klosterstr.
東城畫廊
Eastside Gallery
Ostbahnhof
機場Flughafen(SXF、BER)
尼古拉區
Nikolaiviertel
Westin
德意志國家歌劇院
Deutsche Staatsoper
Behrenstr.
Werderstr.
Stralauer Str.
Französische Str.
Treptower
Park
史普瑞河 Spree
Galerie Lafayette
Jägerstr.
Quartier 206
Hausvogteiplatz
Taubenstr.
戎達美廣場
Gendarmenmarkt
Mohrenstr.
Stadtmitte
Kronenstr.
Spittel-
markt
Wallstr.
Spittelmarkt
Mäkisches
Museum
Leipziger Str.
「查理檢查哨」柏林圍牆博物館
"Haus am Check Point
Charlie" Museum
Curry 36
猶太博物館 Jüdisches Museum

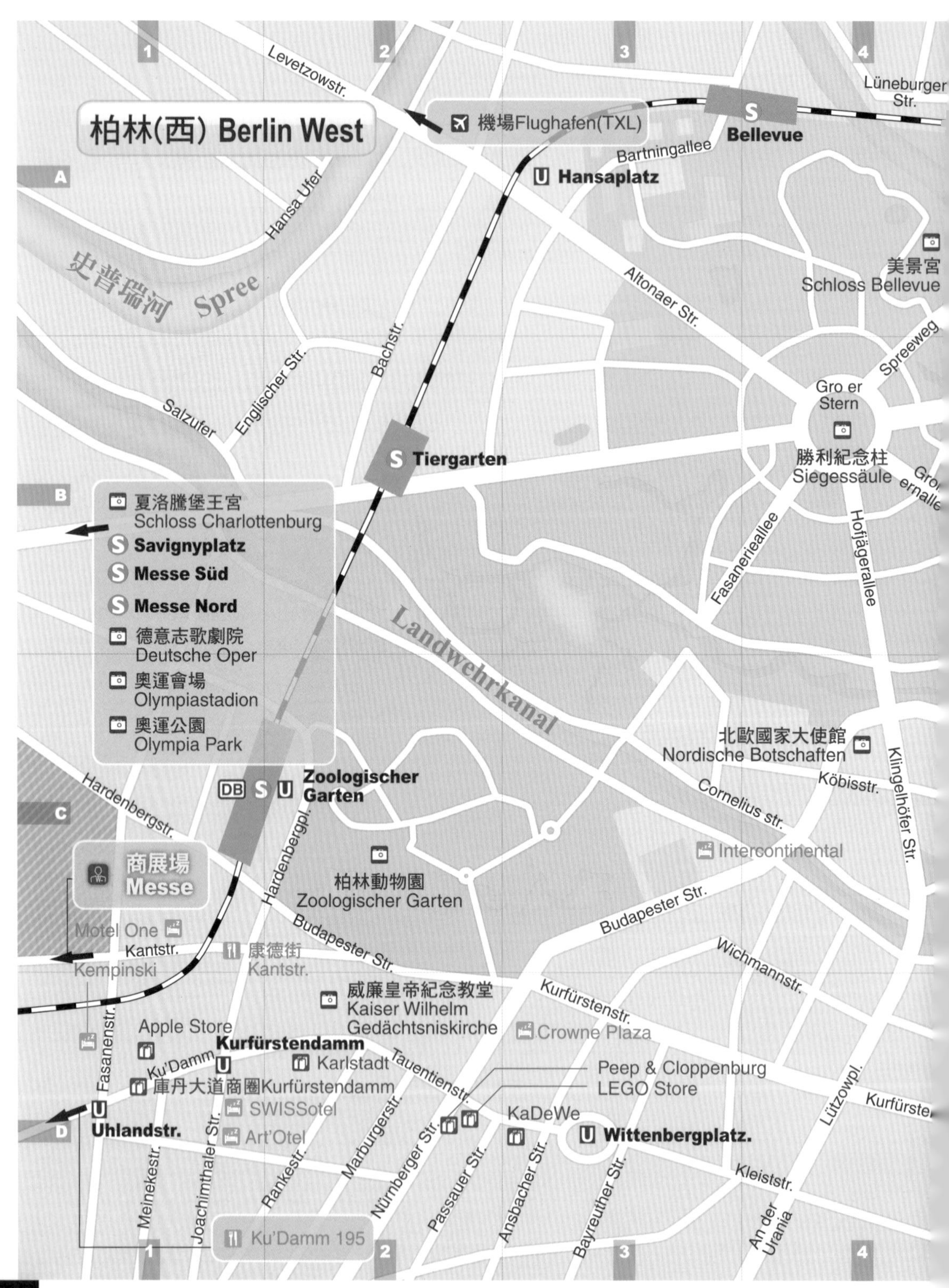

柏林(西) Berlin West
機場Flughafen(TXL)
Bellevue
Hansaplatz
Bartningallee
Levetzowstr.
Lüneburger Str.
Hansa Ufer
史普瑞河 Spree
Altonaer Str.
美景宮
Schloss Bellevue
Spreeweg
Gro er Stern
勝利紀念柱
Siegessäule
Bachstr.
Englischer Str.
Salzufer
Tiergarten
夏洛騰堡王宮
Schloss Charlottenburg
Savignyplatz
Messe Süd
Messe Nord
德意志歌劇院
Deutsche Oper
奧運會場
Olympiastadion
奧運公園
Olympia Park
Fasanerieallee
Hofjägerallee
Landwehrkanal
北歐國家大使館
Nordische Botschaften
Köbisstr.
Klingelhöfer Str.
Cornelius str.
Intercontinental
Zoologischer Garten
Hardenbergstr.
Hardenbergpl.
商展場
Messe
柏林動物園
Zoologischer Garten
Budapester Str.
Wichmannstr.
Motel One
Kantstr.
康德街
Kantstr.
Kempinski
威廉皇帝紀念教堂
Kaiser Wilhelm
Gedächtniskirche
Kurfürstenstr.
Crowne Plaza
Apple Store
Fasanenstr.
Kurfürstendamm
Karlstadt
Tauentienstr.
Peep & Cloppenburg
LEGO Store
Ku'Damm
庫丹大道商圈Kurfürstendamm
SWISSotel
Art'Otel
Uhlandstr.
KaDeWe
Wittenbergplatz.
Lützowpl.
Kurfürste
Kleiststr.
Meinekestr.
Joachimthaler Str.
Rankestr.
Marburgerstr.
Nürnberger Str.
Passauer Str.
Ansbacher Str.
Bayreuther Str.
An der Urania
Ku'Damm 195

5
6
7
8
史普瑞河 Spree
聯邦總理府
Bundeskanzleramt
Bundestag
德國國會
Bundestag
Schiffbauerdamm
Paul-Löbe-Allee
Heinr.-v.-Gagern-Str.
Ebertstr.
Dorotheenstr.
Scheidemannstr.
A
John- Foster- Dulles- Allee
Wilhelmstr.
布蘭登堡門
Brandenburger Tor
Brandenburger Tor
Str. des. 17. Juni
Behrenstr.
Kleiner Stern
Str. des. 17. Juni
大屠殺紀念場
Holocaust Mahnmal
Wilhelmstr.
提爾公園
Tiergarten
Bellevuealle
Tiergartentunnel
Ebertstr.
B
An der Kolonnade
Große Sternallee
Großer Weg
LEGO Discovery Center
Lennestr.
Ritz Carlton
Vossstr.
Leipziger Platz
愛樂廳
Philharmonie
Gurionstr.
SONY Center
Leipziger Str.
Tiergartenstr.
Herbert v. Karajan Str.
Arkaden
Potsdamer Platz
美術畫廊
Gemäldegalerie
Hyatt
波茨坦廣場
Potsdamer Platz
Hiroshimastr.
Hildebrandstr.
Stauffenbergstr.
文化廣場
Kulturforum
Sigismundstr.
波茨坦廣場劇院
Theater am Potsdamer Platz
Niederkirchner Str.
C
on-der-eydt Str.
Reichpietschufer
新國家藝廊
Neue Nationalgalerie
Potsdamer Brücke
Linkstr.
Köthener Str.
Stresemannstr.
Dessauer Str.
Mendelssohn B. Park
Lützowstr.
Lützowstr.
Bernburger Str.
Schöneberger Str.
Schöneberger Ufer
Hallesches Ufer
Lützowstr.
Flottwellstr.
Möckernstr.
Pohlstr.
Luckenwalder Str.
Tempelhofer Str.
Derfflinger Str.
Genthiner Str.
Kurfürstenstr.
Potsdamer Str.
Gleisdreieck
柏林德意志科技博物館
Deutsches Technikmuseum Berlin
D
Schlessisches Tor
Kottbusser Tor
Nollendorfplatz
5
6
7
8

城市巡禮

創意活力奔放的現代都會

蛻變後的柏林 宜古宜今

自1989年世人推倒柏林圍牆之後，各式各樣的建設與活動，在柏林迅速拓展開來，源源不絕的資金湧入，挹注在交通運輸升級、軟硬體建設、文化藝術創作與博物館整修，以及大型商圈的建構等，柏林成了全德國最值得觀光的城市。她那亮麗的外表、躍動的氣氛及百變的風貌，每一次來柏林都將驚豔不已。

如果了解柏林的歷史，就來感受普魯士時代的光榮遺產，以及冷戰對東西柏林造成的不同宿命。如果是新世代，就不要管什麼東西柏林了，一切向前看未來吧！近年來柏林已蛻變為新設計與新藝術的首都，反骨前衛、無所不能；新興創業以及具創意的商業模式陸續誕生，為柏林注入新活力，也將使你的柏林之行充滿知性與感性，意義非凡。

柏林是德國最熱門的旅遊城市

統一後，火車總站嶄新的玻璃建築成為柏林新地標

值得深思的柏林歷史

西元1244年，在現今柏林中心區建立了這座城市。18世紀初期曾短暫被拿破崙軍隊占領，解放後恰逢工業革命，不僅有申克爾等建築大師建造了許多經典建築，更在工業等各方面突飛猛進，19世紀末～20世紀初期，柏林已變成人文薈萃、學術與工商業蓬勃發展的文化大都會。

1920年代起，因頒布民主憲法，威瑪共和國誕生，柏林進入有史以來最自由繁華、文化最燦爛的時代！當時的柏林是世界電影業的首都，地位猶如今日的好萊塢。

然而，因國際間的經濟大恐慌，德國經歷高通貨膨脹與高失業率，就此結束了威

明信片中代表不同時期的議會建築：初建、殘破、重生

東柏林有許多社會主義式的建築

政府特區此處原被史普瑞河分隔為東西柏林，現已用橋連通

瑪共和國，希特勒(Adolf Hitler)的國家社會黨(NSdAP，或稱NS，亦稱納粹黨Nazi)興起，1933年成為國會第一大黨，進入黑暗時代。希特勒稱此時代為第三帝國(Das Dritte Reich)，高談日耳曼優越主義，夢想將柏林建造成世界首都(Welthauptstadt)，叫作「日耳曼尼亞」(Germania)，1936年更舉辦柏林奧運，頗有向世人耀武揚威的意味。

1945年二次世界大戰戰敗後，幾乎全城俱毀，現在看到的古蹟幾乎都是大戰後慢慢重建的，戰前柏林人口達430萬人，如今卻僅約340萬。

戰後，美英法占領西柏林，蘇聯占領東柏林，1948年6月～1949年5月間，蘇聯封鎖西柏林，盟軍夜以繼日地空運物資，史稱「空橋」(Luftbrücke)，才得以保住西柏林。1949年德意志民主共和國(前東德，德文DDR；英文GDR)，及德意志聯邦共和國(前西德，德文BRD；英文FRG)相繼成立，柏林正式分裂，成為東西冷戰的最前線，是最能直接比較資本主義與社會主義的大櫥窗，卻也是最有核戰風險的地方。

分裂後的前幾年，東西柏林原是可互通的，但因人民不斷移居自由富足的西柏林，東德遂於1961年一夜之間在邊界築起「反法西斯主義入侵」的柏林圍牆。牆高4公尺，布滿通電鐵絲網及嚴密的哨衛，此後，想逃至西方的民眾大多被捕或槍殺。

1989年10月中旬起，東德各大城發生要求政府開放的群眾運動，到了11月9日，東德政府終於決定放寬人民出國的限制，由於政府內部未完好溝通，當晚有政治局成員在記者會上不慎宣布許可即刻生效，此後大批東柏

東柏林史普瑞河畔成為休閒的最佳去處

西柏林有自由開放的風氣

林民眾如潮水般走向往西柏林的邊界關卡，東德終於棄守柏林圍牆。之後，兩德趁著以戈巴契夫為首的改革派還能掌握蘇聯之時，迅速推動統一，1990年10月3日成為德意志統一日(Tag der deutschen Einheit; German Unification Day)。

至今20多年過去，柏林已度過陣痛期，成為活力無限的首都，不僅大建設一一完成、隔閡日漸淡去，更以其優越的條件及相對低的物價，成為年輕人創業與設計的天堂。

入夜後西柏林商業區熱鬧依舊

旅行小抄

柏林的特色節慶

柏林的節慶包羅萬象，甚至無奇不有。活動大多為戶外大型音樂晚會(Open Air Concert)、大型派對、大型藝文活動等。在城市網站上可查詢到豐富的資訊。

http www.berlin.de、www.berlinonline.de

上半年(春、夏季)

每年2月的柏林影展(因柏林的識別標誌是熊，所以最佳影片為金熊獎)、初夏時(5月其中一個週六)的博物館長夜(開放至翌日凌晨2點)、6月下旬的All Nations Festival(開放許多國家的大使館供民眾參觀)、7月上旬在戎達美的Open Air Classic音樂會。

10月3日德國統一日活動的盛況

下半年(秋、冬季)

10月3日德國統一日的國慶活動(但最大的慶典則輪流在16個邦的首府舉辦)、10月中旬的燈節(Light Festival)，以奇幻的燈光效果，讓市區的地標型建築物呈現出精采的視覺享受、10月底至11月初的柏林爵士樂節(Jazzfestl)和11月底至聖誕節的聖誕市集，將在全市各處展開，以及12月31日在布蘭登堡門前的除夕夜倒數計時等等，這些活動只要參加一次，必將永生難忘。

柏林燈節的絢麗街景

S U S+U-Bahn-Netz

M M MetroNetz

Tarifbereich Berlin A B C

A B Haltestellen in Berlin C Hal

S-Bahn		
S1	S1	Potsdam Hbf ↔ Oranienburg
	S1	Wannsee ↔ Oranienburg
S2	S2	Blankenfelde ↔ Yorckstr. (↔ Bernau)
S2	S2	Schöneberg ↔ Bernau
S26	S26	Teltow Stadt ↔ Yorckstr. (↔ Potsdamer Platz)
S3		Erkner ↔ Ostbahnhof
	S3	Erkner ↔ Ostkreuz
S41		Ring im Uhrzeigersinn
	S41	Gesundbrunnen ▸ Westend
S42		Ring gegen Uhrzeigersinn
	S42	Westend ▸ Gesundbrunnen
S45		Flughafen Berlin-Schönefeld ↔ Gesundbrunnen
S46	S46	Königs Wusterhausen ↔ Gesundbrunnen
S47		Spindlersfeld ↔ Gesundbrunnen
	S47	Spindlersfeld ↔ Schöneweide
S5		Strausberg Nord ↔ Friedrichstr. (↔ Westkreuz)
	S5	Strausberg Nord ↔ Westkreuz
S7		Ahrensfelde ↔ Zoologischer Garten (↔ Wannsee)
	S7	Ahrensfelde ↔ Lichtenberg
S7		Westkreuz ↔ Wannsee
	S7	Westkreuz ↔ Potsdam Hbf
S75	S75	Wartenberg ↔ Spandau
S8	S8	(Zeuthen ↔) Grünau ↔ Hennigsdorf
S85		(Grünau ↔) Schöneweide ↔ Waidmannslust
S86		Nordbahnhof ↔ Birkenwerder
S9		Flughafen Berlin-Schönefeld ↔ Spandau
	S9	Flughafen Berlin-Schönefeld ↔ Warschauer Str.

U-Bahn		
U1	U1	Warschauer Straße ↔ Uhlandstraße
U2		Pankow ↔ Ruhleben
	U2	Pankow ↔ Theodor-Heuss-Platz
U3		Nollendorfplatz ↔ Krumme Lanke
U4		Nollendorfplatz ↔ Innsbrucker Platz
U5	U5	Hönow ↔ Alexanderplatz
U6	U6	Alt-Tegel ↔ Alt-Mariendorf
U7		Rathaus Spandau ↔ Rudow
	U7	Jakob-Kaiser-Platz ↔ Rudow
U8	U8	Wittenau ↔ Hermannstraße
U9	U9	Osloer Straße ↔ Rathaus Steglitz

S2 U7 S+U-Bahn-Nachtverkehr nur Fr/Sa, Sa/So und vor Feiertagen ca. 0.30–4.30 Uhr

OHV · HVL · Berlin · Potsdam · PM

Flughafen Berlin-Tegel TXL Otto Lilienthal — TXL X9 109 128

Oranienburg · Lehnitz · Borgsdorf · Birkenwerder · Hennigsdorf · Hohen Neuendorf · Bergfelde · Heiligensee · Frohnau · Hermsdorf · Schulzendorf · Waidmannslust · Wittenau · Rathaus Reinickendorf · Karl-Bonhoeffer-Nervenklinik · Alt-Tegel · Tegel · Wilhelmsruh · Borsigwerke · Eichborndamm · Alt-Reinickendorf · Schönholz · Holzhauser Str. · Lindauer Allee · Otisstr. · Paracelsus-Bad · Scharnweberstr. · Residenzstr. · Kurt-Schumacher-Platz · Franz-Neumann-Platz · Afrikanische Str. · Osloer Str. · Rehberge · Seestr. · Nauener Platz · Pankstr. · Amrumer Str. · Leopoldplatz · Wedding · Gesundbrunnen · Westhafen · Paulsternstr. · Rohrdamm · Siemensdamm · Halemweg · Jakob-Kaiser-Platz · Jungfernheide · Beusselstr. · Reinickendorfer Str. · Humboldthain · Haselhorst · Birkenstr. · Nordbahnhof · Zitadelle · Schwartzkopffstr. · Altstadt Spandau · Zinnowitzer Str. · Mierendorffplatz · Turmstr. · Rathaus Spandau · Hauptbahnhof · Oranienburger Tor · Spandau · Stresow · Ruhleben · Olympia-Stadion · Neu-Westend · Th.-Heuss-Platz · Westend · Richard-Wagner-Platz · Bellevue · Bundestag · Pichelsberg · Olympiastadion · Heerstr. · Sophie-Charlotte-Platz · Deutsche Oper · Tiergarten · Brandenburger Tor · Hansaplatz · Kaiserdamm · Messe Nord/ICC · Bismarckstr. · Ernst-Reuter-Platz · Messe ZOB ICC · Wilmersdorfer Str. · Savignyplatz · Mendelssohn-Bartholdy-Park · Potsdamer Platz · Messe Süd · Zoologischer Garten · Anhalter Bf · Westkreuz · Charlottenburg · Uhlandstr. · Kurfürstendamm · Wittenbergplatz · Kurfürstenstr. · Gleisdreieck · Halensee · Adenauerplatz · Nollendorfplatz · Bülowstr. · Grunewald · Augsburger Str. · Spichernstr. · Viktoria-Luise-Platz · Yorckstr. · Konstanzer Str. · Hohenzollernplatz · Güntzelstr. · Kleistpark · Fehrbelliner Platz · Berliner Str. · Hohenzollerndamm · Blissestr. · Bayerischer Platz · Eisenacher Str. · Rathaus Schöneberg · Papestr. · Heidelberger Platz · Bundesplatz · Innsbrucker Platz · Schöneberg · Rüdesheimer Platz · Friedrich-Wilhelm-Platz · Breitenbachplatz · Friedenau · Podbielskiallee · Dahlem-Dorf · Walther-Schreiber-Platz · Feuerbachstr. · Priesterweg · Thielplatz · Schloßstr. · Oskar-Helene-Heim · Rathaus Steglitz · Südende · Attilastr. · Onkel Toms Hütte · Krumme Lanke · Botanischer Garten · Lankwitz · Marienfelde · Schlachtensee · Mexikoplatz · Lichterfelde West · Lichterfelde Ost · Nikolassee · Buckower Chaussee · Wannsee · Zehlendorf · Sundgauer Str. · Schichauweg · Griebnitzsee · Osdorfer Str. · Babelsberg · Park Sanssouci · Charlottenhof · Potsdam Hbf · Lichterfelde Süd · Lichtenrade · Teltow Stadt · Mahlow · Blankenfelde (Kr. Teltow-Fläming) · Ludwigsfelde · Medienstadt Babelsberg · Rehbrücke · Wilhelmshorst · Saarmund · Genshagener Heide · Michendorf · Seddin · Thyrow · Staaken · Spandau · Priort · Marquardt · Golm · Werder (Havel) · Pirschheide · Caputh-Geltow · Caputh-Schwielowsee · Ferch-Lienewitz · Dessau · Jüterbog · Lutherstadt Wittenberg/Falkenberg (Elster) · Elsterwerda/Senftenberg · Wismar · Nauen · Brieselang · Rathenow · Wustermark · Brandenburg · Magdeburg · Kremmen · Wittenberge/Rheinsberg (Mark) · Stralsund/Rostock · Templin Stadt · Sachsenhausen (Nordb) · Vehlefanz · Bärenklau · Velten (Mark) · Hohen Neuendorf West

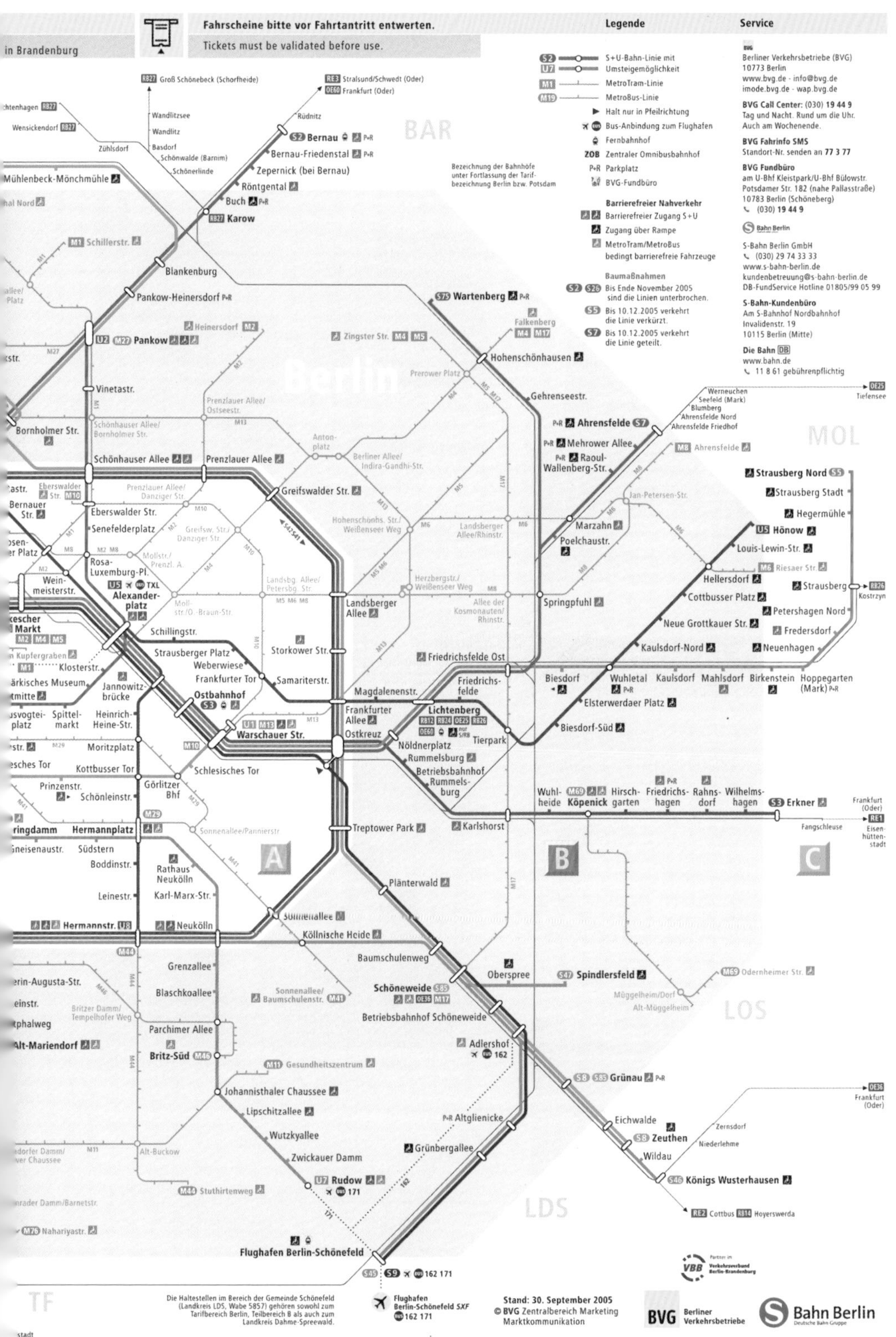

資料來源：柏林交通當局 BVG、VBB

交通資訊

1991年定為全德國的首都後，交通軟硬體便成為建設柏林的首要任務，新火車站陸續完成，特別是2006年落成的柏林新總站，以及高速公路、機場的升級與新建，柏林已是德國乃至中歐的交通巨人。

柏林火車總站

Schönefeld機場航廈

機場聯外交通

柏林貴為首都與第一大城，但因戰後的分裂，雖曾擁有3個機場，但都以國內線及歐洲線居多，不足以負擔洲際航線，因此，建造一座新的大型機場是絕對需要的。全新的機場位在Schönefeld機場附近，全名為「柏林布蘭登堡威利布蘭特國際機場」(Berlin Brandenburg Willy Brandt International Airport)，代號BER，一旦落成啟用，將成為德國繼法蘭克福與慕尼黑之後的第三大機場。

Tegel機場航廈

知識充電站

前西德總理——威利．布蘭特

最新的BER機場取名自威利．布蘭特(Willy Brandt，1913～1992)，曾擔任西柏林市長，1969年成為西德總理，其最著名的「東進政策(Ostpolitik)」促進了東西方和平，是戰後德國最受人尊敬的總理之一。美國甘迺迪總統於1963年訪問西柏林時，當時的市長即為布蘭特。

三位冷戰時期重要的西方政治領袖，由左到右：美國總統甘迺迪、西柏林市長布蘭特、西德總理阿登諾

Tips

如有需要退稅(P.316)的物品，而且是由柏林轉機至法蘭克福或慕尼黑等大機場搭機回亞洲，建議在柏林辦退稅，應會較省時間。

——搭火車——

1.Tegel(TXL)機場

Tegel(TXL)機場是傳統上西柏林最重要的機場，班次非常頻繁，且有密集的機場專用巴士(TXL Bus)，停靠柏林東西市中心的主要火車及地鐵站，只要用市內交通A、B區的票即可搭到市區。

往返Tegel機場與市區的巴士

2.Schönefeld(SXF)機場

全市的重要站點都可搭區間火車(RE)直達東南方的Schönefeld(SXF)，亦有部分ICE高鐵及IC快車停靠。搭RE至市中心總站車程約30分鐘，也可搭S-Bahn。

通往柏林周邊城鎮的RE區間火車

——租車、計程車——

如欲租車，在機場出口及提領託運行李處附近都有櫃檯，也可事先上網預約。計程車站則沿著指標可找到，TXL機場到火車總站約€25、到商展場約€18；SXF機場到火車總站約€40。

Tips

機場交通詳見P.301。

城市交通

首都的市內大眾運輸系統當然是全德最龐大的，有數十條S-Bahn與U-Bahn路線及數百個站點，可媲美倫敦、巴黎等歐洲的大都會。範圍分為A、B、C三區。A區是最中心，範圍已算是很大；B區有商展場、TXL機場；C區是最外圈，有SXF機場，大部分遊客只會用到A+B區，詳情可至柏林市交通局網站查詢。

http www.bvg.de

擁有數十條S-Bahn站點的首都柏林

——火車——

ICE高鐵連接柏林與德國所有重要城市，ICE高鐵、IC、EC長途快車、地區性火車(RE、RB)等，皆停靠在火車總站的地上第二層與地下第二層，1～8月台在地下第二層，11～16月台在地上第二層。此外，柏林也是前進東歐的前哨站，有密集的InterCity、EuroCity等級之快車通往波蘭及捷克。

黃紅車廂的S-Bahn是柏林的特色之一，連接郊區各城鎮

通勤列車(S-Bahn)
地鐵(U-Bahn)

柏林的S-Bahn四通八達，可達東西南北各郊區及衛星城區，主線貫穿東西，與南北向(地下)的中心交會點是腓特烈大街站(Friedrichsstrasse)，另還有環狀線，順時針是S41線，逆時針是S42線。環狀線與東西線、南北線，分別形成了東交叉站(Ostkreuz)、西交叉站(Westkreuz)、南交叉站(Suedkreuz)及健康泉站(Gesundbrunnen)。

1.前往市中心

搭S-Bahn：總站地上第二層的第15、16月台，往西可達動物園站，往東依序為腓特烈大街站、哈克市場站、亞歷山大廣場站、東站等。

搭U-Bahn：總站地下第一層的東側可通往地鐵站，搭U55可達聯邦國會站與布蘭登堡門站，暱稱為「總理地鐵」(Kanzler-U-Bahn)。

地鐵站指標清楚完整。地鐵車廂為黃色

2.前往商展場

最重要的商展場位於城西的國際會議中心ICC旁，是一座商展城，有全球最大電子展之一的「柏林消費性電子展」(IFA)，於每年9月初舉行，地標是著名的廣播塔(Funkturm)。

http www.berlin-messe.de

搭S-Bahn：環線S41(順時針)和S42(逆時針)有停靠商展北站(Messe-Nord)；S5則停靠商展南站(Messe-Süd)。

搭U-Bahn：U2到Kaiserdamm站，此站還可與S-Bahn的商展北站相通。

Tips

自行開車前往商展場：位於100號內環線高速公路旁，北出口為Messedamm-Nord，南出口為Messedamm-Süd。

柏林商展場全年有許多重要展會

旅行小抄

Railpass適用柏林S-Bahn路段

以往Railpass用在柏林，僅適用部分S-Bahn路段，但現已改為可以搭乘所有的S-Bahn火車(城市地鐵U-Bahn與輕軌電車不適用)，搭乘當天需占用一個旅行日。所以最好當天也有需要搭乘長途火車，才值得用一天Railpass，若只為了搭短途S-Bahn而用掉一天，則不划算。

http 詳情可查詢飛達官網：www.gobytrain.com.tw

電車、公車

電車都在原東柏林，有連接亞歷山大廣場、博物館島、哈克市場附近。最具特色的是雙層公車，有著名的100號與200號，會經過東西兩區的各大景點，只要花公車票錢，即可坐在上層任意看風景！若買日票還可任意上下車。另外，行駛在庫丹大道上的公車也很常用，因為U1的Uhlandstrasse站以西即無地鐵站。

雙層巴士100號公車

Tips

購買火車票(P.306)、查詢火車時間(P.306)、搭乘通勤列車(S-Bahn)與市內地鐵(U-Bahn)詳見P.310。

火車站外的計程車乘車處

票價參考

車票種類	涵蓋區域	票價
短票(地鐵2站以內) Kurzstrecke	不分	€1.70
單人單趟 Einzelfahrschein	A、B	€2.80
	A、B、C	€3.40
單人一日票 Tageskarte	A、B	€7.00
	A、B、C	€7.70
多人一日票(至多5 人) Kleingruppenkarte	A、B	€19.90
	A、B、C	€20.80
單人7日票 7-Tage-Karte	A、B	€30.00
	A、B、C	€37.50

※商展場和TXL機場都在B區，SXF機場和波茨坦則在C區。以上資料時有異動，以實際公告為準。

公路

柏林的高速公路網有內環及外環，並有6條自郊外放射出去，通達全國各大城。內環為100號，可通至西區接近市中心。外環為10號，範圍已相當大，路網四通八達。

計程車

柏林的計程車數量極多，火車站、地鐵站、大街道、百貨公司附近，通常都有招呼站。

☎ +49(0)30-20-20-20、+49(0)44-33-22、+49(0)26-10-26、+49(0)26-30-00

$ 火車總站到商展場約€20；西區動物園站到東區亞歷山大廣場站約€18

http www.taxi-berlin.de

知識充電站

柏林火車總站

兩德統一後，將位於邊界的Lehrter Bahnhof車站大力擴建，稱為柏林火車總站(Berlin Hauptbahnhof，Hbf)，建築本身最具代表性的，莫過於地上第二層月台上的玻璃屋頂，在南向裝滿了上千片的太陽能光電板，是與建築整合的設計(Building Integrated Photovoltaic，BIPV)，玻璃屋頂本身就是發電模組，具有新時代的意義！正前方就是新的政府特區。

月台屋頂的太陽能光電板

主體分為地上3層與地下2層。東西向的軌道及月台位在地上第二層；最底層則是南北向的軌道及月台。地上與地下的第一層都有德鐵的旅遊中心(Reisezentrum)及寄物中心(Gepäck Center)。

必訪熱門景點

柏林的中心區 (Mitte) 及東半部在戰後為蘇聯占領區，劃歸為東柏林，也是昔日全市的精華區，因此，大部分的歷史文化景點在原東柏林。西柏林則顯得繁榮富庶，是血拼族的最愛。

區域1 原東柏林

見證柏林歷史軌跡

德國國會

Bundestag Reichstagsgebaeude

位於布蘭登堡門北邊不遠處，原為德意志帝國時期的國會，1933年納粹策畫出一場無名火，栽贓給政敵，也毀掉了建築物中央上方的方形塔頂，進而封閉。加上1945年被盟軍轟炸，荒廢了數十年。1990年統一後重新整建，在中央上方加蓋了一個由英國建築師Sir Norman Foster設計的現代風格的透明圓頂(Kuppel)，1999年德國國會(聯邦議會，Bundestag)正式由波昂東遷至柏林，玻璃圓頂也正式開放申請參觀，遂成為柏林最熱門的景點之一。沿著步道走在圓頂邊緣，向外可看到一些政府機關與新的建設，向內向下則可看到國會議員們開會的情形，十分有意思。

⊠Platz der Republik 1, 11011 Berlin U，Bundestag站 http www.bundestag.de/besucher ⁉參觀玻璃圓頂，可至國會網站申請：www.bundestag.de/htdocs_e/visits/kuppe MAP P.164／B2

→國會的頂樓玻璃圓頂可入內參觀，十分特別

帝國議會大廈(德國國會)是融合古典與現代的歷史建築

德意志的精神地標

布蘭登堡門

Brandenburger Tor

柏林No.1的地標，建於1791年，為紀念腓特烈大帝勝利歸來的凱旋門。由於位於柏林的正中心，當權者總喜歡把這個凱旋門當成展示權力的象徵，然而在冷戰時期，因位於東西柏林交界處，東德建的柏林圍牆，就在門的正後方，因此成為禁區。

布萊登堡門是德國與柏林的精神象徵

頂端的銅製雕像，不論白天夜晚都閃耀著光輝

1989年柏林圍牆倒塌，布蘭登堡門再度成為世界的焦點，它的開啟，象徵著東西柏林相通與德國的統一，因此，布蘭登堡門亦可當成是德國的地標，美、英、法等國已將大使館遷至周圍，更增添其氣勢。上方的雕像是勝利女神駕著四馬二輪馬車，手持桂冠、鐵十字及老鷹的權杖。(由於老鷹是西德國徽，十字又有納粹的感覺，所以在東德時期，權杖只剩一圈桂冠。其實老鷹與十字是德意志長久以來的象徵。)

開放空間，位於巴黎廣場(Pariser Platz) S+U，Brandenburger Tor站 MAP P.164／C3

國家政治權力的中心

聯邦總理府

Bundeskanzleramt

國會的西邊，有新建現代簡明風格的總理府(Kanzleramt)，地位猶如美國白宮，是政府領導人辦公與居住的地方，由前總理柯爾(Helmut Kohl)開始籌建。德國是內閣制，行政權在聯邦總理(Bundeskanzler)，國家領導人則是聯邦總統(Bundespräsident)，為虛位元首，是國家主權象徵，對外代表國家。

柯爾領導德國完成統一，並支持遷都柏林。總理府落成時，他已下台，由施洛德總理(Gerhard Schröder)開始使用。

Willy-Brandt-Straße 1, 10557 Berlin U，Bundestag站 http www.bundesregierung.de MAP P.164／B2

超現代的聯邦總理府建築

Tips

總統府位在提爾公園(P.190)北緣的美景宮(Schloss Bellevue)，是座優美的建築，離S-Bahn的Bellevue車站較近。MAP P.166／A4

德國元首所在的總統府(美景宮)

柏林最華麗的建築物都齊聚在此

戎達美廣場

Gendarmenmarkt

廣場名稱源自法文「Gen d'arme」，乃憲兵之意，Gen發音似「戎」。被多座歷史建築物圍繞，北側有法國大教堂(Französischer Dom)，南側有德國大教堂(Deutscher Dom)，兩教堂對稱峙立，正面為19世紀柏林的建築大師申克爾(Karl Friedrich Schinkel)的另一代表作——柏林音樂廳(Konzerthaus Berlin)，原名是戲劇院(Schauspielhaus)，現為交響樂的經典表演場。廣場中央是德國最有名的劇作家席勒(Schiller)的雕像。

美輪美奐的戎達美廣場

廣場周圍的公寓建築均十分華美，台灣駐德代表處(駐德大使的辦公場所)即位於此處。這裡有許多名店、高級餐廳、旅館等，亦常有活動，如露天的演唱會等。而每年從12月初至跨年，戎達美廣場會有全市最美的魔幻聖誕市集，燈光、小攤、樂團把這裡妝點成柏林最浪漫的地方。

✉Gendarmenmarkt 2 10117 Berlin 🚉S+U，Französische Strasse站 ☎+49(0)30-203090 http www.konzerthaus.de MAP P.165／C5

濃厚的東德氛圍

卡爾－馬克思大道

Karl-Marx-Allee

從亞歷山大廣場往東有一條整齊壯觀的大道，兩旁都是對稱的蘇聯史達林式風格建築，叫作卡爾－馬克思大道。這裡是昔日東德舉行國家慶典的重要場所，十分壯觀，但少了點人情味。

✉開放空間 🚉U，Frankfurter Tor站；U，Weberwiese站；U，Strausberger Platz站 MAP P.165／A8

卡爾-馬克思大道令人憶起圍牆倒塌前的歲月

亞歷山大廣場的世界鐘(Weltuhr)

原東柏林社會主義櫥窗

亞歷山大廣場

Alexander –platz

亞歷山大廣場自古便是柏林東邊的交通大樞紐，擁有多條RE、S-Bahn、U-Bahn路線。自東德時代起，便是人們最喜歡的聚會場所。東德時代建的地標——柏林電視塔，就選在這裡。這裡也是次文化新人類的聚集地，展現現代柏林不一樣的氛圍。

✉開放空間 🚉S+U，Alexanderplatz站 MAP P.165／B8

在極致高空中享美食

柏林電視塔

Berlin Fernsehturm

位於亞歷山大廣場附近，是柏林的地標，也是昔日東德向世人炫燿的主要建築，造型十分典雅，高達365公尺，可搭快速電梯至203公尺高的觀景樓或在其旋轉餐廳享用空中餐點。

Panoramastraße 1AD-10178 Berlin S+U，Alexanderplatz站 www.tv-turm.de P.165／B8

電視塔頂高聳入天，幾乎要沒入白雲間

最完整的柏林圍牆片段

東城畫廊

Eastside Gallery

在柏林圍牆毀了之後，這裡是保留最完整的一段，也是遊客們最能親身貼近這片圍牆的地方。沿著Mühlenstrasse街道，你正站在昔日的東柏林，也就是「鐵幕」這一邊。當鐵幕被打開之後，許多藝術家到東邊來作畫(圍牆的西邊本來就畫滿了塗鴉，但東邊因為戒備森嚴，一直是空白的水泥牆)。也許是以紐約的「西城故事」(Westside Story)做有趣的對比，而採用相對的名字「東城畫廊」(Eastside Gallery)。其中最有名的畫，是當年東德與蘇聯領導人(何內克與布里茲涅夫)相見歡擁吻的圖。然而，對國人最有感觸的要算是統獨之爭，亦被兩派人士競相塗鴉在東城畫廊的柏林圍牆上。

完整保留的一段柏林圍牆真跡──東城畫廊

Mühlenstraße 1, Berlin S+U，Warschauer Str.站；U，Schlessisches Tor站 www.eastsidegallery.com P.165／B8

東西冷戰歷史最新代表景點

柏林圍牆紀念場

Gedenkstätte Berliner Mauer

柏林圍牆有一段是沿著Bernauer Strasse街道邊緣而建，這裡保留了圍牆的原貌，並建造了一些具紀念性的景物，於2008年落成，是最新且最具歷史內涵的新景點。在此最能體會當年東西方的對立與東德政權的冷酷，令人有極深的感觸。

Bernauer Straße 119 13355 Berlin S，Nordbahnhof；U，Bernauer Strasse站 www.berliner-mauer-gedenkstaette.de P.165／A6

柏林圍牆倒塌25週年時的紀念活動，白氣球處即為昔日的圍牆(圖片提供／Mr. Kai Fan)

尼古拉區的每間店都各有不同的雅致裝飾，非常美麗

大都會裡的小鎮風情

尼古拉區

Nikolaiviertel

這裡是七百多年前老柏林在史普瑞河邊發跡的地方。所幸保留了古城的風格，讓滿是現代建築的大都會，有這麼一個角落，可讓人們踩著古街的石頭、聽著潺潺流水聲、造訪古老的尼古拉教堂、逛逛雅致的小店，或從數十家風味餐廳中，選一家來輕鬆一下。

柏林以現代建築居多，尼古拉區是例外，擁有許多老建築

✉Nikolaiviertel 10178 Berlin 🚇U，Klosterstrasse站 MAP P.165／C7

大名鼎鼎的紅色市政廳

市政廳

Rotes Rathaus

於1869年建成，因為是紅磚色的建築，又稱為紅色市政廳(Rotes Rathaus)。這裡是柏林城邦的政府所在地，散發出雄偉的氣勢。

✉Rathausstraße 15, 10178 Berlin 🚇U，Klosterstrasse站；S+U，Alexander Platz站 http www.berlin.de/orte/sehenswuerdigkeiten/rotes-rathaus MAP P.165／B8

顯眼的紅色建築外觀

感受柏林浪漫的夜生活

哈克市場

Hackescher Markt

這一帶在20世紀初建成時，只是當成一處舒適的社區，以普魯士的軍事家哈克(Hacke，Hackescher是形容詞)命名。在東德時代被改名為馬克思恩格斯廣場，統一後，90年代中期將這裡的房子再做裝飾，轉變成令人喜愛、如新天地般的夜生活休閒區。現在，在優雅又像迷宮般的公寓建築群中，滿是餐廳、酒吧、小劇場與個性商店，而且是越夜越美麗，令人陶醉在夢幻與浪漫之中。

☒Hackescher Markt 10178 Berlin 🚉S，Hackescher Markt站 http www.hackescher-hoefe.com MAP P.165／A6

走進哈克市場，猶如置身夢幻世界

冷戰時期的文物遺跡

「查理檢查哨」柏林圍牆博物館

Haus am Check Point Charlie

1961～1989年，當柏林圍牆還在的時候，進出東西柏林的唯一合法途徑就是這個檢查哨，在這裡可回味冷戰時期的歷史。看看檢查哨上那張一面是美軍，一面是蘇聯軍的畫像，以及旁邊販售蘇聯與東德共黨的紀念物、地上刻畫的柏林圍牆痕跡，還有旁邊的柏林圍牆博物館，真是令人百感交集。

☒Friedrichstrasse 43-45，10969 Berlin 🚉U，Kochstrasse站 http www.museum-haus-am.checkpointcharlie.org MAP P.165／D5

冷戰時期的點點滴滴，在查理檢查哨歷歷在目

柏林圍牆的指標指引到昔日的圍牆所在地點

菩提樹下大道

布蘭登堡門東側，從巴黎廣場(Pariser Platz)開始，即是最著名的菩提樹下大道(Unter den Linden)。這條由4排菩提樹形成的林蔭大道，串起了柏林的靈魂，也是歷史上普魯士及德意志炫耀國威的地方。許多壯麗雄偉的建築，在大道的兩側競相爭豔，最壯觀的莫過於俄國大使館，應可算是當年蘇聯在冷戰最前線的總指揮所；新落成的美國大使館在大道起始之處(布蘭登堡門前)。

菩提樹下大道是柏林的軸線，在此可感受首都氣勢

沿大道往東走，越過腓特烈大街，便到了最精采的區段，成排的重要歷史建築，包括德意志國家圖書館、洪堡大學、新衛堡、德意志歷史博物館及國家歌劇院等。接著越過有兩列雄偉雕像的王宮橋，自此路名變成Karl-Liebknecht-Strasse，到達東德博物館(P.187)、博物館島(P.188)及壯麗的柏林大教堂(P.187)。

✉Unter den Linden, 10117 Berlin 🚉S+U，Brandenburger Tor站；U，Französische Strasse站 ➡步行，或搭100路公車，每個景點皆可達；也可按各景點所在之站名，搭S-Bahn或U-Bahn MAP P.164／C4

Tips

除了搭Tour Bus聽導覽，最經濟方便的方式是搭公車，100號和200號的路線都十分適合。同樣有上層座位，涵蓋的景點與Tour Bus大同小異，卻不需額外花錢(持市內交通的日票)，怎不令人心動？

Berlin City Tour Bus

☎+49(0)30-68302641

http www.berlin-city-tour.de

戰爭的回顧與紀念

新衛堡

Humboldt Unversität

這是普魯士建築大師申克爾(Karl Friedrich Schinkel)設計的新古典風格建築，現今為戰爭中的無名英雄及集中營受難者的紀念館。

✉Unter den Linden 4, 10117 Berlin 🚉S+U，Brandenburger Tor站；U，Französische Strasse站 http www.visitberlin.de/de/ort/neue-wache MAP P.165／B6

德國的忠烈祠——新衛堡

德國文史寶庫

德意志國家圖書館

Deutsches Staatsbibliothek

20世紀初德皇為菩提樹下大道增添的美麗建築。新巴洛克風格的正立面，配上爬藤，更增添學術的氣息。這裡的文史資料極其豐富，是德國最重要的典藏寶庫。另外，在70年代西柏林在愛樂廳對面建了一座現代風格的圖書館，也叫作國家圖書館。

Unter den Linden 8, 10117 Berlin S+U，Brandenburger Tor站；U，Französische Strasse站 http www.staatsbibliothek-berlin.de MAP P.165／B5

充滿文藝氣息的國家圖書館

大師雲集的文學殿堂

洪堡大學

Humboldt Unversität

這座王府於1810年改為大學，稱為「腓特烈－威廉」大學，或習稱柏林大學，是柏林地位最高的學術殿堂，影響19、20世紀德語世界的大學教育至深，產生出無數的哲學家與科學家。曾在此當學生或教授的大師包括黑格爾、馬克思、愛因斯坦、蒲朗克等。二

洪堡大學的正門與舊書攤

洪堡大學與亞歷山大·馮·洪堡(弟弟)雕像

次世界大戰後，部分教授出走，於西柏林成立「自由大學」。東柏林的這座則改以創辦人，教育改革者與地理學家洪堡兄弟(Wilhelm & Alexander von Humboldt)之名命名。前面的舊書攤，是愛書人前來尋寶的好去處。來到這裡，一定要大膽地打開大廳的門，進入洪堡大學的殿堂，感受那崇高的學術氣息！

Unter den Linden 6, 10117 Berlin S+U，Brandenburger Tor站；U，Französische Strasse站 http www.hu-berlin.de MAP P.165／B5

視覺與聽覺的雙重享受

德意志國家歌劇院

Deutsche Staatsoper

柏林最重要的古典歌劇及芭蕾舞劇廳堂。柏林聽眾有世界一流的品味，名團名劇演出時，必然一票難求，可由網站查詢節目表並及早訂票選位。

⊠Unter den Linden 7, 10117 Berlin 🚉S+U，Brandenburger Tor站；U，Französische Strasse站 http www.staatsoper-berlin.org MAP P.165／C6

歌劇院內華美的觀眾席

雄偉的國家歌劇院外貌

旅行小抄

東德藝文殿堂

原東柏林除了德意志國家歌劇院、輕歌劇院(Komische Oper Berlin)及柏林音樂廳(P.180)之外，還有一座音樂殿堂也很有看頭：腓特烈城皇宮演藝廳(Friedrichstadt Palast)。這是東德時代後期所建最華麗的表演場館，現用於演出大型舞台秀，可說是柏林的紅磨坊夜總會。

⊠Friedrichstraße 107 10117 Berlin 🚉U，Oranienburger Tor站 http www.palast-berlin.eu MAP P.165／A5

將德意志歷史一次看過癮

德意志歷史博物館

Deutsches Historisches Musem

這座碩大的巴洛克式建築，曾是普魯士的軍火庫(Zeughaus)，後來改為歷史博物館，鉅細靡遺地呈現日耳曼、德意志兩千年來的歷史文物，包括近代的普魯士王國、德意志帝國、納粹第三帝國、東西德冷戰時代等主題展。背後有華裔建築大師貝聿銘設計的玻璃建築，十足現代風格，常有十分難得的特展，很值得一看。

⊠Unter den Linden 2, 10117 Berlin 🚉S+U，Brandenburger Tor站；U，Französische Strasse站 http www.dhm.de MAP P.165／B6

典藏極為豐富的歷史博物館

建築大師貝聿銘設計的現代建築

連接王宮與柏林大教堂

王宮橋

Schlossbrücke

以前過橋後右手邊有座碩大雄偉的普魯士王宮而因此得名。戰爭破壞後，東德在原址蓋了類似人民大會堂的「共和國宮」(Palast der Republik)，但因建材含有有害的石綿，已經拆除以還原歷史古蹟。數年後將再蓋成有雄偉圓頂的王宮(Stadtschloss)，與柏林大教堂隔著Karl-Liebknecht-Strasse相對望。

S+U，Alexanderplatz站 MAP P.165／B6

橋上有許多雕工精細的巨型雕像，優美動人

雄偉的大教堂內部也很壯觀，處處精雕細琢

王族專用的貴氣教堂

柏林大教堂

Berliner Dom

沿菩提樹下大道上往東走，即可看到柏林大教堂。建於1894～1905年間，雄偉壯觀，氣宇非凡，布滿銅綠的大圓頂建築。起初是普魯士的霍亨索倫王族專用的新教教堂，二次世界大戰時遭嚴重破壞，整修20年後才完成。教堂階梯開放登頂，腳力好的人可在此一覽柏林的景致。

Am Lustgarten, 10178 Berlin S，Hackerscher Markt站 http www.berliner-dom.de MAP P.165／B6

一窺舊東德時代生活實景

東德博物館

DDR Museum

現在德國八千多萬人口中，有4分之1是在東德的社會主義環境下長大的，但隨著政權的消失，那段時光也彷彿被遺忘了，唯有在這個博物館可細細感受當年的生活，從食物、汽車、家具、照片等實物的展示，不知老一代的東德公民是否會觸景生情？

懷舊味十足的東德拖笨車(Trabant，或稱Trabi)

Karl-Liebknecht-Str. 1, 10178 Berlin S，Hackersch-er Markt站 http www.ddr-museum.de MAP P.165／B7

博物館島

史普瑞河流到柏林中心區時分流兩路，繞著一個島後再合流，猶如塞納河上的西堤島，這個中洲小島從1820年代，歷經100年的時間，建成了博物館島(Museuminel)，已被聯合國列為世界文化遺產。島上有5棟經典建築，分別是5座博物館，位於菩提樹下大道末端。二次世界大戰時遭到嚴重破壞，從東德時代開始整修，總算在2009年新博物館整修完成後，全數開幕。若沒有時間逛完島上的每間博物館，建議優先選擇最壯觀、最難能可貴的佩加蒙博物館(Perhgamonmuseum)。

S，Hackerscher Markt站；公車100、200號至Lustgarten站 http www.smb.spk-berlin.de(博物館島的博物館皆共用一個首頁) ⁉週四晚上為博物館之夜，島上的博物館營業時間延長至22:00，且18:00以後開放免費入場 MAP P.165／B6

島上第一座博物館

舊博物館

Altes Museum

申克爾設計的古典列柱建築，於1830年建成，醒目地矗立在花園與大教堂旁。在埃及文物於2009年移入重新開幕的新博物館後，展出主題以希臘羅馬時代的古物為主。

☒Am Lustgarten, 10178 Berlin MAP P.165／B6

舊博物館的列柱

追尋19世紀印象派名家腳步

舊國家畫廊

Alte Nationalgalerie

這座美術館收藏了很多19世紀德國畫家的作品，並展示各國各時期的雕刻與畫作，十分精采，包括法國印象派大師莫內及雷諾瓦等畫家的作品。

☒Bodestraße 1-3, 10178 Berlin P.165／B6

舊國家畫廊外觀優雅靜謐

一睹神祕埃及文物風采

新博物館

Neues Museum

埃及Nefertete皇后頭像是新博物館的鎮館之寶

柏林有豐富且珍貴的埃及文物，曾放置於夏洛騰堡王宮附近，後來搬至舊博物館，2009年在新博物館整修完成後，固定在此展覽。這裡展出法老王時期的藝術與歷史文物，件件精緻，最重要的莫過於西元前1340年，第十八王朝埃及法老王之妻Nefertete皇后的頭雕像，亙古以來，依舊迷人！

⊠Bodestraße 1-3, 10178 Berlin ⁉本館照相禁用閃光燈 MAP P.165／B6

千萬碎片還原古希臘祭壇

佩加蒙博物館

Pergamonmuseum

佩加蒙是古希臘的一座城市，位於現在的土耳其境內。20世紀初，德國考古學家Alfred Messel用畢生心力研究佩加蒙，德國與土耳其政府也支持他的研究，最後終於如願，將採自佩加蒙最重要的建築物——佩加蒙祭壇成千上萬的碎片，運到柏林，還原整座祭壇，展示在佩加蒙博物館供人憑弔。另收藏許多巴比倫及伊斯蘭的文物，亦難得一見。

⊠Bodestraße 1-3, 10178 Berlin MAP P.165／B6

佩加蒙祭壇真跡是這裡的鎮館之寶

建築本身就是藝術品

波德博物館

Bodemuseum

此館有精緻的新巴洛克圓頂建築，是由19世紀柏林的名建築師Ernst von Ihne所設計，後來以普魯士的博物館總監波德來命名。波德博物館於2006年夏天重新開幕，最重要的館藏是古代的錢幣，以及拜占庭的藝術品。

⊠Am Kupfergruben, 10117 Berlin  MAP P.165／B6

特殊的外觀造型在博物館島上顯得更為搶眼

區域 2　原西柏林

在東西柏林分裂的時代,西柏林最能引以為傲的,莫過於資本主義的繁榮與富庶。以地標威廉皇帝紀念教堂為中心,環繞著最受歡迎的卡德威(KaDeWe)百貨公司、綿延數里的購物街——庫丹大道。雖説重要的歷史景點大多在昔日的東柏林,西柏林卻是血拼族的最愛。

二戰紀念地標

威廉皇帝紀念教堂

Kaiser Wilhelm Gedächtniskirche

從西柏林最大的火車站——動物園站走出，即可看到這座尖塔破壞未修的教堂，時時警告世人勿忘戰爭的慘痛教訓。旁邊簡單的八角柱形建築，是新教堂與鐘樓，較高的鐘樓常被暱稱為口紅。

Breitscheidplatz, 10787 Berlin　S+U，Zoologischer Garten站　http www.gedaechtniskirche.com　MAP P.166／D2

↓二戰遭破壞的紀念教堂

正門建築設計有東方色彩

動物博覽會陸海空全包

柏林動物園

Zoologischer Garten

在東西柏林分裂的時代，到柏林旅遊大多只能在景點不算多的西柏林，而擁有一百多年歷史、碩大的西柏林動物園，幾乎成了西柏林的代表。西柏林最重要的火車站就在動物園附近，因此叫作動物園站，使得這個動物園，也就更加聲名大噪，裡面有近2萬種動物(包括熊貓)，以及極富盛名的水族館。

Hardenbergplatz 8, 10787 Berlin　S+U，Zoologischer Garten站　http www.zoo-berlin.de　MAP P.166／C2

柏林中心的綠肺

提爾公園

Tiergarten

提爾公園是動物園地之意,布蘭登堡門以西,有一條柏林最開闊的大道,叫「6月17日大道」,是西柏林為紀念1953年6月17日東德鎮壓民主運動而改名,這條大道兩側沒有商店,沒有歷史建築物,而是一望無際的樹林。很令人感動地,在柏林中心,居然有這麼一大片的綠林地供市民們散步與休閒,部分區塊還規畫成日光浴、天體文化的場所。

Am TierparkBerlin　S+U，Zoologischer Garten站　http www.berlin.de/orte/sehenswuerdigkeiten/tiergarten/index.en.php　MAP P.167／B5

→大道兩旁的樹蔭下是寬闊美麗的步道

北歐建築美學

北歐國家大使館

Nordische Botschaften

在提爾公園周圍的道路有許多國家的大使館。其中北歐5國一同蓋了大使館，把他們重視自然與人文平衡的概念，直接表現於建築建材上，並歡迎民眾參觀。5國各有一棟樓，每棟都用不同的建材並有各自的建築美學，但整體看來又是那麼地和諧。這裡還有一個藝廊及北歐風味餐廳。

展現北歐簡約風格的五國大使館

Rauchstraße 1 10787 Berlin 巴士100、106、187、200，Nordische Botschaften站下車即達 www.nordischebotschaften.org P.166／C4

象徵德國開國精神的勝利女神

勝利紀念柱

Siegessäule

6月17日大道中央有一支巨型柱狀建築物，其上有金色的勝利女神像，這是紀念普魯士對丹麥、對法國戰勝而設立。可沿階梯步行而上。勝利紀念柱位於多條大道交會的圓環中心，德國人稱為Grosser Stern(大星星之意)，在塔上可俯瞰這些大道、提爾公園的綠意，以及東西邊的重要建築物。

開放空間 S，Tiergarten站；U，Hansaplatz站 www.berlin.de/orte/sehenswuerdigkeiten/siegessaeule/index.en.php P.166／B4

←金色的勝利女神站在頂端十分耀眼

洛可可風輝煌宮殿

夏洛騰堡王宮

Schloss Charlottenburg

17世紀末～18世紀初，選帝侯腓特烈三世為妻子夏洛騰皇后而建，後來普魯士日漸強大，王宮也逐步擴建。此王宮造型華美，在庭園與湖泊的搭配下，更顯高雅，而且離市區很近，是休閒的好地方。內部值得一看的包括王族的房間、瓷器收藏室、洛可可風格的黃金畫廊等。

Spandauer Damm 10-22, 14059 Berlin S，Westend站；U，Richard -Wagner-Platz站 www.spsg.de/index_134_de.html P.166／B1

柏林市區附近最雄偉的夏洛騰堡王宮

各種有趣發明盡在眼前

柏林德意志科技博物館

Deutsches Technikmuseum Berlin

展出近200年來德國的科技產品，種類及數量之多令人歎為觀止。其中最受歡迎的莫過於交通工具，如古老的蒸汽火車頭、火車車廂、各式汽車、戰鬥機、船舶等等。非交通工具類的民生工業，如紡織、釀酒、通訊等物品跟發展史，都一一呈現在眼前，是趟難忘的德國工藝知性之旅。

Trebbiner Str. 9, Berlin U，Gleisdreieck站 www.dtmb.de P.167／D8

可領略古今各項科技發展的科技博物館

西柏林文化大道

位於波茨坦大道上及其周圍一帶，是西柏林的文化場域集中之處，有多家博物館、美術館及劇院。其中，以圍繞愛樂廳的綜合文化廣場，以及繁華的波茨坦廣場最為知名。

柏林城中城

波茨坦廣場

Potsdamer Platz

波茨坦廣場是戰前最繁華的都心，也是歐洲最早使用紅綠燈的地方，這裡在1930年代就已霓虹閃爍，車水馬龍。戰後被炸為廢墟，冷戰時被冷落在柏林圍牆邊。統一後成為歐洲最大的工地。本世紀初，各大設施已陸續完成，這裡有全新的辦公大樓，許多大企業的總部，各式劇場、電影院、數不盡的餐館、旅館等，幾乎都是最新風格的建築。這些大型專案的最大金主，是一些看好柏林地位與東歐市場的大企業，柏林重生的象徵，也是最新潮的中心。文化方面，有波茨坦廣場劇院(Theater am Potsdamer Platz)，位於Arkaden購物中心後面的大型音樂劇廳，這裡也是每年2月柏林影展(Berlinale)的主要場所之一，另外還有IMAX電影院、樂高(LEGO Discovery Center)等。SONY Center的中庭也經常舉辦令人驚豔的各式活動。

SONY Center是重要的影城、美食、購物等娛樂中心

✉Potsdamer Platz 10785 Berlin 🚉S+U，Potsdamer Platz站(另有公車200、M48) http www.potsdamerplatz.de MAP P.167／C7

波茨坦廣場的SONY Center包羅萬象，宛如城中之城

重生的波茨坦廣場，周邊是現代建築的競技場

熱愛文藝者必來朝聖

文化廣場・愛樂廳

Philharmonie & Kulturform

位於波茨坦大街，接近波茨坦廣場上的這處綜合文化廣場，是戰後西柏林最重要的文化建設。這裡的建築都是超現代風格，在60及70年代確實令人耳目一新，包括愛樂廳、室內樂廳、新國家藝廊、美術畫廊、新的國家圖書館等等。因附近重生的波茨坦廣場及SONY Center而變得寸土寸金，遊客絡繹不絕。

愛樂廳是柏林愛樂管弦樂團的家(不限柏林愛樂才可在此演出)，造型十分特別，不規則的輪廓，甚或突兀。建於70年代，當然不是古蹟，而是一座超現代的古典音樂廳。舞台設計在全場中央，而非觀眾席的正前方，加上具有科學意義的吊飾，使音響共鳴臻於完美。無論坐在哪個位置，都能享有最優質的音效。愛樂廳旁邊，是同樣具奇特造型的市內樂音樂廳(Kammermusiksaal)，音響效果一樣完美。欲進入聽場音樂會，最好能及早用網路訂票。

Tips

若音樂會的票已售完(如上網訂不到了)，還可碰碰運氣，在開演前兩、三天的下午1～2點鐘，親自跑一趟愛樂廳，通常有保留一些票給臨時排隊買票的人，而且可能是在樂團背後，正對指揮的「舞台座位」(Podiumsplatz)。更棒的是，這種票很廉價喔！若不想白跑一趟，也可以先打電話詢問。

柏林愛樂廳的外部是造型特殊的建築

新國家藝廊是超現代建築

柏林愛樂廳內部前衛的設計

✉Herbert-von-Karajan-Strasse 1,10785 Berlin 🚉S+U，Potsdamer Platz站 http www.berliner-philharmoniker.de MAP P.167／C6、C7

旅行小抄

波茨坦廣場附近順遊

波茨坦廣場附近還有以下文化景點值得賞遊：新國家藝廊・美術畫廊(Neue Nationalgalerie & Gemäldegalerie)：www.smb.museum/nng、波茨坦廣場劇院(Theater am Potsdamer Platz)：www.stage-entertainment.de。在更西邊的Deutsche Oper地鐵站旁，則是西區最負盛名的德意志歌劇院(Deutsche Oper)：www.deutscheoperberlin.de。

知識充電站

愛樂管弦樂團

世界上有兩個愛樂管弦樂團，被視為古典音樂界的至尊，就是維也納愛樂與柏林愛樂。這兩大樂團經常互別苗頭。例如維也納愛樂有著名新年音樂會，每年元旦會演奏史特勞斯家族的華爾滋與波卡舞曲；柏林愛樂則會在除夕晚上舉行新年音樂會。柏林愛樂在已故總監卡拉揚(Herbert von Karajan)的時代，聲譽達到顛峰，繼任的阿巴多(Claudio Abado)、拉圖爵士(Sir Simon Rattle)亦是指揮界泰斗，使至尊地位未曾動搖。

柏林大型公園綠地

柏林的大型公園綠地除了中心地帶的提爾公園(P.190)、西郊的萬湖，東西柏林還各據一處，東為Treptower Park(史普瑞河邊)，西為奧運公園(Olympia Park)。

貫穿全市悠揚的河岸風光

史普瑞河

Spree

此河貫穿柏林，並流過中心區的精華地帶，包括古典風格的博物館島以及現代風味的火車總站及政府與國會特區，猶如巴黎的塞納河或倫敦的泰晤士河。可乘遊船飽覽河岸兩側的風光。東段有一個景點風味獨特，是有U1地鐵線經過、造型特殊的Oberbaumbrücke橋。傍晚時乘晚餐船，一邊用餐一邊賞覽黃昏及夜色。

史普瑞河中的不鏽鋼三人像(Molecule Man)

在東西柏林分裂時，北岸屬東柏林、南岸屬西柏林。現雖已逐漸不分彼此，不過，南北岸每年9月會舉行丟蔬菜大戰，十分特別。南岸是柏林最具平民風與異國風情的十字山區(Kreuzberg)，中東、土耳其移民多。北岸是傳統工業區(Friedrichshain)，但河港與倉庫區已轉型為新興產業園區。河中可看到3尊不鏽鋼

史普瑞河濱公園(Treptower Park)散發悠閒風情

遊船經過位於史普瑞河畔的柏林火車總站

的巨型雕像(Molecule Man)，再往東可達最有名的河濱公園(Treptower Park)。

🅧開放空間 🚉S，Treptower Park站；S+U，Warschauer Str.站；U，Schlessisches Tor站 MAP P.164／B3、P.165／C8

散發老柏林浪漫氣氛的紅塔橋(Oberbaumbrücke)

Tips

提供(Schiffsrundfahrt)的船公司為水上計程車(Wassertaxi-Stadtrundfahrt)，如同阿姆斯特丹遊運河的玻璃船。乘船處(起點)為德意志歷史博物館(P.186)及柏林大教堂(P.187)。夏季每半小時一班，遊船時間約一小時。還有另一家名為Stern- und Kreisschiffahrt。

http www.sternundkreis.de

旅行小抄

史普瑞河上的游泳池

史普瑞河在接近Treptower Park處，有一綜合休閒遊憩的場所，最特別的莫過於Badeschiff(游泳船之意)。這個游泳池建在河流上，十分特殊，夏日豔陽高照時，常擠滿泳客，冬天則改為河上的三溫暖(Sauna)。

http www. arena-berlin.de

各國球迷夢寐以求的巨型運動場

奧運會場

Olympiastadion

1936年夏季奧運在柏林舉行，這裡建了很多外型平實但堅固的場館，主運動場往地下深挖12公尺，結構牢固，奧運期間成了希特勒耀武揚威的場所。撇開令人不堪的歷史，這座奧林匹亞體育場是2006年，德國舉辦世界盃足球賽冠軍決賽的場所，由名建築師事務所Gerkan、Marg & Partner設計的特殊透明屋頂。周邊還有各項運動設施，形成好大的運動公園，還包括溫布尼露天表演場(Waldbühne)，是森林中的表演舞台之意，常舉辦世界級的音樂會，每年7月柏林愛樂的溫布尼音樂會即是一大盛事。

1936年柏林奧運會場

🅧Olympischer Platz 3, 14053 Berlin 🚉S+U，Olympia Stadion站 http www.olympiastadion-berlin.de MAP P.166／B1

昔日奧運會場已成為最現代化的足球與田徑場

回溯猶太城歷史

柏林在二次世界大戰前住著很多猶太人，當時是重要的猶太城。因為納粹的迫害，幾乎消失得無影無蹤，其實猶太文化在柏林歷史上是相當重要的。

金碧輝煌的圓頂

新猶太教堂

Neue Synagoge

圓頂上面擁有耀眼的金色裝飾，位於歐朗尼恩堡街。

✉Oranienburger Straße 28/30 🚉S，Oranienburger Str.站 http www.centrumjudaicum.de/en MAP P.165／A6

黃金圓頂是該區的地標

靜穆紀念猶太民族血淚

大屠殺紀念場

Holocaust-Mahnmal

兩千多個大小不一的方形水泥塊，作為紀念遭納粹屠殺的猶太人，位於布蘭登堡門南方的一大片土地。

✉Ebertstraße與Wilhelmstraße 🚉S+U，Brandenburger Tor站 http www.berlin.de/orte/sehenswuerdigkeiten/holocaust-mahnmal MAP P.164／C3

發人深省的特殊場所

猶太文物一覽無遺

猶太博物館

Jüdisches Museum

用曲折直線為造型的建築，似乎象徵著猶太人曲折的命運及堅毅的精神。這裡展出猶太的文化，以及在歐洲的發展史。

✉Lindenstraße 9-14, Berlin 🚉U，Hallesches Tor站 http www.juedisches-museum-berlin.de MAP P.165／D5

極具特色的猶太博物館(圖片提供／Copyright visitBerlin Foto Wolfgang Scholvien)

購物指南

柏林的範圍廣大，許多行政區都有市中心購物區。其中 4 個最主要的商圈，其繁華程度與逛街的精采度在德國可是一流的，特別是柏林的物價低於德國西部與南部的大城，可謂購物天堂！此外，還有幾個購物也很方便的次商圈：Spandau(地鐵站：S+U，Rathaus Spandau)、Steglitz(地鐵站：S+U，Rathaus Steglitz)、Wilmersdorf(地鐵站：U，Wilmersdorfer Strasse)、Kreuzberg(地鐵站：U，Kottbusser Tor、U，Schlessisches Tor)。

百餘年經典氣質完美呈現

腓特烈大街商圈 Friedrichstrasse

由S-Bahn腓特烈大街站順著筆直的街道往南，越過菩提樹下大道，可一路走過該街的精華路段。地下有南北向地鐵的U6線經過，可與站點搭配步行或搭地鐵。這裡有濃濃的法蘭西風情，名牌店齊全，美食超市更有許多法國美食，馳名巴黎及全法國的拉法葉百貨公司(Galerie Lafayette)就在腓特烈大街與法國街(Französische Strasse)的路口，開了以玻璃為基調的，最美、最現代的分店，旁邊是Quartier206高級商場，有名牌精品商店與專櫃在此商場內齊聚。

S+U，Französische Strasse站 MAP P.165／B5

腓特烈大街是購物街，亦是交通中心

腓特烈大街入口美麗的聖誕燈裝飾

充滿年輕氣息的平價購物區

亞歷山大廣場商圈 Alexander Platz

這裡沒有腓特烈大街的高尚感，而是呈現樸實不矯飾的平民風與年輕氣息。近年來由於大型百貨公司與各式連鎖商店紛紛進駐，成了新的平價購物天堂。

S+U，Alexanderplatz站 MAP P.165／B8

來亞歷山大廣場感受開闊與奔放

西柏林的經典購物大道

庫丹大道商圈 Kurfürstendamm

這條大道是昔日貴族往西郊狩獵的馬車道，19世紀俾斯麥時代升級改建為可媲美巴黎香榭大道般的壯麗大道，冷戰期間，更是西柏林繁榮的代表，許多百貨公司，連鎖店，餐廳，高級旅館等等，都在此大道上。兩側廣闊的公共徒步區都設有商家櫥窗，讓行人得以愜意地悠走，入夜後，徒步區上櫥窗的燈光，使大道增色不少。

西端是西柏林傳統的精品區，名牌商店接連，十分高雅。蘋果公司在柏林的旗艦店，就開設在Kurfürstendamm 26號的一棟歷史建築當中，相當氣派。東端則為碩大的Europa Center綜合商場，1樓有柏林的旅遊中心，可在此詢問各種旅遊票券、交通、旅館、商展、藝術活動等相關訊息，並有代售票券及代訂房間。

再往東則接到Tauentienatrasse。這條大道不算長，但有許多精采的商店，包括跨了好幾樓層的大服飾店如Peep & Cloppenburg、樂高(LEGO)專賣店等，繼續走下去還會接到Wittenbergplatz地鐵站和KaDeWe百貨公司(全名Kaufhaus des Westens，意指西方的百貨公司)，KaDeWe是歐洲最大的百貨公司，是到柏林的遊客絕不能錯過的購物天堂，有形形色色的商品，各種品牌之豐富無人能及，可做最完整的比較。

處處展現現代風格的西柏林商業區

S+U，Zoologischer Garten站；U，Kurfürstendamm站；U，Uhlandstrasse站 MAP P.166／D1

西區的百貨公司、購物商場、連鎖商店連綿不絕，此為歐洲中心(Europa Center)

KaDeWe百貨公司商品極其豐富，包括一年四季都呈現的聖誕飾品

柏林的KaDeWe百貨公司是歐洲經典百貨公司之一

知識充電站

庫夫斯丹

簡稱「Ku' damm」，庫丹，意指選帝侯大道。選帝侯是神聖羅馬帝國時代有權利選舉帝國皇帝的侯爵，柏林所在的布蘭登堡便是有權利選舉皇帝的侯國。

旅行小抄

Ampelmann紀念品主題店

到柏林購物，「Ampelmann」小紅人小綠人是絕不能錯過的一項商品。前東德用的小綠人及小紅人是矮矮胖胖的戴帽男，十分可愛，成為全柏林日後裝設新行人紅綠燈的標準版。全市有多家分店，推薦位於哈克市場裡的分店：

Hackesche Höfe, Hof 5; Rosenthaler Str. 40-41 10178 Berlin

S，Hackescher Markt站

MAP P.165／A7

到柏林一定要買小紅人小綠人紀念品，有趣又具有紀念價值

最新潮的城中城

波茨坦廣場商圈 Potsdamer Platz

SONY Center常有各種活動，圖中柏林熊是柏林的象徵

北側的SONY Center宛如一座超現代的城中城，南側的Daimler Quartier則有一座美式的購物中心，3層樓的綜合商場「Arkaden」位在廣場中心，以嫵媚的面貌，招攬了數百家各式商店，只要把這棟逛完，就等於把全德國購物的精華都一網打盡了。

S+U，Potsdamer Platz站 MAP P.167／C7

波茨坦廣場的Arkaden購物商場，商品應有盡有

波茨坦廣場在12月化身為溫馨的聖誕市集

美食情報

身為德國最大、最多元化的都市，柏林被認為是最不像德國的德國大城。這裡可體驗到世界各國的料理，當然也可品嘗到最道地的德國與地區性美食，抱著愉快的心情來嘗試吧！

百貨商場

頂級美食嘉年華

各百貨公司頂樓都有許多選擇，最負盛名的莫過於Wittenbergplatz站外的KaDeWe百貨公司，6樓美食樓(Feinschmeckerparadies)是老饕的最愛，坐在任何一攤的吧檯，讓專業廚師為你服務，再享受也不過了。這樓有看不完的生鮮及罐頭食品，各國美食齊聚一堂，無比壯觀，在歐洲，大概只有倫敦的哈洛德百貨的食品樓能與之媲美。7樓的冬之花園自助餐廳(Wintergarten)，擺飾相當搶眼，食物也都很美味。選擇雖豐富，但卻是有品味的德式自助(亦即不是All-you-can-eat)，需自己挑選餐點，然後按品項計價。

還有多處猶如美式購物中心的商場。最大

購物商場的美食區可品嘗到各國美食

的是波茨坦廣場旁的Arkaden，裡面有各式各樣的餐廳，德式、義式、美式、中式、日式等應有盡有。西邊的史班道(Spandau)火車站外，亦有大型的購物中心，讓你快速選擇各項餐點。

料多味美的德式蛋糕(Kuchen)

KaDeWe百貨公司頂樓的Wintergarten自助式餐廳

火車站美食區

無數餐廳美食任君挑選

碩大的柏林火車總站是名副其實的美食天堂。地上第一層的西側有美食廣場般的餐飲區，各種食品、餐飲是應有盡有。地面層、地下第一層有多家餐廳(包括麥當勞等)，也有Rossmann藥妝店以及Kaiser超市，提供旅客及附近居民日常用品與食品。

麵包店是火車站最方便的輕食供應點

樣式繁多的德式三明治

不只總站，就連柏林S-Bahn東西軸線上的火車站，也都有很多美味的小吃攤。由西到東分別是史班道站(Spandau)、動物園站(Zoologischer Garten)、腓特烈大街站(Friedrichsstrasse)、亞歷山大廣場站(Alexanderplatz)、東站(Ostbahnhof)。

咖哩香腸小吃攤

舉世聞名的柏林特產

關於咖哩香腸的由來有許多説法，較常聽到的是第二次世界大戰後，由Herta Heuwer女士於1949年在西柏林創始。當時是盟軍占領時期，她從駐德英軍得到咖哩粉等英國人熟悉的調味料(當時德國人對咖哩粉應該是陌生的)，配上番茄醬汁與德國香腸，意外地大受歡迎而傳播開來。也有人説咖哩香腸是更早在1947年在漢堡被發明。典型的德國食物並不是能讓全世界人都接受，但咖哩香腸卻是一道足以讓人人都喜愛的德國小吃，在柏林街頭甚至全德國都十分常見。

品質好的香腸並不難找，但調得很好的醬汁就不是隨處可求。咖哩融在番茄醬為基底的醬汁中，可謂奇緣絕配！好的咖哩香腸攤必須香腸與咖哩醬汁並重。有些較不講究的香腸攤會只在番茄醬汁上面灑咖哩粉。紅的香腸搭配咖哩醬汁較對味，分為有腸衣(mit Darm)與沒有腸衣(ohne Darm)，因為香腸是用油煎的，多數人會選擇有煎得脆脆腸衣的香腸。

在柏林街頭常可見到咖哩香腸攤

熱騰騰的香腸切段，食用時用小叉子叉一塊沾上濃厚溫熱的醬汁，十足美味。通常會搭配白麵包，若胃口好，可選擇配炸薯條。薯條當然也可沾番茄醬與咖哩香腸的醬汁，但德國人似乎更愛沾很濃的美乃滋，再加上可樂，就是完美的一餐。雖然熱量高，但能讓人十分滿足，難以忘懷！回國後仍將深深懷念這道美味的德國小吃。

咖哩香腸小吃攤

Ku'Damm 195

遠近馳名且口碑極佳

咖哩香腸，香腸可加辣椒

庫丹195號，位於大道西端，柏林西區最負盛名之一。這家屬於規模較大的香腸攤，除了香腸，還有肉串。但若胃量有限，建議一定要以有腸衣的紅香腸為主。這裡還有另售辣醬，與咖哩香腸醬汁的味道不同，可視個人喜好，不一定要加。

最近的地鐵站：U1，Uhlandstrasse站 附近有公車站牌可搭沿庫丹大道的公車回鬧區 MAP P.166／D1

逛完庫丹大道商圈，續往西走即可達Ku'Damm 195

咖哩香腸小吃攤

Curry 36

東區最熱門大分量

分量十足的咖哩香腸，配上薯條與美乃滋

東區柏林人最喜愛的店之一，分量頗多，在動物園火車站外亦有分店。

最近的地鐵站：總店：U6，Mehringdamm站；分店：S+U，Zoologischer Garten站 MAP P.165／D5(總店)

Curry 36是當地的人氣店家

各國風味餐廳

世界味蕾大熔爐

柏林吸收各地的文化，集合全德國，甚至全世界的美食，全市各地形成許許多多的餐廳區，多以平價餐廳為主，美味又舒適！

■國際級現代風味：庫丹大道(P.198)、腓特烈大街(P.197)、戎達美廣場(P.180)

■德國傳統風味：尼古拉區(P.182)

■蘇活風味：哈克市場(P.183)

■土耳其、中東風味：十字山區

■亞洲風味(東南亞、印度、東北亞)：

歐朗尼亞堡街(Oranienburger Strasse)

S，Oranienburger Strasse站；U，Oranienburger Tor站 MAP P.165／A6

康德街(Kantstrasse)

S，Savignyplatz站 MAP P.166／C1

←柏林隨處可見土耳其、中東風味的餐廳

住宿概況

柏林的旅館數量極多，各等級一應俱全，除非遇到很大的活動，否則應不至於都訂不到房間，東西區機能不盡相同。西區以商業為主，加上商展多在西區，商務出差選西區較方便。若純觀光，則住東區較適合。身為首都，各大旅館集團都在此開設旗艦店，因此豪華旅館極多，又因是新時代的設計之都，時尚、前衛的旅店不僅多又有特色。若訂不到房間或因大活動而房價高，周邊城市如Potsdam、Frankfurt an der Oder、Oranienburg、Cottbus等，搭火車往返柏林約1小時，網址皆為www.城市名.de。

火車站	由於新火車總站位於空曠的新計畫區，周邊建有多家不同價位的旅館，都在3～5分鐘的路程範圍，如平價的Menningen、Motel One；中高價位的InterCityHotel、Steigenberger。東站則稍微遠一點，但價位較低，有InterCityHotel、Ibis等，動物園站旁有Motel One。西端的Spandau火車站價位亦較低。
地鐵站	腓特烈大街站旁有NH Friedrichstrasse、Maritim、Malià；亞歷山大廣場站和動物園站旁庫丹大道周圍，更是聚集多家旅館。
機場	離TXL機場最近的旅館有Mercure與Dorint；SXF機場附近則有InterCityHotel與Holiday Inn。
展場	周邊有數家旅館，最近的當屬Ibis Berlin Messe。
五星級旅館	具代表性的如布蘭登堡門前的Hotel Adlon、Westin位於腓特烈大街商圈、Radisson BLU在電視塔附近、Sheraton位於戎達美廣場附近、Ritz Carlton及Hyatt在波茨坦廣場、Kempinski與SWISSotel在庫丹大道的精華點上，及提爾公園附近的Intercontinental。  腓特烈商圈的高級旅館Westin Grand
時尚型旅館	如Arcotel Vilvet、Art'Otel。新潮前衛，尤其家具與衛浴，是柏林一大特色。 →柏林是新潮時尚旅館的大本營，圖為Arcotel Vilvet 
大型連鎖旅館	至各大集團網站皆可找到柏林分店。此外，在S-Bahn Anhalter Bahnhof站有數家成排的連鎖旅館；KaDeWe百貨公司附近也有一間Crowne Plaza。  →Anhalter Bahnhof站附近有成排的連鎖旅館

近郊觀光漫遊路線

柏林本身精采豐富，周邊1、2小時車程可達的經典城市與景點亦多，因處前東德，傳統上較不易包含在遊德的旅行團行程，也因此，在此體驗一些德國的祕境，將是重大的收穫。

波茨坦的忘憂宮名列聯合國世界文化遺產，是柏林周邊必訪的完美宮殿與庭園

路線 1 巴洛克經典之城——德勒斯登

http www.dresden.de MAP P.13、P.205

路線特色

人稱「易北河上的佛羅倫斯」！與文藝復興經典之城——佛羅倫斯並駕齊驅，不難想像這是一個多麼精采的城市！

德勒斯登(Dresden)，多麼美麗的名字，許多人說她是德國最美麗的城市，至少以精緻建築的質與量來說，她的確穩居王座。德勒斯登的老市區以密集的精雕細琢之歷史建築物聞名於世，是德國首屈一指的巴洛克藝術之城。城裡的建築物都以唯美的造型來建造，輔以繁複的雕像裝飾，目不暇給，令人讚歎！猶如精雕水晶般細緻的德勒斯登，卻不堪戰火摧殘，於1945年遭盟軍轟炸而幾近全毀，經過數十年重建，在兩德統一之後，這顆寶石才得以重新綻放光芒。

德勒斯登處處皆是精緻的巴洛克建築

知識充電站

薩克森

薩克森(德文：Sachsen，英文：Saxony)自古便是極有地域色彩的重要邦國，文化水準高，德國統一後，成為德東地區五邦之一，邦首府德勒斯登西化最快，建有許多亭台樓閣，留給世人無盡的文化遺產，也是最重要的旅遊景點。

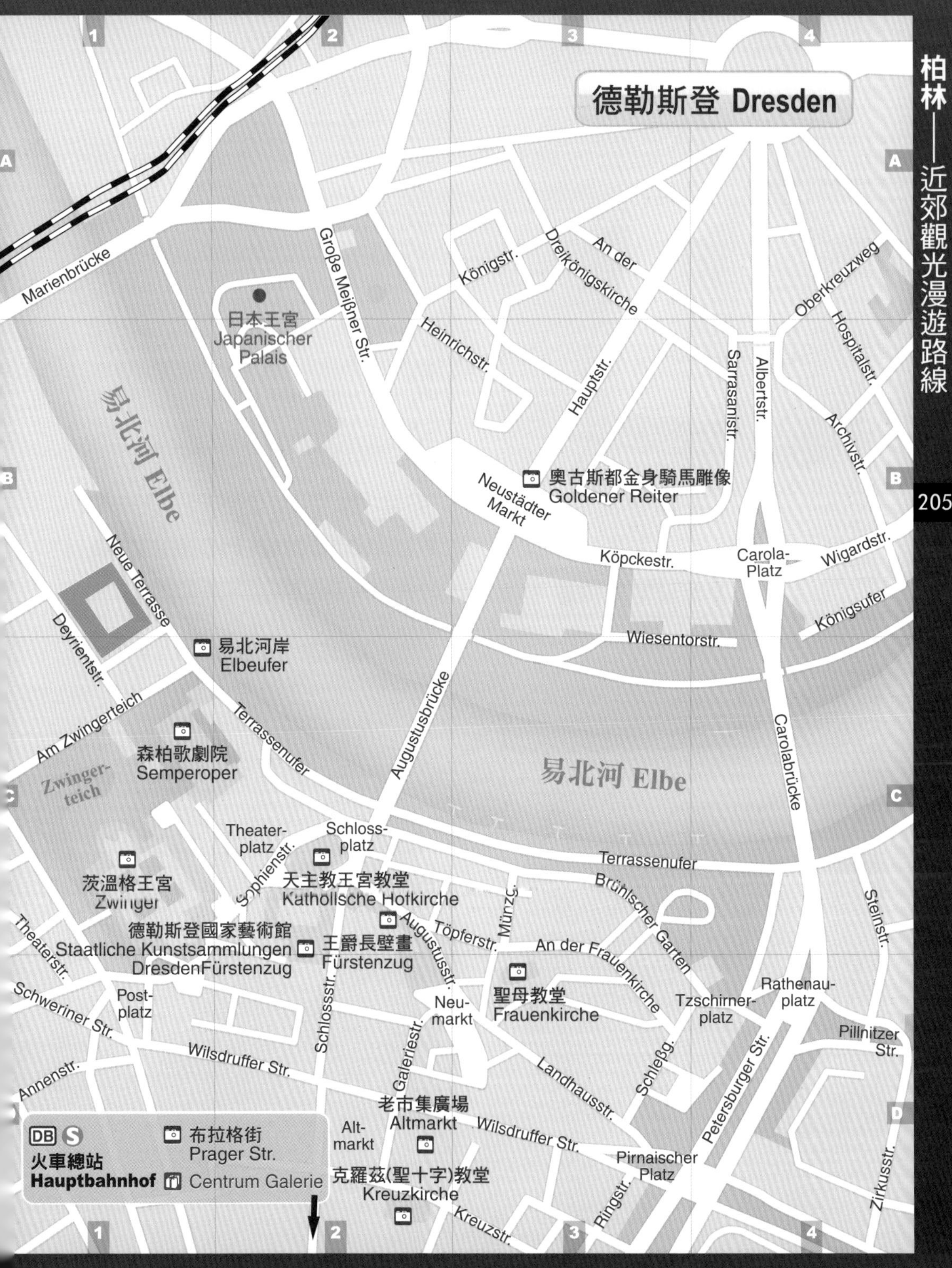
德勒斯登 Dresden
Marienbrücke
日本王宮
Japanischer
Palais
易北河 Elbe
Große Meißner Str.
Königstr.
Dreikönigskirche
An der
Heinrichstr.
Hauptstr.
Sarrasanistr.
Albertstr.
Oberkreuzweg
Hospitalstr.
Archivstr.
奧古斯都金身騎馬雕像
Goldener Reiter
Neustädter
Markt
Köpckestr.
Carola-
Platz
Wigardstr.
Königsufer
Wiesentorstr.
Neue Terrasse
Deyrientstr.
易北河岸
Elbeufer
Am Zwingerteich
森柏歌劇院
Semperoper
Zwinger-
teich
Terrassenufer
Augustusbrücke
易北河 Elbe
Carolabrücke
Theater-
platz
Schloss-
platz
Sophienstr.
天主教王宮教堂
Katholische Hofkirche
茨溫格王宮
Zwinger
德勒斯登國家藝術館
Staatliche Kunstsammlungen
Dresden
Fürstenzug
王爵長壁畫
Fürstenzug
Augustusstr.
Töpferstr.
Münzg.
Terrassenufer
Brühlscher Garten
An der Frauenkirche
Steinstr.
Theaterstr.
Schweriner Str.
Post-
platz
Schlossstr.
Neu-
markt
聖母教堂
Frauenkirche
Tzschirner-
platz
Rathenau-
platz
Pillnitzer
Str.
Wilsdruffer Str.
Galeriestr.
Landhausstr.
Schießg.
Petersburger Str.
Annenstr.
老市集廣場
Altmarkt
Alt-
markt
Wilsdruffer Str.
Pirnaischer
Platz
Zirkusstr.
DB S
火車總站
Hauptbahnhof
布拉格街
Prager Str.
Centrum Galerie
克羅茲(聖十字)教堂
Kreuzkirche
Kreuzstr.
Ringstr.

德勒斯登的茨溫格王宮庭園

旅行小抄

德勒斯登聖誕節美食特產

口感介於麵包與餅乾之間，麵團裡夾雜乾果(如碎橘皮、櫻桃肉、葡萄乾等)、各式堅果、糖霜等，其上灑有糖粉，約30公分長，15公分寬。在德國是聖誕節時家中的應景食品，通稱為Stollen，而德勒斯登這個老字號的Dresdner Christstollen配料恰到好處，各地百貨公司在11月開始，可買到各種品牌的Stollen。

交通方式

搭乘IC、EC快車直達德勒斯登，車程為2小時；搭RE需轉車多次，車程總共約3.5小時。

推薦景點

本市景點十分集中，步行即可。由火車總站往前走，即為現代商店、百貨公司、購物中心與各級旅館林立的布拉格街(Prager Strasse)，再向前走約300公尺，即可到達古城區。

Tips

城市卡(Dresden Card)可享有交通與博物館門票等優待，可詢問布拉格街上的旅遊中心，位於火車站前200公尺處。

天主教王宮教堂 Katholische Hofkirche

建於18世紀，位於新市集廣場北邊，是薩克森地區最大的教堂。高聳的尖塔上，仔細看有許多精緻無比的聖者雕像，主宰了德勒斯登的天際線。附近還有Residenzschloss王宮。

✉Schloßstraße 24, 01067 Dresden MAP P.205／C2

天主教王宮教堂主宰天際線

聖母教堂Frauenkirche

曾是德勒斯登最偉大的建築，也是全德最重要的巴洛克式教堂之一，在第二次世界大戰全毀，重建困難。兩德統一後持續募款，終於在2005年冬天重建完成，現已成為德勒斯登的新地標。教堂裡裡外外都是藝術精品，且有天苎壁畫。外層呈現新穎的米白色，較深色的建材則是昔日教堂的殘骸。除彌撒時間外，白天開放參觀，並可購票登上塔頂欣賞德勒斯登的美景。

✉Neumarkt, 01067 Dresden MAP P.205／D3

→聖母教堂是德勒斯登最熱門的新景點，教堂前有馬丁路德之雕像

茨溫格王宮Zwinger

奧古斯都王本來只想建造一座橘園(Orangerie)，但他的建築師Peoppelmann卻將它建成一座獨特的宮殿——茨溫格王宮。這個名字有「介於兩者之間」之意，因為位處於新舊城牆之間。宮殿的前方與後方分別是半圓形的鐘樓(Glockenspiel Pavillon)與城樓(Wall Pavillon)，也是王宮的門面。繁複的巴洛克式雕飾，充滿藝術氣息，拱廊與窗櫺亦是一大特色，而其花園造景與庭台樓閣也都值得細細品味，亦可入內參觀。

拉斐爾的小天使畫像是王宮藝廊的鎮館之寶

最重要的是藝廊，稱為Gemäldegalerie Alte Meister，意指歷代大師畫廊，因為是建築大師森柏(Gottfried Semper)設計的，又稱為森柏畫廊。分成好幾個廳，大多是奧古斯都王收藏的，畫作十分豐富，包括16～18世紀義、法、德、西、荷等各國名家的畫作。鎮館之寶是文藝復興大師拉斐爾的《西斯汀聖母》，這幅畫最吸引人的不是聖母與聖嬰，而是兩位小天使向上凝視的神情，令人回味無窮。

後廂房有一間數理館(Mathematisch-Physikalischer Salon)，裡面有很多早期的科學儀器與發明。前廂房則有一間瓷器收藏室(Porzellansammlung)，展出附近的陶瓷之鎮麥森(Meissen)的瓷器以及奧古斯都王收藏自中國及日本的珍品。

✉Sophienstraße, 01067 Dresden MAP P.205／C1

茨溫格王宮的鐘樓

以邁森瓷器砌成的經典長壁畫

王爵長壁畫Fürstenzug

這條長102公尺的壁畫，將薩克森歷代的王侯們的馬上凱旋英姿，用附近的陶瓷之都——邁森出產的瓷磚拼成，藝術價值非凡，也等於是薩克森歷史的縮影。

Augustusstraße 1, 01067 Dresden MAP P.205／C2

易北河岸Elbufer

德勒斯登最美的景致是走過奧古斯都橋到對岸(北岸)看古城。一座座巨大、精緻的經典建築，形成世界上獨一無二、最有純古典風味的天際線。晚上當建築物都有外燈投射時，真是美得令人無法置信，絕對要親臨體會。其中有座日式王宮(Japanisches Palais)，收藏了奧古斯都王的邁森餐桌瓷器。另外在奧古斯都橋的北端，有奧古斯都王金身騎馬雕像，是遊客必拍的景點。

對岸的奧古斯都王金身騎馬雕像

MAP P.205／C1

景物精緻如畫的易北河岸

德勒斯登其他景點還有……

克羅茲(聖十字)教堂(Kreuzkirche))

建於13世紀，是本市最古老的教堂。18世紀時改建成巴洛克式·二次世界大戰後被毀。

An der Kreuzkirche 6, 01067 Dresden
MAP P.205／D2

老市集廣場(Altmarkt)

最早的市中心，又稱為「德勒斯登麻花市集」(Dresdner Striezelmarkt)，最熱鬧的時候是每年聖誕節前夕的傳統市集。

Altmarkt, 01067 Dresden
MAP P.205／D2

森柏歌劇院(Semperoper)

這座義大利文藝復興式的建築，顧名思義乃由大師森柏(Gottfried Semper)所設計，歷代音樂名劇首演，如華格納、韋柏、理查史特勞斯等，使德勒斯登在世界樂壇擁有舉足輕重的地位。

Theaterplatz 2，01067 Dresden
http www.semperoper.de MAP P.205／C1

德勒斯登國家藝術館(Staatliche Kunstsammlungen Dresden)

Theaterplatz 1，01076 Dresden
http www.schloesser-dresden.de MAP P.205／C2

夜幕低垂，森柏歌劇院的歌劇又將上演

路線 2 尋訪普魯士王族的幽境─波茨坦

http www.potsdam.de MAP P.13、P.210

路線特色

這裡有全德首屈一指的巴洛克聖殿，由普魯士最偉大的國王腓特烈大帝一手創建的樂園——忘憂宮。

波茨坦(Potsdam)位於柏林西方僅數公里之距，為布蘭登堡邦的首府，由於綠意盎然，自古便是柏林的王公貴人最愛的狩獵與度假之地。這裡最有歷史意義的大事莫過於1945年美英蘇在此簽訂的「波茨坦宣言」，確立了戰後德國的架構與世界局勢，也因而使德意志分為東西兩大部分。

塞琪琳霍夫宮(Cecilienhof)是1945年波茨坦會議的地點

忘憂宮公園堪稱德國最美的王宮花園

然而，對大多數人來說，來波茨坦就是忘憂宮(或譯無憂宮)一遊，這天堂般的樂園由腓特烈大帝所創建，於1990年被列為世界文化遺產。德國統一後，後代更將大帝的遺體從霍亨索倫城堡(Burg Hohenzollern)搬回忘憂宮永久存放，算是一圓腓特烈大帝的心願了！

交通方式

波茨坦屬柏林大眾運輸的C區(最外圍)。

搭火車

搭區間火車(RE、RB)到Potsdam Hbf站下車，車程約20分鐘，離市區較近，若至Charlottenhof站，則離忘憂宮較近；至Sans Souci Park站下，離新王宮較近。

搭S-Bahn

搭S1至Potsdam Hbf站，需40分鐘，近市區。

知識充電站

普魯士國王——腓特烈大帝

腓特烈二世(德文：Friedrich II von Preußen, der Große、英文：Frederick II of Prussia, the Great，1712年1月24日～1786年8月17日），亦稱腓特烈大帝。其父史稱「士兵國王」，以嚴格的軍事式教育教導下一代，但腓特烈大帝受其母親影響，喜好文學藝術和法國文化，同時是軍事家、政治家，也是作家、作曲家。在位時期(1740～1786)使普魯士軍力大為發展，領土擴張，並大力支持文化藝術，使普魯士在歐洲大陸取得大國地位，並在德意志內部取得霸權，是歐洲「開明專制」君主的代表人物。

推薦景點

新宮Neues Palais

位於公園西方，碩大華麗的宮殿充分展現普魯士的霸氣，與精緻簡樸風格的忘憂宮迥異。宮內的廳堂與房間亦極有看頭。

MAP P.210／B1

公園西端雄偉的新宮

波茨坦市區

市區十分精巧整潔，一下子便可逛完。

↗波茨坦可見到當年社會主義式的公寓大樓，卻又多姿

橘園Oranerie

位於公園北方，是義大利文藝復興式的造型，搭配周遭的景物，散發濃濃的地中海風情。

MAP P.210／A3

→雅致宜人的橘園建築

波茨坦 Potsdam

1 2 3 4
A B C

橘園
Orangerie
An der Orangerie
庭園餐廳
Maulbeeralle
Schopenhauer Str.
忘憂宮公園
忘憂宮
Schloss Sans Souci
狩獵大道(Hauptallee)
新宮
Neues Palais
Ökonomieweg
中國茶屋
Chinesisches Teehaus
夏洛藤公園
Am Neuen Palais
羅馬浴場
Römische Bäder
Lennéstr.
Lennéstr.
Feuerbachstr.
Breite Str.
夏洛藤宮
Charlottenhof
DB S
火車總站
Hauptbahnhof
Geschwister Scholl Str.
DB
Park Sanssouci
DB
Charlottenhof

忘憂宮
Schloss Sans Souci

這座普魯士的凡爾賽宮，是全德造型最美、景觀最優的王宮，腓特烈大帝熱愛藝術，並迷戀法國文化，在他任內，波茨坦由一個軍人城變成不朽的文化城，其中最重要的巨作，便是忘憂宮及其公園。其名Sans Souci是法文無憂無慮之意。來到這裡，環視周圍的美景，所有的煩憂自然一掃而空。

樓本身不高，但以典雅的階梯，搭配葡萄藤及綠樹，加上無數的經典雕塑，呈現出完美的和諧。仔細看看，這些雕像都是喝得酩酊的酒神，大夥兒早就把煩憂都忘光光了！可入內參觀，宮內隨處可見洛可可式的裝飾藝術。除房間外，藝廊、圖書館、音樂廳等一應俱全，但為維持品質，每次進場的人數有嚴格限制，可能需排隊。

公園綠林中有許多景點，如典雅的夏洛騰宮(Charlottenhof)，是建築大師申克爾的作品，裡面有地理學泰斗洪堡(Alexander Humboldt)的房間；羅馬浴場(Römische Bäder)及中國茶屋(Chinesisches Teehaus)，反映了18世紀的東方熱，當時歐洲許多宮殿，常會摻注中國風味之設計。

忘憂宮內處處是洛可可裝飾藝術

雕塑、庭園、一草一木，都是藝術與巧思

http www.spsg.de/schloesser-gaerten/objekt/schloss-sanssouci MAP P..210／A3

任何時節的忘憂宮都展現絕美的景色

德國東部城鎮順遊

柏林往東南

環繞柏林的布蘭登堡邦沒有大城市，盡是林園之美。史普瑞河的上游有一大片森林區，就叫作史普瑞森林(Spreewald)。這裡綠意盎然，最特別的是有無數的小渠道縱橫交錯，而最美好的活動便是划船或乘坐撐篙長筏，享受這獨特的美景與氣氛。

這裡通行一種罕見的方言——索布語(Sorbisch)，屬於斯拉夫語系，最大的城鎮是Cottbus，索布語稱Chó ebuz，鐵公路都有雙語路標。特產史普瑞森林醃黃瓜(Spreewaldgurken)是前東德最值得驕傲的產品之一，一定要買來嚐嚐。

➡搭區間火車(RE、RB)至Lübbenau站，車程約1小時20分

史普瑞森林宛如世外桃源，旅遊設施亦十分完善

柏林往西

西邊是薩克森安哈特邦(Sachsen-Anhalt)，首府馬德堡(Magdeburg)距柏林僅1小時40分車程，是該邦政治與文化中心，有易北河與中央運河流過。著名的馬德堡半球是1654年由物理學家、當時的馬德堡市長馮・格里克於雷根斯堡進行的一項展示大氣壓力的物理學實驗。用於實驗的兩個半球保存於慕尼黑的德意志博物館(P.260)。

在此可乘小舟，划船擺盪在史普瑞森林之中

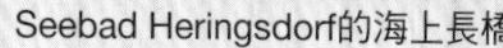
Seebad Heringsdorf的海上長橋

北德白沙海灘風情與特有的雙人躺椅

柏林往北

北部最負盛名的度假勝地是烏塞頓島(Usedom，與波蘭共享)，這裡的海灘(Ostseeküste，東海海灘之意)具有獨特的德國風，配上可防風的德式雙人海灘躺椅(Strandkorb，沙灘籃子之意)，十分愜意。島上著名的海上長橋(Seebrücke)長達508公尺，為全德最長。

可搭乘Usedomer bäderbahn(UBB)火車前往海邊，週末票、邦票、Railpass皆能用

Seebad Ahlbeck深入海中的長橋

柏林往東北

往東可至奧德河畔的法蘭克福(Frankfurt an der Oder)，車程約1小時10分。再遠可至波蘭的斯塞新(Szcecin，或譯什切青)，車程約2小時，第二次世界大戰前屬德國，德文名為斯德丁(Stettin)，充滿波蘭與德國混和的風味，十分有意思。

柏林周邊延伸景點

漢堡(Hamburg)(P.138)：除了是大商港，也是個精緻的文化城，更是個絕美亮麗的水上城市，搭ICE高鐵，約2小時車程。

萊比錫(Leipzig)(P.214)：德東的大城，風味十足，搭ICE高鐵，車程約1.5小時。

CAFÉ

萊比錫

德東薩克森邦的明珠，音樂文化是其引以為傲的資源。其商展地位遠自12世紀就已開始，在德東許多地區經濟仍未繁榮之際，她已憑藉經濟實力，向世人展現其企圖心。

LEIPZIG

城市小檔案

德文	Leipzig
英文	Leipzig
城市人口	60萬
所屬邦區	薩克森邦
重要機場	萊比錫－哈勒國際機場(代號LEJ)
重要火車站	萊比錫火車總站 Leipzig Hauptbahnhof(Hbf)
旅遊中心	火車總站
城市官網	www.leipzig.de

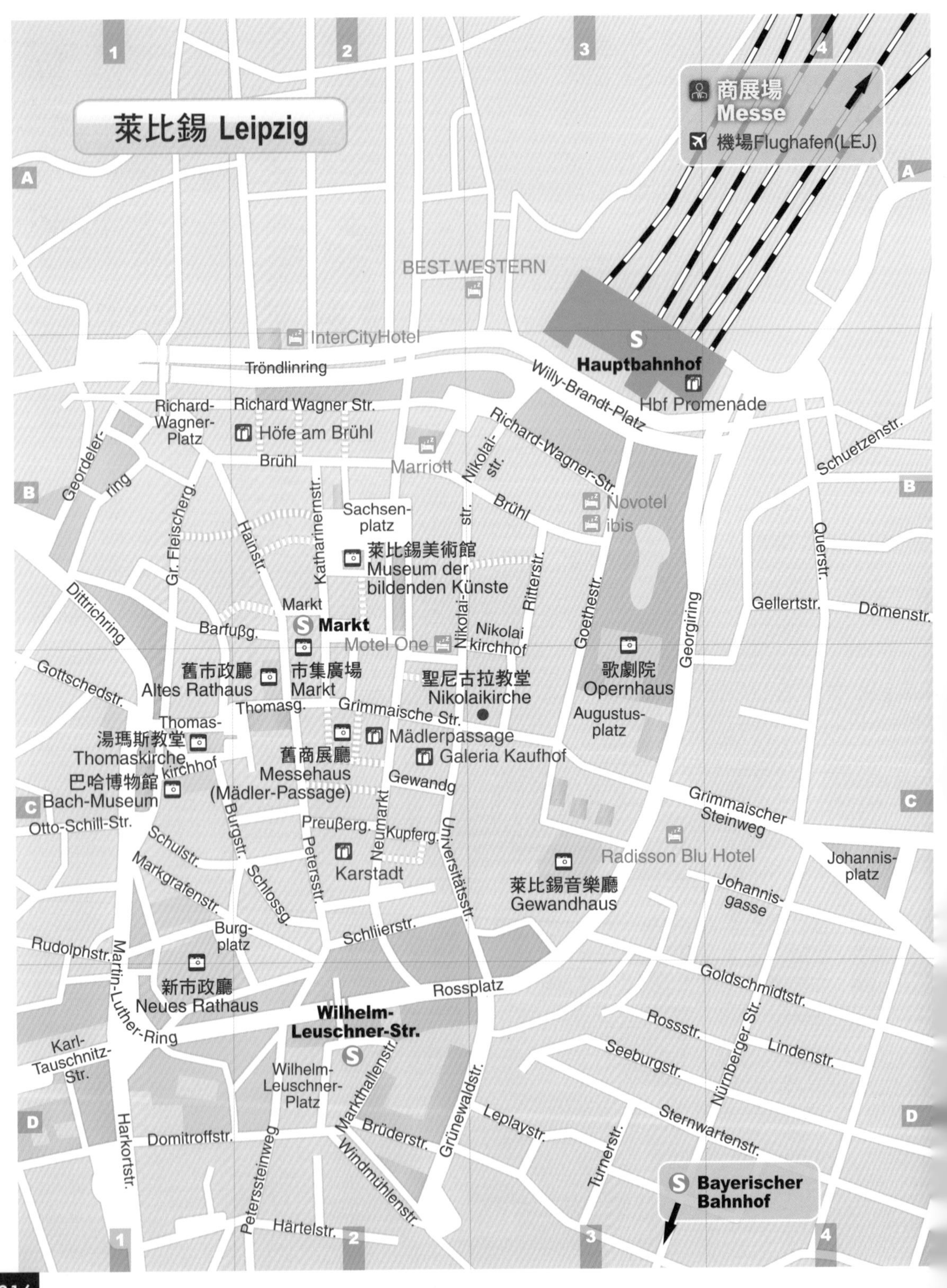

萊比錫 Leipzig
商展場
Messe
機場Flughafen(LEJ)
BEST WESTERN
InterCityHotel
Tröndlinring
Hauptbahnhof
Hbf Promenade
Willy-Brandt-Platz
Richard-Wagner-Platz
Richard Wagner Str.
Höfe am Brühl
Brühl
Marriott
Nikolai-str.
Richard-Wagner-Str.
Novotel
ibis
Schuetzenstr.
Georgeler-ring
Gr. Fleischerg.
Hainstr.
Katharinenstr.
Sachsen-platz
萊比錫美術館
Museum der bildenden Künste
Ritterstr.
Goethestr.
Georgiring
Querstr.
Gellertstr.
Dömenstr.
Dittrichring
Markt
Markt
Barfußg.
Motel One
Nikolai-str.
Nikolai kirchhof
歌劇院
Opernhaus
Gottschedstr.
舊市政廳
Altes Rathaus
市集廣場
Markt
聖尼古拉教堂
Nikolaikirche
Thomasg.
Grimmaische Str.
Augustus-platz
Thomas-
湯瑪斯教堂
Thomaskirche
kirchhof
Mädlerpassage
舊商展廳
Messehaus
(Mädler-Passage)
Galeria Kaufhof
巴哈博物館
Bach-Museum
Gewandg
Otto-Schill-Str.
Burgstr.
Preußerg.
Neumarkt
Kupferg.
Universitätsstr.
Grimmaischer Steinweg
Radisson Blu Hotel
Johannis-platz
Schulstr.
Markgrafenstr.
Schlossg.
Petersstr.
Karstadt
萊比錫音樂廳
Gewandhaus
Johannis-gasse
Burg-platz
Schlierstr.
Rudolphstr.
Martin-Luther-Ring
新市政廳
Neues Rathaus
Rossplatz
Goldschmidtstr.
Wilhelm-Leuschner-Str.
Rossstr.
Nürnberger Str.
Lindenstr.
Karl-Tauschnitz-Str.
Seeburgstr.
Wilhelm-Leuschner-Platz
Markthallenstr.
Grünewaldstr.
Leplaystr.
Sternwartenstr.
Harkortstr.
Domitroffstr.
Brüderstr.
Turnerstr.
Peterssteinweg
Windmühlenstr.
Bayerischer Bahnhof
Härtelstr.

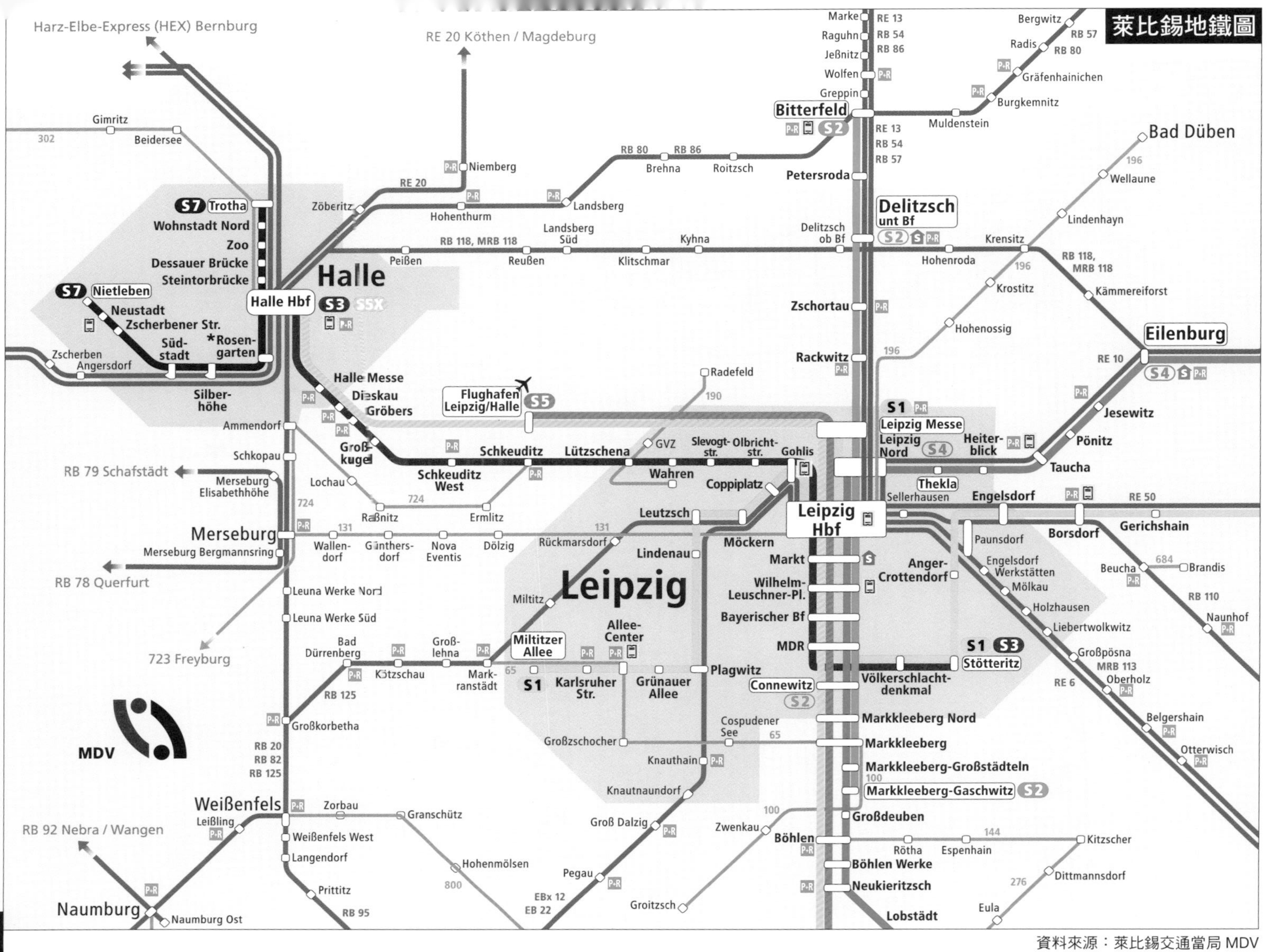

資料來源：萊比錫交通當局 MDV

城市巡禮

寫下輝煌歷史的民主之城

德東工商中心

遠從12世紀起，由於萊比錫位於多條貿易路線的交會點，每年固定有多項商展市集在此舉行，從1896年春秋兩季的國際貿易大展開始，就此奠定了萊比錫成為德國商展大城的地位，雙M的Logo成了萊比錫商展的象徵，萊比錫市區處處建有展覽場館。

這樣的榮景，在二次世界大戰之後的東德時代卻已不復見。雖是東德最大的商展城，但僅供作社會主義的櫥窗，德國的工商展覽中心移往法蘭克福、漢諾威等地。近年來，兩德統一後，萊比錫展現旺盛的企圖心，如郊區超大型現代化的展覽場，交通建設亦突飛猛進。此外，中德國廣播電視公司(MDR)的總部也設在萊比錫，重新站穩德國東部工商業重鎮的地位。

馳名的年度盛事：萊比錫書展

1.歌德在萊比錫市中心的雕像／2.萊比錫市區仍可見到昔日社會主義年代的遺物／3.紀念當年在東德爆發的民主運動／4.寬闊的廣場有著濃濃的文藝氣息／5.雙M是萊比錫商展場的Logo

書香之城，民主聖地

萊比錫另一特色是興盛且歷史悠久的書籍出版業，萊比錫書展與法蘭克福書展齊名，數十家出版社將本市塑造成書香文藝城，與本市聞名於世的音樂與學術成就相得益彰。另外值得一提的是，萊比錫是德國的民主聖地。這個東德大城，在1953年6月17日曾對共黨及蘇聯當局抗爭，更於1989年10月，數萬人民用堅決而平和的方式，要求東德政府改革開放。萊比錫市民運用人民的力量加上時勢的助力，終於造成了柏林圍牆的倒塌，萊比錫雖不大，但她產生的影響力，卻是十足驚人。

國際體壇傲人佳績

除了工商、文化、政治方面，萊比錫亦欲在國際體壇競爭中再下一城，前東德驚人的強大體育成就，曾在數屆奧運中超越美國，其中很多選手，都是在萊比錫培育出來的。昔日東德體壇曾有禁藥、不人道訓練等弊端，今日的萊比錫重新以健康陽光的態度嶄露頭角，不僅已在2006年世足賽扮演要角，更在德國許多城市競爭中脫穎而出，曾代表角逐2012年夏季奧運會，雖最終難與其他世界級的申辦首都城市相比，如倫敦、巴黎等，但雖敗猶榮。來到萊比錫，除了逛逛市區景點外，應該就是要來感受那股希望與夢想吧！

交通資訊

機場聯外交通

機場位在城市西北方，因與附近的城市哈勒(Halle)共用，所以稱為「萊比錫——哈勒機場(Leipzig/Halle International Airport)」，以國內線居多，亦有許多歐洲航線。

——搭火車——

機場有火車站與市區相連，站名為Leipzig/Halle Flughafen。

1.搭S-Bahn前往市區

●搭S5或S5X到萊比錫火車總站，車程約15分鐘，每半小時一班車。

●搭S5X到哈勒火車總站，車程約15分鐘，每小時一班車。

2.搭S-Bahn前往商展場

嶄新的商展場地位於城市北方，就在機場與火車總站之中心位置，從機場搭S5、S5X，或是從市區火車總站及市集廣場站(Markt)搭S1，車程皆只需約10分鐘，亦有高速公路出口，道路交通十分便利。這座超現代的商展場為德東最重要的商展場，以玻璃為基調，本身就是個美麗的景點。

http www.messe-leipzig.de

萊比錫市區嶄新的地下化S-Bahn車站

城市交通

——火車——

萊比錫自古即是德國東部的交通大樞紐，鐵路交通尤其發達。近年來主線都己經有ICE高鐵，北至柏林，南達紐倫堡、慕尼黑，東至德勒斯登，西至法蘭克福，比以前省時許多。

萊比錫的S-Bahn貫穿市中心徒步區，以環城道路連接商展場、機場，以及鄰城哈勒與周邊市郊城鎮，有時還可看到舊時代的電車，風味十足。在萊比錫火車總站搭乘S-Bahn請至地下層，月台號為第1軌與第2軌。

新通車的地下化S-Bahn在火車總站的第1與第2月台搭乘

萊比錫火車總站十分巨大，ICE高鐵四通八達

——通勤列車(S-Bahn)——

萊比錫市中心有大片的徒步區，從火車總站往前步行即可，其實不太需要搭車。若要搭輕軌電車(Trambahn或Strassenbahn)，則須買市內交通車票，詳情可至市內交通網站查詢。

http www.mdv.de、www.lvb.de

票價說明

萊比錫的市區、商展場和機場間的距離都不遠，搭乘S-Bahn在區內基本票價範圍內。若當天在市區需搭3趟以上，建議購買單人一日票。

票價參考

車票種類	市區、商展場之間
單人單趟 EinzelTicket	€2.70
單人一日票 EinzelTageskarte	€7.60

※ 以上資料時有異動，以實際公告為準。
※ 一日票可視人數買 1～5 人，5 人票為 €22.80。

新的地下化S-Bahn之Markt站位於市政廳及市集廣場地下

——計程車、租車——

火車總站及機場都有相關服務，只需沿指標即可找到正確地點。另也有計程車電話叫車服務。

+49(0)341-4884

Tips

交通詳情：機場(P.301)、火車(P.306)，萊比錫沒有地鐵(U-Bahn)，關於通勤列車(S-Bahn)詳見P.310。

知識充電站

萊比錫火車總站

萊比錫火車總站(Leipzig Hauptbahnhof，Hbf)是全德乃至全歐最大的平頭式火車站，共有28個月台，大廳也很巨大，當年會建得如此之大，是因兩家鐵路公司各據一方，而最棒的是，90年代後期，車站大廳已改建為超級大商場「Promenade」(P.224)。

於2013年12月完工通車的「City-Tunnel地下鐵道」是萊比錫交通界的一大盛事，以南北向貫穿整個市中心，全長5.3公里。這條鐵道將火車總站(位在城北)、市中心的景點、購物區的Markt站以及城南的Wilhelm-Leuschner-Platz站，一直到巴伐利亞站(Bayerischer Bahnhof)全部串連起來，有多條S-Bahn行駛其間，成為萊比錫的南北交通大動脈。萊比錫火車總站從此不再是傳統的平頭式火車站，許多路線的時間縮短，便利性提高，正式邁入地鐵的時代，意義非凡！

萊比錫火車總站為經典建築，站外有多條輕軌電車路線

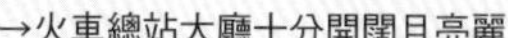
→火車總站大廳十分開闊且亮麗

必訪熱門景點

萊比錫到處是華麗的雄偉建築，令人驚豔，且景點甚為集中，大部分都只要步行即可到達。這裡自古即為德國東部的文化重鎮，美術館 (Museum der bildenden Künste)、印刷博物館 (Museum für Druckkunst) 及攝影博物館 (Kamera- und Fotomuseum) 都很值得參觀，若能聽一場音樂會就更完美了！

熱鬧的節慶市集廣場

舊市政廳、市集廣場

Jungfernstieg & Binnen-Alster

文藝復興式華美的正立面，舊市政廳今為萊比錫城市史博物館。大廣場周圍的每一棟房舍都是建築經典，具有萊比錫的獨特風味。這裡的聖誕市集全德聞名，11月底至聖誕節前別錯過感受節日氣氛的難得機會。新市政廳則位於市區南方。

↑舊市政廳是萊比錫的地標

Markt 1, 04109 Leipzig S，Markt站 www.stadtgeschichtliches-museum-leipzig.de P.216／C2

旅行小抄

拜訪古典音樂之父——巴哈

市集廣場西南方的湯瑪斯教堂(Thomaskirche)是巴哈人生最後27年所待的地方，巴哈(Johann Sebastian Bach，1685～1750) 出生於德國圖林根邦的艾森納赫(Eisenach)，是巴洛克時期的作曲家，對面還有間巴哈博物館(Bach-Museum im Bach-Archiv Leipzig)。

市集廣場是萊比錫市民傳統的生活中心

全城正中心商場

舊商展廳

Messehaus

位於市集廣場南方，居全城中心位置，是具有歷史意義的商展場，今已改建為大型室內商場Mädler-Passage。

Grimmaische Str. 2-4, 04109 Leipzig　S，Markt站　www.maedlerpassage.de　MAP P.216／C2

→文藝氣息濃厚的內部裝潢

舉世聞名的音樂殿堂

歌劇院

Opernhaus

萊比錫在音樂史上的地位，亦是舉足輕重，包括巴哈、孟德爾頌及李斯特等，都在萊比錫有過輝煌的成就。基於光榮的傳統，成立於三百多年前的萊比錫歌劇院也就成了重要的音樂殿堂，劇目及票務可上網查詢，這裡的芭蕾舞也是舉世聞名。另外，歌劇院所在的奧古斯都廣場(Augustusplatz)曾經是萊比錫最富麗堂皇的大廣場，第二次世界大戰時遭到破壞，重建後成為今日較為簡單現代的風格。而新的音樂殿堂——萊比錫音樂廳(Gewandhaus)也位在歌劇院旁。

雄偉壯觀的萊比錫歌劇院及廣場

Augustusplatz 12, 04109 Leipzig　S，Markt站　www.oper-leipzig.de　MAP P.216／C3

本地文化指標

萊比錫美術館

Museum der bildenden Künste

成立於1848年，是此地區的藝術展覽中心，但是二戰後期被炸毀，在2004年才又重新落成。

Katharinenstraße 10, 04109 Leipzig　S，Hauptbahnhof站　www.mdbk.de　MAP P.216／B2

市區美術館外亦有藝術展示

購物指南

萊比錫市中心本來就是華麗的商場與各式商店林立。加上火車總站商場以及新的購物商場 Brühl，購物環境益加精采豐富！

揉合現代與古典的高雅裝潢

Hauptbahnhof Promenade商場

由車站大廳改建而成的現代化超級大商場，上下共3層，以玻璃為基調，中庭設計與美式的購物中心頗為相似。如果想逛街購物卻又沒時間到市區慢慢找，就在車站商場逛逛吧！這裡有各式連鎖店與超市、藥妝店等，可有效率地購物，商場內亦有各式高級餐廳，保證能又快又好地吃一頓。

S，Hauptbahnhof站 MAP P.216／B3

萊比錫火車總站商場的復活節活動

火車總站商場在聖誕時節的裝飾充滿節慶氣氛

在市中心漫步，既是逛街購物，也可欣賞建築

整個市中心處處是步行街與大型商場

到每條通道裡尋寶

精品徒步區

萊比錫市區的購物環境是全德國最典雅的，從火車站出來往前走，會先經過旅遊中心，然後便進入街道縱橫交錯的徒步區，這裡的房屋都有巴洛克式的雕飾，十分別致，許多風格獨具的大樓作為商展廣場或百貨商場，氣勢恢宏，大多是戰前的建築，東德時代並沒有做什麼改變，因此保有原本的風味，是德西現代化大城中看不到的。更特別的是，市區的大樓處處有市內通道作為高級商場，要逛高級或個性化的商店，就請進市內通道吧！

S，Hauptbahnhof站 MAP 靠近地鐵站P.216／B3

精品徒步區

Mädlerpassage

頂級奢華的貴婦商場

市區內最美麗的，莫過於城中心原是舊商展廳(P.223)的Mädlerpassage，高雅精緻，猶如義大利米蘭的維多里歐艾曼紐二世商場，親自走一趟，保證會有意想不到的收穫，也將對萊比錫這個文化商業城刮目相看。

Grimmaische Str. 2-4, 04109 Leipzig MAP P.216／C2

優雅的商場通道裡應有盡有，滿足名媛紳士的下午時光

精品徒步區

Höfe am Brühl

優質的現代化商場

更現代的全新商場Höfe am Brühl在火車總站前盛大開幕，使萊比錫的購物氛圍向全球化邁進。

Brühl 1, 04109 Leipzig MAP P.216／B2

全新的Brühl商場，未來感十足

美食情報

萊比錫的火車總站商場以及新的購物商場(Brühl)，皆提供多元選擇；老市區則有較多德式風味的傳統餐廳。

火車總站特色美食區

特大規模美食天堂

美輪美奐的萊比錫火車總站既是交通中心，亦是美食天堂。這裡的小吃攤、簡餐店應有盡有，值得多花一些時間挑選。即便只是經過萊比錫，在火車總站轉車，也應該來逛逛這個精采無比的巨大車站。此外，市中心的百貨公司頂樓亦有自助式美食餐廳，也是差旅時用餐的好去處。

最近的地鐵站：S，Hauptbahnhof站 MAP靠近地鐵站P.216／B3

萊比錫火車總站是旅人的美食殿堂

老城區市中心徒步區

到德式餐廳體驗當地風味

此處風味餐廳很多，散布在各處，而不是集中在某條街。如果想品嘗當地風味，就挑選一家德式餐廳吧！

最近的地鐵站：S，Markt站 MAP靠近地鐵站P.216／B2

市區餐廳提供優雅舒適的用餐環境

住宿概況

自1990年德國統一後，萊比錫便成為建設德東的重點城市。工商、觀光、文化產業蓬勃發展，旅館也越來越多，但遇大活動時仍是供不應求，若未成功訂到旅館，可試試周邊城市，如Halle(Saale)、Dessau、Lutherstadt Wittenberg、Jena、Weimar、Erfurt、Chemnitz、Dresden等，網址皆為www.城市名.de。其中，德勒斯登(Dresden)為觀光大城，週末時間較易客滿、平日反而較空，與萊比錫恰成互補，值得一試。

火車總站	總站周圍及環城輕軌電車道外圍有許多選擇，離車站及市中心都算近，如InterCityHotel Leipzig。
機場	大多不是在機場火車站附近，如果希望住在較方便的地點，仍應選擇市區的旅館。
展場	附近的連鎖旅館有Days Inn、NH、Novum等。
大型連鎖旅館	這裡是國際連鎖旅館的兵家必爭之地，選擇極多，如Hotel Novotel Leipzig City、Hotel ibis Leipzig City、Best Western Leipzig City Center、Leipzig Marriott Hotel、Radisson Blu Hotel Leipzig、Hotel Motel One Leipzig-Nikolaikirche，可至訂房網站搜尋比價。

近郊觀光漫遊路線

艾而福擁有許多古蹟且城市氛圍充滿活力

大部分的人到德國旅行，都會以原西德地區為主，德東地區則只到柏林，因而錯失領略德東文化與風情的機會。其實德東，尤其是薩克森邦與圖林根邦，在德國歷史上的重要性與卓越的文化成就，並不亞於其他地區，尤其是音樂、宗教、以及建築方面，更是璀璨輝煌。

路線 1 艾而福、威瑪的千年古城文化

http www.erfurt.de、www.weimar.de MAP P.13

路線特色

圖林根邦 (Thüringen) 位於萊比錫西側，除了許多歷史悠久的千年古城，更有優美的「哈次山 (Harz)」森林依傍在旁，是德國東部的珍貴的文化瑰寶。

邦首府艾而福(Erfurt)是有一千多年歷史的老城，到處都是古老的教堂，散發迷人的古風，中世紀時還曾因位處中歐重要的貿易路線而繁榮一時。

提到威瑪(Weimar)這個名字，許多人會先想到第一次世界大戰後，德國出現的短暫民主政體——威瑪共和國(1919～1933)，其實可代表威瑪的，還有德國大文豪歌德及其他巨匠為該城注入的藝術生命。歌德曾在此當官、做研究，且居住了二十多年。許多巨作，如《浮士德》(Faust)就是在威瑪完成的。劇作家席勒(Schiller)同時也住在威瑪，兩人相輔相成，使18世紀威瑪的文學、戲劇之發展達到顛峰，其中最重要的文化場所是威瑪的德意志國家劇院(Deutsches Nationaltheater)，建築物前的歌德與席勒的雕像，是藝術愛好者的朝聖物。

威瑪市中心充滿濃厚的文藝氣息

歌德與席勒的雕像佇立在威瑪的國家劇院前

旅行小抄

圖林根煎香腸

圖林根邦最廣為人知的特產便是圖林根煎香腸(Thüringer Bratwurst)，亦可見到Thüringer Rostbratwurst或Thüringer Roster等名稱。通常是油煎或火烤，長度約為15～20公分，配上德國小麵包，佐以芥末，分量恰到好處。

德國各地有百種以上的香腸，最普遍且被大眾接受的，大概就是圖林根煎香腸。Arnstadt小鎮據說是此香腸的發源地，還有座香腸博物館(Bratwurstmuseum)可參觀。Bratwurst這個字還廣泛傳到歐美各地，在美國簡稱Brat，是頗受歡迎的小吃。

交通方式

萊比錫、威瑪和艾而福都位於同一條主線上，交通十分便利。早上從萊比錫出發，建議先到威瑪，下午再到艾而福，晚上回到萊比錫，享受一趟充實的文化之旅。

搭火車

1. 搭ICE高鐵到艾而福約45分鐘，再搭區間火車(RE)至威瑪，車程約需要15分鐘。
2. 搭區間火車(RE)到威瑪，車程約1.5小時，班次亦頻繁。

推薦景點

威瑪Weimar

威瑪市中心的市政廳(Rathaus)及周邊為最佳散步地點，另可參觀歌德之家(Goethehaus)、席勒之家(Schillerhaus)，以及位於Park an der Ilm河畔公園南端的歌德花園別墅(Goethes Gartenhaus)等，可看看當年他們生活起居的情況。河畔公園北端的Schloss王宮則是散步的最佳去處。

威瑪的市政廳與市集廣場

艾而福Erfurt

從市中心最壯麗的西南方的大教堂(Dom)起行，這座大教堂已有八百多年的歷史。大教堂旁是幾乎一樣古老的Severikirche教堂。從這兩座教堂的階梯往下望，大教堂廣場(Domplatz)及周邊的房舍，呈現出和諧且唯美的夢幻畫面，因平常遊客不多，更可感受到她的優美與靜謐。

另一美麗的廣場是市政廳(Rathaus)與魚市場(Fischmarkt)前廣場，中央有聖馬丁的雕像。市政廳後方的Gera河畔，景色迷人，最大的特色是有一座名橋叫Krämerbrücke，橋上建有許多數層樓高的房舍，古意盎然，美不勝收。這座橋長120公尺，是歐洲最長且有房屋的橋。城西還有彼得山(Petersberg)，是座歷史悠久的古堡。

艾而福的市政廳與市集廣場

路線 2 精采的舊東德文化遺產

路線特色

許多舊東德的小城市尚未被西化，仍保留了二次世界大戰前的原貌，珍貴且難得一見，需趁著西化腳步尚未蔓延至此之前，趕緊親眼來目睹其風采！

近幾年，有越來越多的古蹟城鎮被列為世界文化遺產，例如：韓德爾之城——薩勒河畔的哈勒(Halle/Saale)、馬丁路德之城——維騰貝格(Lutherstadt Wittenberg)、現代建築源頭的代表——包浩斯(Bauhaus)，此為第一次世界大戰後由建築大師Walter Gropius等人發起，在德紹(Dessau)發揚光大、蔡司光學之城——耶那(Jena)、布滿歷史古蹟的奎德林堡(Quedlinburg)，以及到處是特殊半木造屋的威尼格羅德(Wernigerode)等。觀光資源相當精采豐富，已成為德國的新興旅遊區，來了一定不會失望！可至各城市網站(www.城市名.de)查詢。

艾而福著名的Krämerbrücke橋上的住家

來德紹一定要參觀的包浩斯精華

舊東德可看到昔日社會主義式的住宅

推薦景點

哈勒Halle

哈勒的市集廣場在12月成為精采的聖誕市集

這座老城處處是經典古蹟，市中心廣場有市政廳(Stadthaus)、聖母教堂(Marktkirche Unser Lieben Frauen)、紅塔(Roter Turm)等，還有一座韓德爾的雕像(Händel-Denkmal)，讓人對這位偉大的音樂家肅然起敬。城西側的Saale河邊，有新王宮(Neue Residenz)、大教堂(Dom)、藝術博物館(Kunstmuseum)等。哈勒距離萊比錫僅半個多小時的車程，實在不容錯過！

➡搭S-Bahn從萊比錫到哈勒，車程約35分鐘 http www.halle.de MAP P.13

知識充電站

韓德爾

韓德爾(Georg Friedrich Händel，1685～1759)出生於薩勒河畔的哈勒，其後半生在英國發展(英文名：George Frideric Handel)，因此同時是德國也是英國音樂家，為巴洛克音樂的代表，最著名的作品包括《水上音樂》、《皇家煙火》和《彌賽亞》。

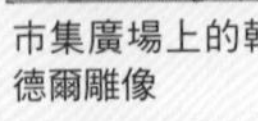

市集廣場上的韓德爾雕像

維騰貝格 Lutherstadt Wittenberg

維騰貝格是馬丁路德生涯最重要的城鎮。來到這裡，參觀主題當然是馬丁路德。走出火車站，沿主要街道Collegienstrasse由東往西走，即可到達主要景點，包括馬丁路德執教過的老大學Alte Universität，然後到達市集廣場(Marktplatz)，有市政廳(Rathaus)、St. Marien教堂與馬丁路德雕像，再沿大街往西，是王宮街(Schlossstrasse)，可到達Schloss王宮。

2017年是維騰貝格的重要紀念年分，因為宗教改革這件歷史大事發生於500年前。1517年10月31日，路德在當地教會的門上貼出布告〈95條論綱〉，列出反對贖罪券的95條論點，是宗教史上的大事，維騰貝格之行是宗教、歷史、文化與心靈的饗宴。

➡搭ICE高鐵從萊比錫到維騰貝格，車程約35分鐘，搭區間火車(RE)約1小時 http www.wittenberg.de MAP P.13

市集廣場上的馬丁路德雕像與教堂

典雅的王宮街與王宮教堂

萊比錫周邊延伸景點

德勒斯登(Dresden)(P.204)：德勒斯登是全德國最精緻的巴洛克名城，被喻為易北河上的佛羅倫斯(Elbflorenz)，距離萊比錫僅1小時車程，當然不能錯過。

柏林(Berlin)(P.162)：柏林距萊比錫搭ICE高鐵車程不到1.5小時，且班次頻繁。

知識充電站

馬丁路德

馬丁路德(Martin Luther，1483～1546)出生於現今德國東部的艾斯萊本(Eisleben)，曾在維騰貝格大學任教。1510年被修會派往羅馬，因而發覺羅馬教廷的問題，如道德敗壞、販售贖罪券等，產生改革的理念。之後引發了轟轟烈烈的宗教改革戰爭，從歐洲中部延燒到許多地區，形成往後的路德教派。

除了影響宗教，他還將原本以拉丁文為主，只有上層社會才看得懂的聖經，翻譯成一般民眾能閱讀的德文。加上當時古騰堡印刷術的成熟，使聖經得以快速並大量地印製而普及，也對日後標準德文的演變產生深遠的影響，被認為是最具影響力的德國歷史人物之一。

紐倫堡 NÜRNBERG

巴伐利亞邦北部、法蘭克地區的首府。保有圍繞著古老舊市區的城牆，附近則是數不盡的浪漫小城，將法蘭克地區妝點得熠熠生輝。展覽活動有聲有色，是商務旅客最常造訪的城市之一。

城市小檔案

德文	Nürnberg
英文	Nuremberg
城市人口	60萬
所屬邦區	巴伐利亞邦
重要機場	紐倫堡國際機場(代號NUE)
重要火車站	紐倫堡火車總站 Nürnberg Hauptbahnhof(Hbf)
旅遊中心	火車總站右前方城內、城中心市集廣場北側
城市官網	www.nuernberg.de

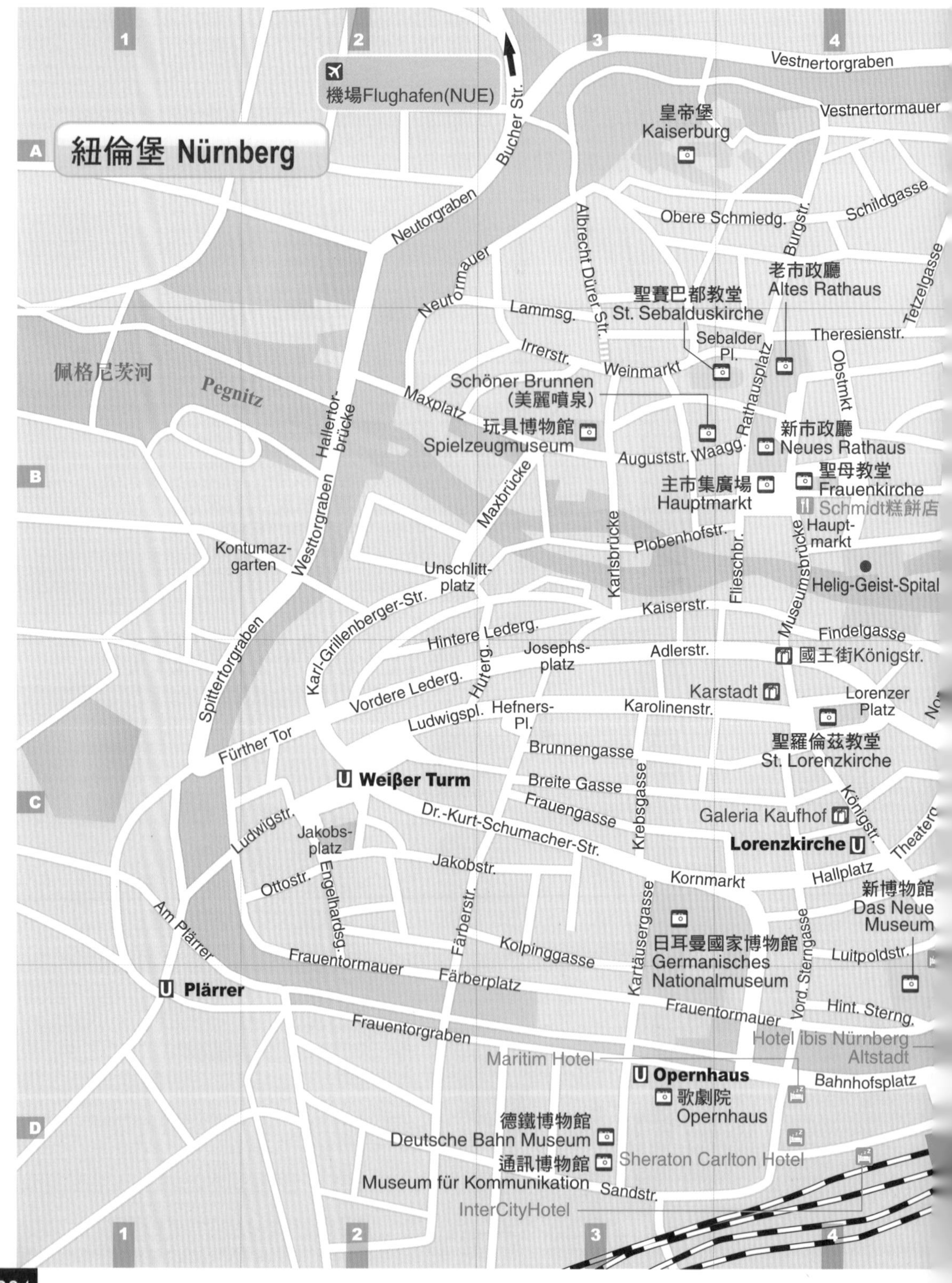

紐倫堡 Nürnberg
機場Flughafen(NUE)
Bucher Str.
Vestnertorgraben
Vestnertormauer
皇帝堡
Kaiserburg
Neutorgraben
Neutormauer
Albrecht Dürer Str.
Obere Schmiedg.
Burgstr.
Schildgasse
Tetzelgasse
老市政廳
Altes Rathaus
聖賽巴都教堂
St. Sebalduskirche
Lammsg.
Sebalder Pl.
Theresienstr.
Irrerstr.
Weinmarkt
Rathausplatz
Obstmkt
佩格尼茨河
Pegnitz
Hallertor-brücke
Maxplatz
Schöner Brunnen
(美麗噴泉)
玩具博物館
Spielzeugmuseum
新市政廳
Neues Rathaus
Augustr. Waagg.
主市集廣場
Hauptmarkt
聖母教堂
Frauenkirche
Schmidt糕餅店
Haupt-markt
Maxbrücke
Westtorgraben
Kontumaz-garten
Karlsbrücke
Plobenhofstr.
Fleischbr.
Museumsbrücke
Helig-Geist-Spital
Unschlitt-platz
Karl-Grillenberger-Str.
Kaiserstr.
Findelgasse
Spittertorgraben
Hintere Lederg.
Josephs-platz
Adlerstr.
國王街Königstr.
Huterg.
Vordere Lederg.
Karstadt
Lorenzer Platz
Ludwigspl.
Hefners-Pl.
Karolinenstr.
Fürther Tor
Brunnengasse
聖羅倫茲教堂
St. Lorenzkirche
Weißer Turm
Breite Gasse
Frauengasse
Königstr.
Krebsgasse
Galeria Kaufhof
Ludwigstr.
Jakobs-platz
Dr.-Kurt-Schumacher-Str.
Lorenzkirche
Theaterg.
Jakobstr.
Kornmarkt
Hallplatz
Ottostr.
Engelhardsg.
新博物館
Das Neue Museum
Am Plärrer
Färberstr.
Kartäusergasse
Vord. Sterngasse
Kolpinggasse
日耳曼國家博物館
Germanisches Nationalmuseum
Luitpoldstr.
Frauentormauer
Färberplatz
Plärrer
Frauentormauer
Hint. Sterng.
Frauentorgraben
Hotel ibis Nürnberg Altstadt
Maritim Hotel
Opernhaus
歌劇院
Opernhaus
Bahnhofsplatz
德鐵博物館
Deutsche Bahn Museum
通訊博物館
Museum für Kommunikation
Sheraton Carlton Hotel
Sandstr.
InterCityHotel

5
6
Maxtor
Maxtrograben
Lange Gasse
Bayreuther Str.
A
Hirschgasse
Sulzbacher Str.
Laufer Tor
Äußerer Laufer Pl.
U
Rathenauplatz
Theresien-
platz
Beckschlagergasse
Äußere
Cramer-
Klett-Str.
Martin Treu Str.
Laufertormauer
Laufertorgraben
Tucherstr.
B
Neue Gasse
佩格尼茨河 Pegnitz
Marientormauer
Gleißbühlstr.
Lorenzer Str.
C
Königstormauer
Marientorgraben
Hotel ibis Nürnberg
Hauptbahnhof
Le Méridien Grand Hotel
Hand-
werkerhof
DB S U
auptbahnhof
D
商展場Messe
5
6

紐倫堡城內處處是古蹟

紐倫堡附近名城威茲堡的老橋(圖片提供／飛達旅遊)

城市巡禮

最古意的半木造屋大城

古城牆綿延環繞全城

一提到紐倫堡，就會使人想起鼎鼎有名的發明展，以及二次世界大戰審判納粹戰犯的紐倫堡大審；而喜好古典音樂的人則會想到「紐倫堡的名歌手」。最令遊客欣喜的是，紐倫堡是德國50萬以上人口的大城中，最為古色古香又兼具小城浪漫風格的老城。其中最主要的原因是，紐倫堡保留了中世紀時的城牆，長約5公里，圍繞整個紐倫堡城。

紐倫堡是德國保有古城牆的最大城市

戰後廢墟中重振風光

二次世界大戰前，紐倫堡城內擁有無數的半木造屋，堪稱德國最美的城市。正因為她的純正德國味，後來被納粹用來作為樣板

Tips

紐倫堡的「堡(berg)」為音譯，此字意思其實是山，而漢堡的「堡(burg)」是音譯也是意譯，意思正好是堡。Berg和Burg的德文發音並不一樣，需有區別。

佩格尼茲河流過市中心，形成動人的景色

俯瞰紐倫堡，盡是一片紅屋頂海

城，並曾多次在此舉辦超大型盛會。大戰末期遭到全面轟炸，現今的紐倫堡城是在廢墟中重建起來的，已盡量保存原貌。因此，漫步城內彷彿神遊在時光隧道中。紐倫堡城相當大，各種商店及餐廳，應有盡有，除了欣賞古城風光外，又可享有便利與歡樂。

知識充電站

法蘭克地區

紐倫堡位於巴伐利亞邦的北部，是該邦的第二大城，然而在地域與文化上，卻與巴伐利亞邦大部份的地區不同，是法蘭克地區(Franken)的首府。法蘭克地區歷史十分悠久，在羅馬帝國時代已繁盛一時。這裡最令遊客驚豔的是各城鎮都有一大片紅屋頂海，且房屋都是古色古香，是許多人最嚮往的中古歐洲風情。

紅色屋頂與尖塔，這是屬於法蘭克地區的特殊市景

旅行小抄

紐倫堡的特色節慶

紐倫堡聖嬰市集 (Nürnberger Christkindlesmarkt)

若在耶誕節前夕來到紐倫堡，真是三生有幸。因為這裡有德國最大、最熱鬧的耶誕市集，自11月下旬起至聖誕節前一天，下午4點天黑後即燈火通明，為期將近1個月的時間，可達200萬人次，其中不乏亞洲的旅客專程從千萬里之外趕來赴會！

市集共有兩百多個木屋攤位，屋頂皆是傳統紅白條紋色調，提供吃喝玩樂及各項耶誕用品，樣樣不缺，使人忘卻寒意。活動的主角是聖嬰，由紐倫堡當地的年輕女士扮演。會戴上王冠、金髮，打扮成天使的造型，任務是將禮物送給小朋友。紐倫堡聖嬰會在聖誕前夕巡訪全市，甚至法蘭克地區各城鎮。

傳統上，並不是所有地區的基督徒都流傳穿紅衣的聖誕老公公。聖嬰送禮物給小朋友的傳說，便流行於奧地利、瑞士及德國南部的某些地區，甚至捷克和匈牙利。

連聖誕市集也是用紅色的篷頂搭建起來的，與城市連成一氣

交通資訊

機場聯外交通

紐倫堡機場位於城市北方，主要飛國內線及歐洲線。

搭地鐵

搭地鐵U2到市中心火車總站，車程約12分鐘，大約每10分鐘一班，十分便利。

搭計程車

在機場出口可搭計程車至市中心或展場。機場到火車總站、市中心：約€20；機場到商展場：約€30。

城市交通

火車

紐倫堡是該地區的工商經濟中心，也是慕尼黑與柏林之間，以及法蘭克福與慕尼黑之間的交通要衝，有高鐵通達全德各地。最重要的國際線是經德奧邊界城帕紹(Passau)越過邊界至奧地利第二大城林茲，然後抵達首都維也納。

紐倫堡火車總站是法蘭克地區的交通中心

舒適快速的ICE高鐵連接紐倫堡至各城市

紐倫堡火車站外觀十分典雅，古色古香，內部則因整修過，各項設施都很新穎，讓旅客方便使用。

通勤列車(S-Bahn)
地鐵(U-Bahn)

紐倫堡有數條S-Bahn及U-Bahn聯絡市區與郊區。不過如果只在古城內逛，因為景點集中，只要步行即可一網打盡。若搭乘U-Bahn，需至售票機買票。詳情可至紐倫堡城市交通局網站查詢。

http www.vgn.de

1.前往商展場

紐倫堡的展覽場位於城市南方，因為紐倫堡招商不遺餘力，同時也是該區的工商業中心，因此，商展活動十分蓬勃。展覽場與市區火車總站有地鐵U1、U11連結，車程只要8分鐘，大約每10分鐘一班車。

http www.nuernberg-messe.de

Tips

台北的德國經濟辦事處有代理紐倫堡商展公司之業務，若有需要可就近接洽。

02-8758-5800

票價說明

紐倫堡的市區、商展場、機場間的距離都不遠，搭乘S-Bahn、U-Bahn都在區內基本票價範圍，若當天在市區需搭3趟以上，建議購買單人一日票或是多人一起買團體日票將更加划算。

票價參考

車票種類	市區、商展場、機場之間
單人單趟 EinzelTicket	€3.20
單人一日票 EinzelTageskarte	€8.30
團體日票(2大人+至多4小孩) Tageskarte Plus	€12.30

※ 以上資料時有異動，以實際公告為準。

交通詳情：機場(P.301)、火車(P.306)、搭乘通勤列車(S-Bahn)與市內地鐵(U-Bahn)詳見P.310。

計程車

火車總站前有排班計程車可搭乘。

+49(0)911-19410

火車總站、市中心到商展場：約€18

www.taxi-nuernberg.de、www.taxikomm24.de、www.bettertaxi.de/en

紐倫堡地鐵圖

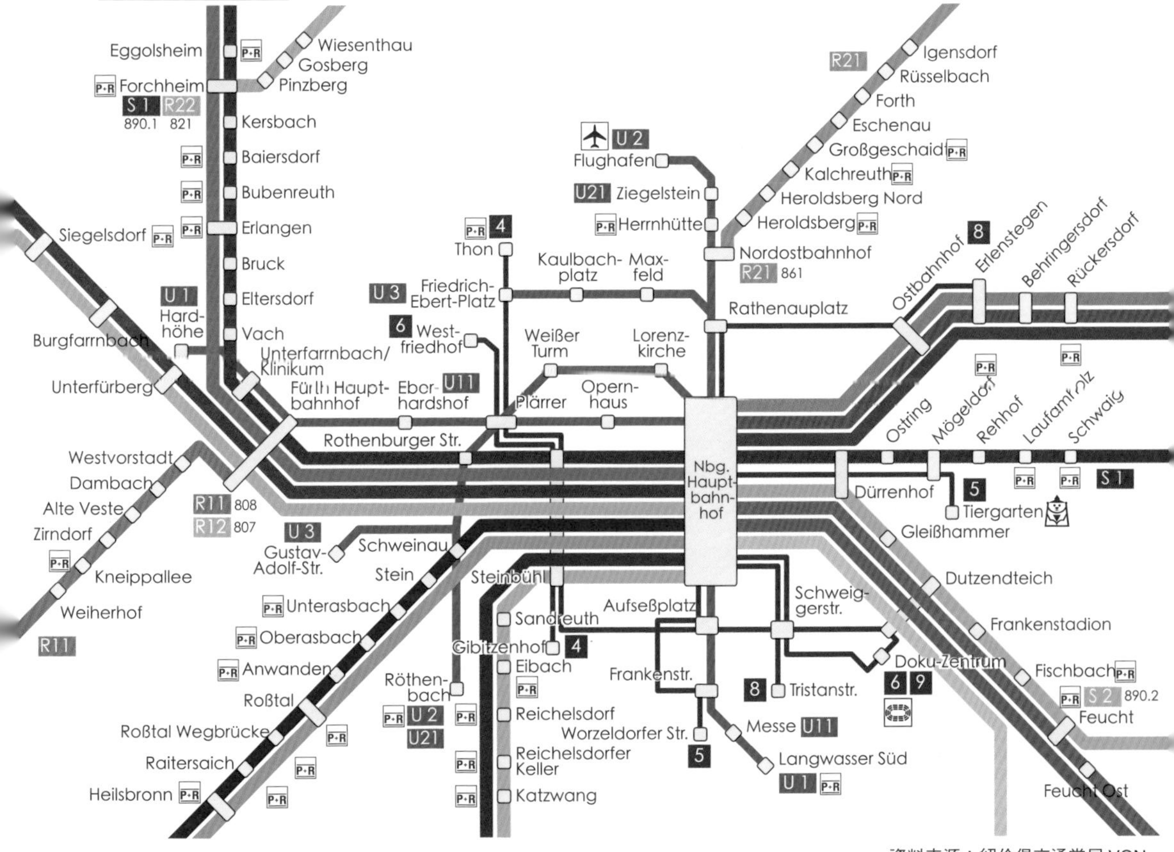

Eggolsheim
Wiesenthau
Gosberg
Forchheim
Pinzberg
S1 R22
890.1 821
Kersbach
Baiersdorf
Bubenreuth
Erlangen
Siegelsdorf
Bruck
Eltersdorf
U1 Hardhöhe
Vach
Burgfarrnbach
Unterfarrnbach/Klinikum
Unterfürberg
Fürth Hauptbahnhof
Westvorstadt
Dambach
Alte Veste
Zirndorf
Kneippallee
Weiherhof
R11
R11 808
R12 807
U3 Gustav-Adolf-Str.
Schweinau
Stein
Unterasbach
Oberasbach
Anwanden
Roßtal
Roßtal Wegbrücke
Raitersaich
Heilsbronn
4 Thon
U3 Friedrich-Ebert-Platz
6 West-friedhof
Kaulbach-platz
Max-feld
Weißer Turm
Lorenz-kirche
Eberhardshof U11
Plärrer
Opernhaus
Rothenburger Str.
Steinbühl
Sandreuth
Gibitzenhof 4
Eibach
Röthenbach
U2 U21
Reichelsdorf
Reichelsdorfer Keller
Katzwang
Worzeldorfer Str.
5
U2 Flughafen
U21 Ziegelstein
Herrnhütte
Nordostbahnhof
R21 861
Rathenauplatz
Nbg. Hauptbahnhof
Aufseßplatz
Frankenstr.
Schweiggerstr.
8 Tristanstr.
Messe U11
Langwasser Süd
U1
R21
Igensdorf
Rüsselbach
Forth
Eschenau
Großgeschaid
Kalchreuth
Heroldsberg Nord
Heroldsberg
8
Ostbahnhof
Erlenstegen
Behringersdorf
Rückersdorf
Ostring
Mögeldorf
Rehhof
Laufamholz
Schwaig
S1
Dürrenhof
5 Tiergarten
Gleißhammer
Dutzendteich
Frankenstadion
Doku-Zentrum
6 9
Fischbach
S2 890.2
Feucht
Feucht Ost

資料來源：紐倫堡交通當局 VGN

必訪熱門景點

紐倫堡古城(市中心)距離火車站不遠，珍貴宏偉的城牆始建於15世紀，進城後，眼前的城門(城塔)為Frauentor，旁邊則是Königstor，其他還有Marientor、Laufertor、Marxtor、Neutor、Spittlertor等多座城塔。通過城門後，就正式進入古城區，開始一趟數不盡的美麗古蹟建築之旅，保證充滿知性與感性，玩的、吃的、買的，樣樣滿足！

饒富趣味的鐘塔表演

聖母教堂、主市集廣場

Frauenkirche & Hauptmarkt

上午來這裡，會看到無數的攤販，各式各樣的蔬果、熟食，讓眼睛吃得比肚子還飽，在這裡可體驗菜籃族傳統的民風。假日還有熱鬧的節慶活動，可感受歡樂的氣氛。

環繞在主市集廣場的建築，除了許多露天餐廳外，最重要的莫過於東側的聖母教堂，這座正立面有山形牆的教堂，建於14世紀，是紐倫堡的地標。最有趣的莫過於牆上的鐘樓表演，有7位多彩的玩偶，象徵中世紀的選帝侯(Kurfürsten)向帝國的皇帝宣誓效忠。每天正午，總吸引許多遊客昂首駐足觀賞。

整體是哥德式風格的建築

西側的Schöner Brunnen(美麗的噴泉之意)也是一大看點，有40個玩偶及尖塔形式，形成美麗的圖案，這些玩偶包括那7位選帝侯以及其他英雄人物，構成一幅熱鬧的節慶氣氛。最重要是要找到一個金環，好好地摸摸它，聽說願望會成真喔！

金光閃閃的美麗噴泉矗立在市集廣場

✉Hauptmarkt 14, 90403 Nürnberg 🚇U，Lorenzkirche站 http www.frauenkirche-nuernberg.de MAP P.234／B4

Tips

從主要大街國王街往前走，越過佩格尼茲河(Pegnitz)後，可注意河中小島上一棟美麗的建築Heilig-Geist-Spital，楊柳垂畔，十足詩情畫意。

從河畔遠眺河中之島的美景

主市集廣場

聖賽巴都教堂

St. Sebalduskirche

建於13、14世紀，除了顯眼的外觀，裡面的雕飾藝術更是細膩非凡。

Albrecht-Dürer-Platz 1 90403 Nürnberg MAP P.234／B4

主市集廣場

聖羅倫茲教堂

St. Lorenzkirche

紐倫堡城內另一座有雄偉的哥德式雙尖塔教堂，建於13世紀的教堂，位於河的南岸，附近有地鐵站通往全市各地。

Lorenzer Platz 90402 Nürnberg MAP P.234／C4

主市集廣場

新市政廳

Neues Rathaus

在噴泉北側是紐倫堡的新市政廳，有整齊的玻璃窗格，具現代感。

Hauptmarkt 18 90403 Nürnberg MAP P.234／B4

主市集廣場

老市政廳

Altes Rathaus

始建於14世紀，是美輪美奐的義式宮殿式建築。

Rathausplatz 2 90403 Nürnberg MAP P.234／B4

全城最浪漫的制高點

皇帝堡
Kaiserburg

這座碩大的古堡始建於12世紀，現在看到的則是15～16世紀的遺跡與重後建的建築，不僅古風十足，這裡的房舍，經過一些花木點綴，每個角度都散發濃濃的浪漫情懷，就如附近的城鎮，羅騰堡、威茲堡等般，處處醉人，令人不禁覺得這裡是德國最羅曼蒂克的地方。在這個制高點，可遠眺紐倫堡全城滿是尖斜的紅屋頂，包含浪漫的閣樓窗、並交雜著教堂美麗的尖塔，令人捨不得離去。

☒Auf der Burg 13, 90403 Nürnberg 🚉U，Lorenzkirche站；U，Friedrich-Ebert-Platz站 http www.staatstheater-nuernberg.de MAP P.234／A3

皇帝堡是本市的制高點，可俯瞰紅屋頂海

皇帝堡是紐倫堡最重要的古蹟

上萬件日耳曼歷史文物

日耳曼國家博物館
Germanisches Nationalmuseum

除了古城漫步，紐倫堡最值得造訪的地方是日耳曼國家博物館，這個巨大的博物館，將大日耳曼地區從史前時代到現代的文化、藝術、科技一一呈現，有兩萬多件文物恆久展出，特展亦不計其數，造訪前應先到官網上瀏覽其介紹，並斟酌時間，規畫自己想看的動線，因為這個博物館實在太大了，用一整天也看不完！

☒Kartäusergasse 1, 90402 Nürnberg 🚉U，Hauptbahnhof站 http www.gnm.de MAP P.234／C3

旅行小抄

人文薈萃，博物館匯聚

紐倫堡可說是博物館集散地，從城牆外到古城內有各種博物館，如德鐵博物館與通訊博物館(Das Deutsche Bahn(DB) Museum und das Museum für Kommunikation)、玩具博物館(Spielzeugmuseum)、新博物館(Das Neue Museum)等，以及歌劇院(Operhaus)等展演場所。

↓日耳曼博物館是本市眾多精采的博物館之一

購物指南

整個紐倫堡古城，大部分的區域都是步行商店街，可輕鬆愜意地選購各種商品。

在中古世紀的半木造屋中血拼

[國王街Königstrasse]

城內最主要的徒步區購物大街，各式商店一應俱全，比較特別的是，國王街兩旁的建築，並非一般大城市所見的現代鋼筋水泥樓房，而是中世紀風格的古屋及半木造屋，讓人真難以相信這裡其實是個工商大城。與國王街交叉的幾條路，商店雲集，尤其是Breite Gasse與Karolinenstr，其中不乏精品店與百貨公司。

在紐倫堡古城逛街購物，除了商品應有盡有，還可享受古城的浪漫，令人回味無窮。這裡也和德國其他大城類似，在主要購物區的兩端都有Galeria Kaufhof與Karstadt百貨公司，購物環境十分友善且便利。

最近地鐵站：S+U，Hauptbahnhof站 MAP P.234／C4

法蘭克地區的紀念品店常見到當地的半木造屋模型

國王街徒步區的商店高雅迷人

著名的聖誕薑餅店Lebkuchen Schmidt就在市集廣場東南側

國王街從早到晚都充滿著熱鬧聲息

美食情報

既然來到最有古風情懷的紐倫堡，在市區隨處當然都可享有頗具古早風味的美食料理，尤其當地許多河畔餐廳依山傍水，即使坐在戶外用餐也不會太熱，可享受浪漫的愜意感。

特色美食街區

到香腸攤吃小香腸最讚

紐倫堡火車總站是德國的大站之一，站內的小吃與簡餐的選擇性極多。但若還有些時間，不妨到城內的香腸攤或熟食店暢快享用道地美食，小香腸絕對是必嚐的，如能於白天主市集廣場的攤販營業時間造訪，必會有很棒的收穫。在百貨公司的超市或頂樓餐廳區，也可輕易找到各種餐點。

市區的餐廳選擇性多，各類美食均容易找到

←紐倫堡小香腸可當街頭小吃，亦是正餐，通常一份有6條

當地風味餐廳

河畔用餐超浪漫

在紐倫堡古城裡的一大樂趣是能同時享有現代大城的便利，又能感受德國小鎮的浪漫風情，一進城牆，就會發現許多當地風味餐廳，大街上、主市集廣場周邊與佩格尼茲河邊亦是用餐的好地點，來到這裡，一定要在當地餐廳裡感受濃濃的德國風並品嘗道地美食。

佩格尼茲河畔餐廳別有風情

河畔著名的吊橋(Kettensteg)，附近有同名的風味餐廳

必點！紐倫堡兩大美味特產

聖誕薑餅Lebkuchen

到了紐倫堡，一定不能錯過聖誕節前夕必吃的聖誕薑餅，這是一種以多種天然香料調味而成的甜點，英文稱為ginger bread。薑餅在各國皆有不同的風味和形式。紐倫堡的薑餅質地較軟、用料豐富、味覺層次多元，幾乎是人見人愛！

繪有當地特色圖樣的盒裝薑餅是最佳的伴手禮

Schmidt糕餅店

德國最負盛名的薑餅店之一，位在旅遊中心附近、主市集廣場旁邊，來到這裡可千萬別錯過！

http www.lebkuchen-schmidt.com MAP P.234／B4

Schmidt糕餅店精緻的門面

小香腸 Nürnberger Bratwürstchen

另一特產──紐倫堡小香腸，則是約6公分的白色細短香腸，香味濃郁，主要使用天然香料Majoran(中文譯為墨角藍)。通常一份有6條，佐以酸白菜和芥末，十分對味。有的街頭小吃會直接在麵包裡夾3條，稱為Drei im Weggla。

配上正宗的酸白菜是最道地的吃法

香氣逼人、難以抗拒的街頭小攤

住宿概況

紐倫堡是工商大城，該市與周邊地區滿是觀光重鎮，旅館雖多，但若想在大展前夕才找旅館，必定到處碰壁。這時，可試試周邊城市，如Erlangen、Fürth、Würzburg、Bamberg、Bayreuth、Regensburg等，網址皆為www.城市名.de。

火車總站	總站前，無論城牆內外都有許多選擇，雖然空間可能較小，但距離景點與購物街較近，如InterCityHotel Nürnberg、Hotel ibis Nürnberg Hauptbahnhof、Hotel ibis Nürnberg Altstadt。
機場、展場	展場附近有Novotel, Mercure, Arvena Hotel等連鎖旅館，機場附近則如Mövenpick Hotel等，但如果希望住在較方便的地點，還是應該選市區的旅館。
大型連鎖旅館	市中心附近有Le Méridien Grand Hotel、Maritim Hotel Nürnberg、Sheraton Carlton Hotel Nuernberg，也有許多在城牆外圍周邊。

紐倫堡周邊城鎮順遊

最浪漫的中世紀建築遺跡

威茲堡(Würzburg)位於美茵河畔，不管是城市景觀，或是教堂、博物館、王宮內的藝術品，都令人歎為觀止。因優越的天然河谷環境，是德國最重要的酒鄉之一，用餐時一定要享用當地的葡萄美酒！

➡持德鐵或歐鐵Railpass：搭ICE高鐵；持週末票或巴伐利亞邦票：搭區間火車(RE) http www.wuerzburg.de MAP P.13

威茲堡不愧是經典旅遊路線「浪漫之道」的起點，老美茵橋美得如夢似幻(圖片提供／飛達旅遊)

大教堂(Dom)

位於城中心的大教堂，是德國最壯麗的羅馬式教堂之一，華麗的雕飾，值得細細品味。

✉Domstraße 43, 97070 Würzburg http www.dom-wuerzburg.de

王宮及宮廷花園(Residenz & Hofgarten)

經典的巴洛克宮殿，精緻的建築藝術，坐落在城東的花園綠地之中。

✉Residenzplatz 2, 97070 Würzburg http www.residenz-wuerzburg

老美茵橋(Alte Mainbrücke)

德國最美的橋之一，橋上兩排聖者大雕像，維妙維肖，藝術價值非凡。

✉Alte Mainbrücke, 97070 Würzburg

瑪利安堡壘(Festung Marienberg)

腳力好者可沿參道上山參觀，俯瞰美麗的威茲堡城，萊茵河與老橋、紅瓦屋頂和諧交織。

✉Festung Marienberg, 97082 Würzburg

體驗法蘭克地區風情

羅騰堡(Rothenburg ob der Taube)

被公認為德國最浪漫的地方，火車約1小時即達。(景點介紹詳見P.78)

http www.rothenburg.de MAP P.13

最浪漫的中世紀古城羅騰堡

拜魯特(Bayreuth)

音樂名城，華格納與李斯特曾在此大放異彩，每年夏天有拜魯特音樂節。

http www. bayreut.de MAP P.13

龐貝格(Bamberg)

有美麗的河流圍繞，市政廳就位於河上的小島，景觀極為漂亮。

http www.bambergh.de MAP P.13

恬靜的龐貝格古城與河畔

雷根斯堡(Regensburg)

位於多瑙河畔，紐倫堡南方，風光迷人。

http www.regensburg.de MAP P.13

多瑙河畔之雷根斯堡的冬景

慕尼黑是許多旅人心中德國的代表，也是一生必訪的旅遊聖地！除了啤酒節及BMW外，因近阿爾卑斯山，觀光資源極其豐富，且巴伐利亞的城堡國王路易二世，在此建了許多唯美浪漫的城堡，使得此地永遠是遊人如織，熱鬧非凡。

MÜNCHEN

城市小檔案

德文	München 注
英文	Munich
城市代號	M
城市人口	130萬
所屬邦區	巴伐利亞邦
重要機場	慕尼黑國際機場 Franz-Josef-Strauss (代號MUC)
重要火車站	慕尼黑火車總站 München Hauptbahnhof(Hbf)
旅遊中心	火車總站
城市官網	www.muenchen.de

注 名稱由德文修士Mönch一字演變而來，所以本市Logo圖案為修士

慕尼黑 München

奧運公園 Olympiapark
BMW博物館 BMW Museum/BMW Welt
寧芬堡王宮 Schloss Nymphenburg
新美術館 Neue Pinakothek
現代美術館 Pinakothek der Moderne
安聯足球場 Allianz Arena
機場Flughafen(MUC)
史瓦賓區Schwabing
英國花園 Englischer Garten
商展場 Messe
Arcisstr.
Gabelsbergstr.
Barer Str.
Prinz-Ludwig-Str.
Türkenstr.
Oskar-von-Müller-Ring
Ludwigstr.
Theresienstr.
Von der-Tann-Str.
Galeriestr.
Prinzregentenstr.
Karolinen-pl.
舊美術館 Alte Pinakothek
Königsplatz
Katharinavon Bora Str.
Luisenstr.
Dachauer Str.
Ibis
Augustiner Keller
Karlstr.
Ottostr.
Brienner Str.
Odeonsplatz
Odeons-platz
馬克希米理安街 Maximilianstr.
Hofgartenstr.
Karl-Scharnagl-Ring
NH
Marsstr.
火車總站 Hauptbahnhof
DB
Arcostr.
Sophienstr.
Maximilians-platz
王宮 Residenz
Karlstadt
Lenbach-platz
Prannerstr.
Kardinal Faulhaber Str.
Theatinerstr.
Residenzstr.
巴伐利亞國家歌劇院 Bayerisches Nationaltheater
Elisenstr.
Prielmayerstr.
Pacellistr.
Promenade-platz
Max-Joseph-Platz
Bahnhofplatz
Hotel Meier
Schützenstr.
Karls-platz
Maxburgstr.
Hirmer 大型男裝店
Maffeistr.
Spatenhaus
Marstallstr.
Hotel Excelsior
Bayerstr.
Karlsplatz(Stachus)
Löwengrube
Schrammerstr.
Maximilianstr.
Kempinki Vier Jahreszeiten
Galeria Kaufhof
Neuhauser Str.
聖母教堂 Frauenkirche
Dallmayr
Frauenpl.
Am Platzl
Hofbräuhaus
Mandarin Oriental
Senefelderstr.
Schillerstr.
City Hotel
Augustiner
Herzogspitalstr.
Kaufingerstr.
Weinstr.
Dienerstr.
Schwanthalerstr.
Altheimer Eck
Färber graben
Bräuhausstr.
Hildegardstr.
Damenstiftstr.
Peters-platz
Sparkassenstr.
Ledererstr.
Schiller Hotel
InterCity Hotel
Landwehrstr.
Hotterstr.
Herzog-Wilhelm-Str.
Marienplatz
Hochbrückenstr.
Marienstr.
Stollberg-str.
Thomas-Wimmer-Ring
Sonnenstr.
Kreuzstr.
Rindermarkt
Tal
Sofitel
Le Meridien
Sendlinger Str.
Galeria Kaufhof
Rosental
新市政廳與瑪利安廣場 Neues Rathaus & Marienplatz
Pettenkoferstr.
Sendliner-Tor-Pl.
St. Jakobs-Platz
Prälat-Zistl-Str.
Westenriederstr.
Isartor-platz
Viktualienmarkt市場 &Frauenstr.
Münchner Suppenküche湯品
Isator
Sendlinger Tor
Unter Anger
Corneliusstr.
Rumfordstr.
考芬格大街 Kaufingerstr.
德意志博物館 Deutsches Museum
Reichenbachstr.
Baaderstr.
Zweibrückenstr.

科技城慕尼黑有BMW總部及博物館

馳名全世界的慕尼黑十月啤酒節(圖片提供／上選旅行社)

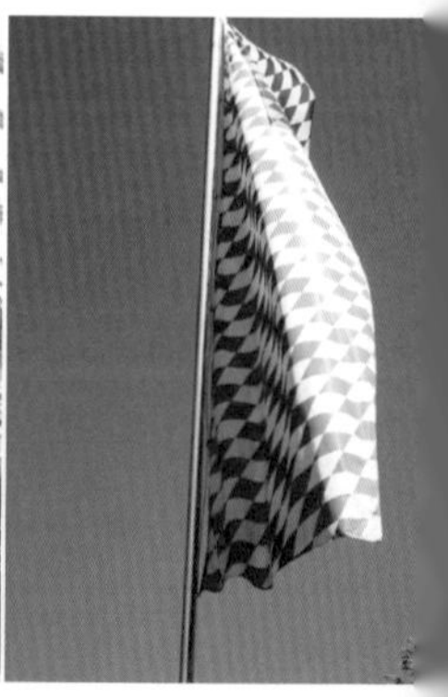

藍白格子是巴伐利亞邦的標誌

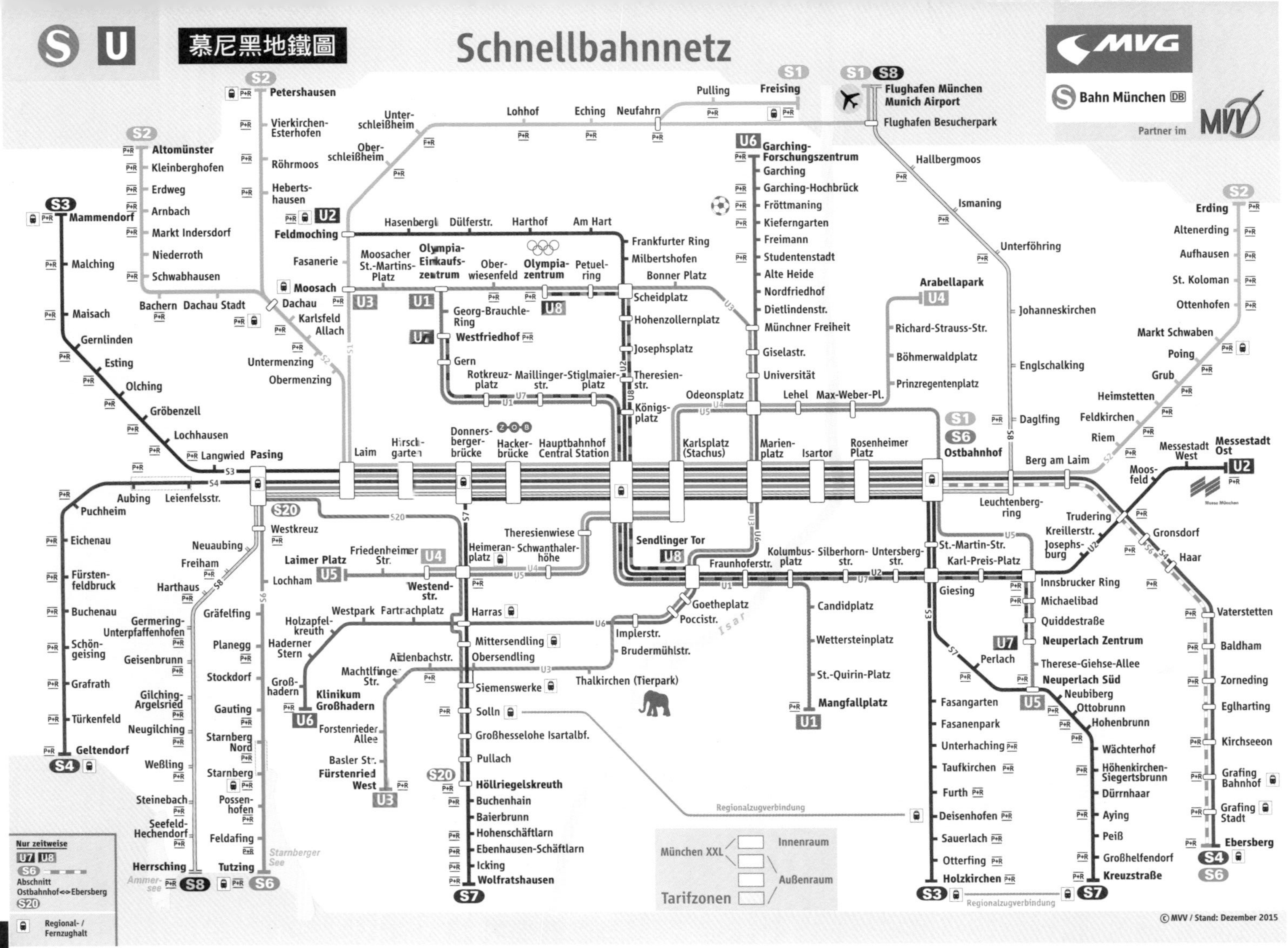

慕尼黑地鐵圖

Schnellbahnnetz

MVG
S-Bahn München DB
Partner im MVV

S1: Freising, Pulling, Neufahrn, Eching, Lohhof, Unterschleißheim, Oberschleißheim, Feldmoching, Fasanerie, Moosach, Laim, Hirschgarten, Donnersbergerbrücke, Hackerbrücke, Hauptbahnhof Central Station, Karlsplatz (Stachus), Marienplatz, Isartor, Rosenheimer Platz, Ostbahnhof; Flughafen München Munich Airport, Flughafen Besucherpark

S8: Flughafen München Munich Airport, Flughafen Besucherpark, Hallbergmoos, Ismaning, Unterföhring, Johanneskirchen, Englschalking, Daglfing, Leuchtenbergring, Ostbahnhof … Pasing, Neuaubing, Freiham, Harthaus, Germering-Unterpfaffenhofen, Geisenbrunn, Gilching-Argelsried, Neugilching, Weßling, Steinebach, Seefeld-Hechendorf, Herrsching, Ammersee

S2: Petershausen, Vierkirchen-Esterhofen, Röhrmoos, Hebertshausen, Dachau, Karlsfeld, Allach, Untermenzing, Obermenzing; Altomünster, Kleinberghofen, Erdweg, Arnbach, Markt Indersdorf, Niederroth, Schwabhausen, Bachern, Dachau Stadt; Berg am Laim, Riem, Messestadt West, Feldkirchen, Heimstetten, Grub, Poing, Markt Schwaben, Ottenhofen, St. Koloman, Aufhausen, Altenerding, Erding

S3: Mammendorf, Malching, Maisach, Gernlinden, Esting, Olching, Gröbenzell, Lochhausen, Langwied, Pasing … Ostbahnhof, St.-Martin-Str., Giesing, Fasangarten, Fasanenpark, Unterhaching, Taufkirchen, Furth, Deisenhofen, Sauerlach, Otterfing, Holzkirchen

S4: Geltendorf, Türkenfeld, Grafrath, Schöngeising, Buchenau, Fürstenfeldbruck, Eichenau, Puchheim, Aubing, Leienfelsstr., Pasing … Leuchtenbergring, Berg am Laim, Trudering, Gronsdorf, Haar, Vaterstetten, Baldham, Zorneding, Eglharting, Kirchseeon, Grafing Bahnhof, Grafing Stadt, Ebersberg

S6: Tutzing, Feldafing, Possenhofen, Starnberg, Starnberg Nord, Gauting, Stockdorf, Planegg, Gräfelfing, Lochham, Westkreuz, Pasing; Starnberger See

S7: Wolfratshausen, Icking, Ebenhausen-Schäftlarn, Hohenschäftlarn, Baierbrunn, Buchenhain, Höllriegelskreuth, Pullach, Großhesselohe Isartalbf., Solln, Siemenswerke, Mittersendling, Harras, Heimeranplatz, Donnersbergerbrücke … Ostbahnhof, Giesing, Perlach, Neuperlach Süd, Neubiberg, Ottobrunn, Hohenbrunn, Wächterhof, Höhenkirchen-Siegertsbrunn, Dürrnhaar, Aying, Peiß, Großhelfendorf, Kreuzstraße

S20: Pasing, Heimeranplatz, Siemenswerke, Solln, Höllriegelskreuth

U1: Olympia-Einkaufszentrum, Georg-Brauchle-Ring, Westfriedhof, Gern, Rotkreuzplatz, Maillingerstr., Stiglmaierplatz, Hauptbahnhof, Sendlinger Tor, Fraunhoferstr., Kolumbusplatz, Candidplatz, Wettersteinplatz, St.-Quirin-Platz, Mangfallplatz

U2: Feldmoching, Hasenbergl, Dülferstr., Harthof, Am Hart, Frankfurter Ring, Milbertshofen, Scheidplatz, Hohenzollernplatz, Josephsplatz, Theresienstr., Königsplatz, Hauptbahnhof, Sendlinger Tor, Fraunhoferstr., Kolumbusplatz, Silberhornstr., Untersbergstr., Giesing, Karl-Preis-Platz, Innsbrucker Ring, Josephsburg, Kreillerstr., Trudering, Moosfeld, Messestadt West, Messestadt Ost

U3: Moosach, Moosacher St.-Martins-Platz, Olympia-Einkaufszentrum, Oberwiesenfeld, Olympiazentrum, Petuelring, Scheidplatz, Bonner Platz, Münchner Freiheit, Giselastr., Universität, Odeonsplatz, Marienplatz, Sendlinger Tor, Goetheplatz, Poccistr., Implerstr., Brudermühlstr., Thalkirchen (Tierpark), Obersendling, Aidenbachstr., Machtlfinger Str., Forstenrieder Allee, Basler Str., Fürstenried West

U4: Arabellapark, Richard-Strauss-Str., Böhmerwaldplatz, Prinzregentenplatz, Max-Weber-Pl., Lehel, Odeonsplatz, Karlsplatz (Stachus), Hauptbahnhof, Theresienwiese, Schwanthalerhöhe, Heimeranplatz, Westendstr.

U5: Laimer Platz, Friedenheimer Str., Westendstr., Heimeranplatz, Schwanthalerhöhe, Theresienwiese, Hauptbahnhof, Karlsplatz (Stachus), Odeonsplatz, Lehel, Max-Weber-Pl., Ostbahnhof, Innsbrucker Ring, Michaelibad, Quiddestraße, Neuperlach Zentrum, Therese-Giehse-Allee, Neuperlach Süd

U6: Garching-Forschungszentrum, Garching, Garching-Hochbrück, Fröttmaning, Kieferngarten, Freimann, Studentenstadt, Alte Heide, Nordfriedhof, Dietlindenstr., Münchner Freiheit, Giselastr., Universität, Odeonsplatz, Marienplatz, Sendlinger Tor, Goetheplatz, Poccistr., Implerstr., Harras, Partnachplatz, Westpark, Holzapfelkreuth, Haderner Stern, Großhadern, Klinikum Großhadern

U7, U8

Z-O-B

Regionalzugverbindung

Tarifzonen: München XXL — Innenraum, Außenraum

Nur zeitweise: U7 U8; S6 Abschnitt Ostbahnhof<=>Ebersberg; S20
Regional-/Fernzughalt

P+R

© MVV / Stand: Dezember 2015

資料來源：慕尼黑交通當局 MVV

城市巡禮

享譽全世界的豪情啤酒城

全年皆旺季的旅遊地

慕尼黑在世人心中是德國的代表，其所屬的邦是具有強烈地域色彩的德國第一大邦——巴伐利亞，首府慕尼黑被建設成一美輪美奐的文藝之都，也是工商業的超級中心。慕尼黑的地理位置尤其優越，是前往阿爾卑斯山的出發點，也是德國到迷人的度假之國——奧地利與義大利的門戶。就算對德國的了解不是很深入，也一定對慕尼黑或巴伐利亞的許多事物耳熟能詳，如慕尼黑啤酒節、拜仁慕尼黑隊、人人喜愛的BMW汽車，以及令人嚮往的阿爾卑斯山下綠草坡上的小木屋……，許許多多醉人的景象，一定要親自來體驗！

當地饒富傳統文化色彩，既豪邁又優雅

巴伐利亞邦首府慕尼黑堪稱是啤酒首都

→做工精緻的特色啤酒瓶，成排的視覺效果非常壯觀

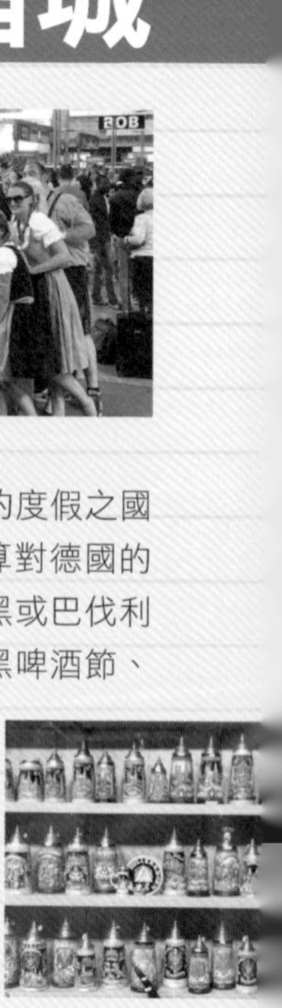

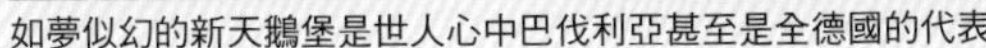
如夢似幻的新天鵝堡是世人心中巴伐利亞甚至是全德國的代表

巴伐利亞每個城鎮都會豎立五月柱(Maibaum)

世人最嚮往的德國城市

到了慕尼黑，一定要去啤酒屋或戶外啤酒花園，大口大口地暢飲，感受當地人的豪情，也一定要到各個王宮城堡，感受一下當王子與公主的氣氛，慕尼黑博物館各式各樣的豐富典藏，更是世界級玩家絕不能錯過的，而離慕尼黑僅1、2小時車程的阿爾卑斯山，更足以作為現代人永遠的心靈故鄉，到那裡感受高山的靈氣，並造訪清淨的山中湖泊，讓壯麗的山水洗盡所有的塵囂。這麼多美好的事物，在慕尼黑竟唾手可得，於是不難理解，人總說巴伐利亞人很自負，也難怪若讓人選擇在德國的居住地，大多數的人都會選擇慕尼黑。這個城市，開放卻不脫序、豪氣中帶著優雅。德國人這麼說，慕尼黑是「Weltstadt mit Herz」，意即「有心的世界之都」，表示慕尼黑是最有內涵又最貼心的國際大都會。

←雄偉的山巒環繞的山中湖泊，動人美景令人屏息

旅行小抄

慕尼黑十月啤酒節

多采多姿的慕尼黑全年節慶不斷，最重要的當然是啤酒節(Oktoberfest，十月節之意)。此節慶源自1810年10月，巴伐利亞王子路易一世與薩克森的泰雷莎公主結婚所舉行的慶祝活動，因廣受好評，所以變成每年皆舉辦一次。

節慶時，會有許多販售小件手工裝飾品的攤販，每樣都很有特色

慕尼黑啤酒節的主角是各大、中、小型的當地啤酒廠所架設的啤酒屋，當然包括Hofbräu、Augustiner、Loewenbräu、Pschorr等。每年9月中下旬到10月的第一個星期日止，數以百萬計的遊客，將啤酒節場地(Theresienwiese)擠得水洩不通。16天下來，六百多萬人次要喝掉1,000萬公升的啤酒。

除了在啤酒屋內暢飲一公升的大杯啤酒(Mass)，及配下酒菜如鹼捲麵包(Bretzel)、火烤肉類及香腸類、紅皮小白蘿蔔(Radieschen)等之外，整個園遊會場地還有各類攤販和特別架設的大型遊樂設施，包括大摩天輪(Riesenrad)，從10:00～22:30，歡笑聲不絕於耳。

U，Theresienwiese站

交通資訊

機場聯外交通

慕尼黑國際機場(MUC)是德國第二大機場，有從香港、曼谷、新加坡、北京直飛慕尼黑的班機，亞洲線的航班也不斷增加中，十分利於商務人士，功能與角色足以媲美法蘭克福機場。機場第二航廈是德航與其所屬的星空聯盟航空公司為主，第一航廈則是星空聯盟以外的航空公司，兩航廈間可步行或搭接駁公車(shuttle bus)。此機場設施較法蘭克福機場更具現代感。

出關離開機場，沿S指標至S-Bahn車站，用售票機買票

往市區的S-Bahn車站

——搭火車——

1.搭S-Bahn至市區火車總站

在機場出口處沿S指標步行至通勤列車站，路線為S1、S8(經過的路線與站點不盡相同)，約每15分鐘一班，車程約40分鐘。

——搭計程車——

出關後沿指標可達計程車上車處。機場到火車總站、市中心約€65，到商展場約€60。

——租車——

出關後沿指標可走到租車櫃檯，預約可至國際租車網站或各大租車公司網站，詳見P.55。

Tips

機場交通詳見P.301。

城市交通

——火車——

慕尼黑是南德鐵路中心的大樞紐，班次極多，到德國各大城皆有ICE高鐵直達，是巴伐利亞及阿爾卑斯山各景點的門戶，亦是跨國火車的重要轉運站，放射狀的鐵路線讓旅人的足跡可輕易地遍及各地。

Tips

假日多人同行使用週末票最划算，平常日則用巴伐利亞邦的邦票(Bayern-Ticket)。邦票說明詳見P.308。

知識充電站

慕尼黑火車總站

慕尼黑火車總站(München Hauptbahnhof，Hbf)因曾受戰火大肆蹂躪，外觀已非美麗的歷史建築。總站規模極大，旅客川流不息，共有三十幾個月台(Gleis)，主廳的十幾個月台只供給長途及高級列車，往附近城市及阿爾卑斯山城的列車通常在較遠的5～10或27～36月台，需預留多點時間尋找。

慕尼黑火車總站極大，最主要的26個月台在眼前一字排開，十分壯觀

火車總站出入口總是人潮如織，匆忙往來

慕尼黑火車總站是德國南部ICE高鐵的起站與終點

ICE高鐵一等艙每排只有3個座位，寬敞舒適

通勤列車(S-Bahn) 地鐵(U-Bahn)

地鐵路線極多且人潮眾多，但由於有效率的營運管理，班次多又準時，只有旺季的尖峰時間才可能會沒位子坐。多條S-Bahn及U-Bahn在火車總站的地下層交會，詳情可查慕尼黑的城市交通局網站。

http www.mvv-muenchen.de

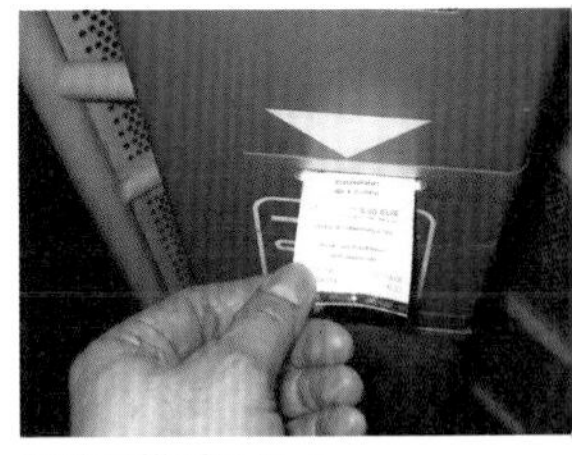
不論是搭乘S-Bahn或U-Bahn，進入月台前必須先自行打票

慕尼黑的S-Bahn路線極多，連接周邊各大小城鎮，包括機場

↗火車總站有多條S-Bahn與U-Bahn交會

佬大的慕尼黑商展場有清楚的各項指標

穿梭各場館間都有便利的設施可快速抵達

1.前往商展場

展覽場館位於市區東方，規模龐大、設計新穎，足見其在商展上的地位。這裡也有國際會議中心，樓上有快速通道(Expressway)可快速平移至各場館，各場館屋頂上有滿滿的太陽能板，深具綠能意涵。

搭U2(紅線)往東方向可達，分別有展覽城西站(Messestadt-West)與展覽城東站(Messestadt-Ost)。

http www.muenchen-messe.de

Tips

自行開車前往商展場：在A94號高速公路的München-Riem出口，即為展覽場。

Tips

交通詳見：購買火車票(P.306)、查詢火車時間(P.306)、搭乘通勤列車(S-Bahn)與市內地鐵(U-Bahn)詳見P.310。

票價說明

全市以火車總站為中心，同心圓向外劃分為多個區，越遠則票價越高，一般遊客在慕尼黑的活動範圍通常在中心地區，可放心地購買最中心區的票。此外，慕尼黑卡(CityTourCard)可買1天或3天、單人或多人同行(2～5人)，對想多看幾家博物館的旅客會相當划算，詳請可上網查詢。

http www.citytour-card-muenchen.com

──計程車──

火車總站前有排班計程車，到商展場約€30。

☎ +49(0)89-19410、+49(0)89-21610

http www.taxi-muenchen.com、www.taxirechner.de

票價參考

單程票種類Einzelfahrkarte	單人票價	日票種類Tageskarte	單人票價	2～5人同行票價
1區	€2.90	Innenraum(中心白圈，包含商展場)	€6.70	€12.80
2區	€5.80	München XXL(中心白圈+綠圈)	€8.90	€16.10
3區	€8.70	Gesamtnetz(全區，包含機場)	€13.00	€24.30
4區及以上(含機場到市區)	€11.60	3 Tage, Innenraum (3日票，中心白圈，包含商展場	€16.80	€29.60
短途票Kurzstrecke (地鐵2站以內)	€1.50			

※ 以上資料時有異動，以實際公告為準。

必訪熱門景點

造訪慕尼黑，通常從新市政廳與瑪利安廣場開始，就能深深感受其魅力。豐富的古蹟與文化景點，加上啤酒花園的豪情，令人流連忘返。

吸睛的報時鐘樓表演

新市政廳與瑪利安廣場

Neues Rathaus & Marienplatz

許多人到慕尼黑的第一站，便是新市政廳與瑪利安廣場，一走出地鐵站，馬上可感受到光影與人聲，以及矗立在眼前巨大的新市政廳。窗前有繁花點綴的市政廳，是慕尼黑最精緻、最美麗的建築，始建於1867年，完成於1908年，是新哥德式建築的傑作，繁複的雕飾及饒富藝術氣息的樓臺，加上泛黑的壁色，充分展現出古典之美與歲月的痕跡。中間高85公尺的鐘樓，是慕尼黑NO.1的景點，每天12:00的報時鐘樓表演(Glockenspiel)，每每吸引廣場上千百遊客的目光，當象徵巴伐利亞的藍騎士戰勝紅騎士後，鐘樓上的慶典隨即展開，夾雜鐘聲與遊客的笑聲。塔樓白天有開放參觀，可搭電梯俯瞰廣場與市中心的景致。

華美的新市政廳與鐘樓表演是慕尼黑的象徵

新市政廳前的瑪利安廣場全年精采活動不斷

✉Marienplatz 8, 80331 München 🚆S+U，Marienplatz站 http www.muenchen.de/sehenswuerdigkeiten/orte/120394.html MAP P.250／B3

Tips

舊市政廳較小，在新市政廳的斜對面，曾被毀於戰火之中，現今為玩具博物館。

市區建築最高雙塔

聖母教堂

Frauenkirche

慕尼黑最醒目的地標，這座有著雙洋蔥高塔的大教堂就位於市中心，從16世紀起，這100公尺高的雙塔便屹立在此，市區內的新建築物甚至被規定不得建得比塔高。

✉Frauenplatz 1, 80331 München 🚆S+U，Marienplatz站 http www.muenchner-dom.de MAP P.250／B3

→聖母教堂是市中心最高的建築

兼具博物館、花園與啤酒

王宮
Residenz

德國所有城市的市中心裡最大的王宮，雖與歐洲其他國家相比，算不上是富麗堂皇，但令人感到十分平易近人。王宮裡有博物館與寶物館，博物館(Residenzmuseum)以展示王族的作品為主，如銀器、邁森御用瓷器等；寶物館(Schatzkammer)則為金銀珠寶、王冠、裝飾品等，美輪美奐，不可勝數。最受人喜愛的莫過於王宮花園(Hofgarten)，素雅寧靜，很適合散步談心，中央的圓亭十分可愛。花園裡也有咖啡廳與啤酒花園(Café Tambosi)，有許多露天座位，逛累了就在此小歇，令人心曠神怡。

王宮花園與圓亭令人陶醉

⊠Residenzstr. 1, 80333 München 🚇U，Odeonsplatz站 http www.residenz-muenchen.de MAP P.250／B3

靜謐優雅的王宮花園，令人流連忘返

王宮花園外的Theatiner教堂

百年傳奇歌劇院

巴伐利亞國家歌劇院
Bayerisches Nationaltheater

19世紀初建成，是德國最經典的歌劇院之一，演出的戲劇與團體都是世界級的，因此經常一票難求，建議及早訂票。此歌劇院亦開放白天參觀，可看到有好幾層樓的高雅包廂，能坐在這裡欣賞歌劇實在太享受了！

⊠Max-Joseph-Platz 2, 80539 München 🚇U，Odeonsplatz站；S+U，Marienplatz站 http www.staatsoper.de MAP P.250／B3

慕尼黑國家歌劇院是德國南部最重要的歌劇殿堂

義大利名家設計

寧芬堡王宮

Schloss Nymphenburg

紅瓦白牆的大宮殿，加上巴洛克的雕飾以及綠與水調和的庭園，這是義大利名家巴雷利Barelli所設計的，於17世紀建給巴伐利亞王作為夏宮。占地極廣，成為慕尼黑市民另一個綠色休憩場所，這裡有一處展示豪華馬車的博物館(Marstallmuseum)與陶瓷收藏館(Porzellansammlung)。

Schloss Nymphenburg, Eingang 180638 München
搭電車Tram17或巴士41至Schloss Nymphenburg站
www.schloss-nymphenburg.de MAP P.250／A1

寧芬堡王宮位於慕尼黑西郊，寧靜怡人

王宮花園與水池足以讓旅人洗盡疲憊

市區的特大號綠園

英國花園

Englischer Garten

位於市中心東北方一大片綠地，是慕尼黑的綠肺，其大小與功能都不輸紐約的中央公園，英國花園的重點不在花，而是綠，有一望無際的草地與廣闊的樹林。夏日的午後，花園的草地上滿是享受日光浴的民眾，男女老幼，或半裸、或全裸、毫不遮掩，盡情浸潤在自然與陽光之中，這裡也有人造小河，曬熱了便下水漫游，更特別的是，這不是圍起來的天體營，衣冠整齊的遊客亦可漫步在草地與人群之間，猶如置身伊甸園。

林木環繞的英國花園在冬天，亦是散步的絕佳場所

無垠的草地、綠樹與享受陽光的人們(圖片提供／München Tourismus, T. Kruege)

來這裡最有看頭的莫過於啤酒花園，可容納數千人，坐在簡單的木桌與長板凳上，大塊吃肉、大口喝酒，這就是南方的豪情。著名的「中國塔」(Chinesisches Turm)更常有Live Band，團員們穿著巴伐利亞的傳統服裝，民眾跟著大聲唱著家鄉的歌，氣氛相當動人！

Englischer Garten, München U，Giselastrasse站 www.muenchen.de/sehenswuerdigkeiten/orte/120242.html MAP P.250／A4

獨家新潮景點

身為巴伐利亞經濟與文化的首都，造訪以下景點，可感受到在每個年代，慕尼黑都是最前衛的都城。

看盡BMW全歷史

BMW博物館

BMW Museum／BMW Welt

登上奧運公園的電視塔，可看到附近一座4個圓柱汽缸型的大樓，這就是BMW的總部大樓。BMW為Bayerische Motorwerke的縮寫，亦即巴伐利亞汽車製造公司，總部旁圓形有BMW巴伐利亞藍白格子Logo的建築物，即為遠近馳名的BMW博物館。展示從古至今的BMW汽車，可看到其成長歷史，除汽車外，BMW的摩托車也是寵兒，甚至連飛機引擎也看得到。與斯圖加特賓士博物館(P.286)不同的是，這裡會酌收門票，但因品質很優，值得細細品味。

新建的「BMW Welt」(寶馬世界)是座超現代的建築。美麗的曲線、奇幻的玻璃幾何造型，當然亦成為新地標。屋頂滿滿的太陽能板是綠色能源的表徵，裡面的車型繁多，愛車族必定流連忘返。

博物館：Petuelring 130, Am Olympiapark 2, 80809 München；寶馬世界：Am Olympiapark 1, 80809 München　U，Olympiazentrum站　http www.bmw-welt.com　MAP P.250／A1

BMW World開放免費參觀，訪客絡繹不絕

科技城慕尼黑有BMW總部及博物館

旅行小抄

慕尼黑博物館順遊

慕尼黑有許多精采的博物館，特別推薦德意志博物館，收藏全德最多的科技品，化工、紡織、電子等無所不包，數量及種類都十分驚人，交通工具如汽車、船舶等，從最早期到現代機型樣樣齊全，頂樓還有一座太空劇場(Planetarium)。

展現浩瀚知識的德意志博物館(圖片提供／München Tourismus,B. Roemmelt)

此外，舊美術館(Alte Pinakothek)、新美術館(Neue Pinakothek)、現代美術館(Pinakothek der Moderne)、民族學博物館(Staatliches Museum für Völkerkunde)、市立博物館(Münchnerstadtmuseum)、玩具博物館(Spielzeugmuseum)、古物收藏館(Antikensammlungen)、雕刻收藏館(Glyptothek)、埃及博物館(Ägyptisches Museum)等都很值得一看。

德意志博物館(Deutsches Museum)

Museumsinsel 1

U，Fraunhoferstraße站；S，Isartor站

http www.deutsches-museum.de

MAP P.250／C4

1972年奧運主場地

奧運公園

Olympiapark

這裡是1972年慕尼黑奧運的主場地，戰後才23年，德國即以此傲人的全功能運動公園展現在世人眼前，特色是建築主基調乃以帳篷狀的透明壓克力篷頂組合而成，這種風格處處形成美麗的畫面，更難能可貴的是，所有場館現在都還被充分使用，國內及國際比賽終年不斷，這裡也是露天音樂會與節慶的重要場地。

1972年即啟用的奧運公園，足見當年的先進

Spiridon-Louis-Ring 21, 80809 München U，Olympiazentrum站 www.olympiapark.de P.250／A1

奧運公園至今仍為重要的活動場所，是市民的最愛

登上奧運塔(Olympiaturm)可盡覽奧運公園與大慕尼黑的壯闊，晴朗時往南還可看到阿爾卑斯山

見證德國足壇輝煌歷史

安聯足球場

Allianz Arena

2006年世界盃足球賽前建成，也是開幕賽的場地(冠軍賽在首都柏林)。充氣式的超前衛建築，夜晚的燈光以巴伐利亞藍以及拜仁慕尼黑隊的紅色為主，璀璨奪目，不僅成為新地標，也展現慕尼黑在德國足壇的王位。

到了夜晚更加耀眼的安聯足球場(圖片提供／邱筱甯)

Werner-Heisenberg-Allee 25, 80939 Münchenax-Joseph-Platz 2, 80539 München U，Fröttmaning站 www.allianz-arena.de P.250／A4

旅行小抄

Therme Erding水療三溫暖

在安聯足球場東北方約30公里處，有全德最具規模的水療三溫暖Therme Erding，水療(Therme／Kurort)和三溫暖(Sauna)雖不是德國發明的，但在德國發展得淋漓盡致，到處都有。Therme Erding場館相當龐大，共分為4個區：Wellenparadies、Galaxy Erding、Thermenparadies和Saunaparadies，Saunaparadies是專為成人設計，除了各種烤箱、冷熱池外，還有喝雞尾酒的熱帶吧檯及餐飲區。這裡最有特色的應屬Vitaloase池，分別有含碘、含礦物質，以及與死海成分相近的死海池，每日17:00前開放給穿著泳衣的客人，之後則採男女全裸混浴(gemischt)。

門票可選擇時間長短，建議購買4小時的票，或S-Bahn慕尼黑市區來回+Therme Erding套票，若超過時間，最後結帳時再補差額即可。

S，Altenerding站

購物指南

碩大的市中心徒步區，處處是大型商場或連鎖商店或精品專賣店，能滿足每個人的購物欲望，是血拼一族的樂園。

綿延大街逛買不停

瑪利安廣場與考芬格大街 Marienplatz & Kaufingerstrasse

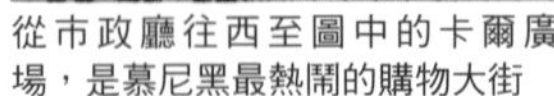
從市政廳往西至圖中的卡爾廣場，是慕尼黑最熱鬧的購物大街

大街上的紀念品店流露德國與巴伐利亞當地風情

一走出地面，便是雄偉的市政廳(Rathaus)，往西便是慕尼黑最重要的購物長街——考芬格大街(Kaufingerstrasse)，這裡有許多家百貨公司、專賣店、紀念品店、馳名的餐廳等，寬闊的街上常有街頭藝人表演及行人駐足圍觀，好不熱鬧，百逛不膩。續往西行，為同樣熱鬧的Neuhauserstrasse，一直延續到卡爾廣場地鐵站(Karlsplatz)。

瑪利安廣場(Marienplatz)南方有個很大的傳統市場「Viktualienmarkt」，可看到德國最典型的食物，當然也有異國美食(南歐、中東為主)，還可買到特殊罕見的紀念品等，很值得一逛。

最近的地鐵站：S+U，Marienplatz站 MAP P.250／B3

精品小巷內搜寶

馬克希米理安街 Maximilianstrasse

在市政廳後方，有一條條的小街交織成慕尼黑最高級的精品購物區，其中，馬克希米理安街更是集精品店之大成，令人流連忘返，國家歌劇院是這裡的中心地標，周圍名店林立，且不乏高級餐廳與士紳名媛悠遊其間。

馬克希米里安街優雅貴氣十足

最近的地鐵站：S+U，Marienplatz站 MAP P.250／B3

馬克希米理安街

Dallmayr

茶香+美食，巴伐利亞頂級享受

知名咖啡、茶品牌Dallmayr在市政廳後方開了旗艦店，產品之多，讓人大開眼界，在此可體驗美味人生！有各式各樣的熟食可當場買來嘗鮮，也有很多罐頭類食品可以買回去。

Dienerstraße 14-15, 80331 München
S+U，Marienplatz站 MAP P.250／B3

→美味的食品令人目不暇給，包括各式巧克力

副都心購物聖地

[史瓦賓區Schwabing]

除市中心外，由王宮站(Odeonsplatz)經大學站(Universität)，再到Münchner Freiheit站，便是慕尼黑的副都心——充滿年輕與豪放氣息的史瓦賓區，這裡商店雲集，是另一處購物聖地。

最近的地鐵站：U，Ludwigstrasse站 MAP P.250／A4

史瓦賓區的Leopoldstrasse上有成排的風味餐廳，擺滿了餐桌椅，在高聳入雲的大樹下暢飲啤酒，越夜越熱鬧

Tips

在Ludwigstrasse兩側的徒步區都擺滿了餐桌椅，各式餐廳櫛比鱗次，在高聳入雲的大樹下，暢飲啤酒，大口吃肉，並收看足球轉播，與球迷同聲歡呼，保證永生難忘。MAP P.250／A3

美食情報

巴伐利亞料理 (Bayerische Küche) 是世人心中的德國菜，來到慕尼黑，當然要多品嘗啤酒與肉類料理，感受當地的豪情。

Viktualienmarkt市場

熟食市場吃經典特產

市政廳前的巷弄中，則有最值得逛的Viktualienmarkt市場，有許多熟食可選擇，市場內有一間湯品小吃店，選擇多樣，且都是德國人喜歡的口味，還可加點麵或麵餃，很值得品嘗。

Viktualienmarkt, Abt.3, 80331 München http www.muenchner-suppenkueche.de MAP P.250／C3

湯品店外觀，有鮮紅色大看板很好找

Viktualienmarkt滿是農家運到城裡來的在地產品

Viktualienmarkt是最容易了解當地飲食文化的市場

市場內有慕尼黑著名的湯品店，可嘗到美味的德國清燉牛肉麵

火車總站與百貨美食

豪華德式香腸大餐

火車總站內速食簡餐廳最多，有多元的美食文化且大多是開放式陳列，可快速選擇並品嘗。如果很難抉擇，建議找家德式香腸攤，這裡的香腸有長的、短的、紅的、白的、油煎的、水煮的，樣樣都有，也有類似香腸具地方特色的軟火腿排(Leberkaese)，令人想要每種都嘗！

市中心的百貨公司頂樓大多有典型的分項自助式餐廳，選擇性很多。或是大街上和一些綜合型商場(Passage)裡也有許多異國餐廳。

啤酒花園

慕尼黑朝聖必訪

紅白小蘿蔔最適合當下酒菜，喝啤酒配硬硬的德國麵包亦對味

不僅是慕尼黑的特色，更該說是慕尼黑的靈魂，到處都看得到。到慕尼黑啤酒花園，露天暢飲大杯啤酒(一公升裝Mass)，與同伴對看、敲杯，並高喊「Prost!」(乾杯祝福之意)，當然還要大啖配酒小菜，如烤肋排(Spareribs)、烤豬腿(Schweinehaxe)、大鹹捲麵包(Grosse Bretzel)，以及又甜又脆的紅皮小白蘿蔔(Radischen)等，真是太愉快了！

天氣好時，在戶外暢飲並品嘗料理(烤得鹹香的豬肉類最常見)，是一大樂事。

啤酒館與啤酒是慕尼黑的靈魂

通常也都有大規模的室內座位區，有的還有巴伐利亞傳統的音樂、舞蹈現場表演，充分展現豪情，當地人與遊客都一起陶醉其中！較著名的有英國花園(P.259)裡的啤酒花園、Am Platzl 街上已有四百多年歷史的Hofbräuhaus，以及位於主大街Neuhauserstrasse上的Augustiner Keller。

↑↗無論室內或露天，暢飲啤酒是最常見的社交活動

傳統啤酒餐廳

純正巴伐利亞風味

來到慕尼黑一定要造訪傳統的啤酒餐廳，大型且頗負盛名的有非常多家。若是在郊外、山區，或是巴伐利亞鄉間的小城鎮，也會有風格獨具的啤酒餐廳，能感受到比大城市更原始、原味的巴伐利亞風情。

以下推薦幾家大型的巴伐利亞啤酒屋餐廳：

Augustiner

Arnulfstr. 52 +49(0)89-594393 MAP P.250／B2

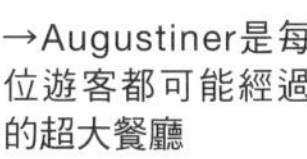

→Augustiner是每位遊客都可能經過的超大餐廳

Hofbräuhaus

Am Platzl 9 +49 (0)89-221676 MAP P.250／B4

Hofbräuhaus是來慕尼黑必訪的老牌啤酒餐廳

有樂團加持助興，現場更high了

Spatenhaus

Residenzstr. 12 +49(0)89-2907060 MAP P.250／B3

慕尼黑迷人的啤酒餐廳眾多，這間位於歌劇院前，是較優雅的選擇

Augustiner-Keller

Arnulfstraße 52 80335 München +49(0)89-594393 S，Hackesche Brücke站 MAP P.250／B1

戶外有龐大的啤酒花園

典型的巴伐利亞餐

吃主餐前必先吃鹼捲麵包(德國結)配啤酒

在巴伐利亞首府慕尼黑，可特別感受到濃厚的地方風情，飲食文化也深具特色。世人印象中典型的德國餐，有很大的比重其實就是指巴伐利亞餐(Bayerische Kueche)。

巴伐利亞西鄰巴符邦，其特色食物如大麵餃(Maultasche)、碎麵疙瘩(Spätzle)，在慕尼黑也容易見到。甜點方面，最具地方(巴伐利亞+奧國)特色的為Germknoedel，像是一顆圓形的大饅頭，在德國許多地方常稱Dampfnudeln，會搭配熱的香草醬汁或罌粟籽(Mohn)，簡單又美味。另外一道Kaiserschmarrn則是奧國宮廷甜點，早已平民化，在碎麵團上加糖粉與莓醬。這些在中部、北部不常見到的料理，在南部的餐館則非常普遍，既然來到這兒，就得點來嘗鮮才行！

在慕尼黑街頭，啤酒餐廳隨處可見

在啤酒花園享受巴伐利亞風情

巴伐利亞正宗飲品

巴伐利亞最具地方色彩的飲料當然是當地的啤酒。慕尼黑有許多家有數百年優良傳統的啤酒廠，勢力龐大，是啤酒節的主角，也在全市各地開了許多超大型啤酒餐廳。啤酒種類之多，各家口味皆有些許差異，但新鮮暢飲則是不變的原則。值得嘗試的包括Hefe Weizen，或稱Weissbier，是加了酵母風味，不透明的白啤酒。Dunkles Bier、Schwarzbier則是所謂的黑啤酒。

在啤酒節常見的一公升大杯「Mass」，一般餐廳和酒館內並不常見，最一般性且適宜的杯子是500ml，因為較能保有新鮮風味。在德國多數地區稱為Lady分量是300ml，但這裡Lady分量通常有500ml，可說是不分男女，人人都愛暢飲啤酒。

大口暢飲啤酒是來慕尼黑最重要的體驗

每家餐廳都有自家釀製的數款啤酒供人選擇

鄰近特色料理

巴伐利亞與奧地利比鄰，所以常見到承自哈布斯堡奧匈帝國文化的奧地利料理，較巴伐利亞來的精緻。奧地利最典型、值得品嘗的餐點有：

Wiener Schnitzel維也納炸肉排

炸肉排有其特殊規定，且必須用小牛肉製作，才能正統地稱為Wiener Schnitzel，如果只是類似的配方，只能稱為「維也納式」炸肉排(Schnitzel Wiener Art)。

正宗維也納炸肉排

Ungarisches Gulasch 匈牙利紅椒牛肉湯

味道香濃。若做成濃稠的醬汁，可作為主菜，適合配白米飯或水煮馬鈴薯。

↓匈牙利紅椒牛肉湯可當前菜

↑匈牙利紅椒燉牛肉可當主菜

上菜囉！9種常見菜名

Schweinebraten
大塊豬肉烤後切片，搭配德式肉汁(Bratsauce)

Schweinehaxe
南德式烤豬腿

Leberkäs
軟火腿排

Leberknödelsuppe
肝丸子湯(肝丸子可當主菜)

Kartoffelknödel
馬鈴薯丸子(主食)

Semmelknödel
麵團丸子(主食)

Schnitzel mit Champignon-Rahmsauce
炸肉排配蘑菇奶醬

Weiβwurst
慕尼黑白腸(沾甜芥末Süβer Senf)

Bretzel
鹼捲麵包，或譯作德國結

住宿概況

當慕尼黑有商展或節慶而一房難求時，周邊城市值得一試，如Rosenheim、Augsburg、Freising、Erding、Dachau、Landshut、Ingolstadt、Regensburg等，搭區間火車(RE)，車程約1小時左右，網址皆為www.城市名稱.de。

火車總站	南側與東南側有許多機能型的旅館，最集中的區域是南北向的Schillerstr(包括City Hotel、Schiller Hotel等)及東西向的Bayerstr(包括InterCity Hotel等)、Schützenstr(包括Hotel Excelsior、Hotel Meier等)。
地鐵站	交通便利，房間通常較總站附近的旅館寬敞。
機場	Kempinski就在機場旁邊，附近也有Novotel。
展場	展場旁的旅館是Novotel，設備佳，展覽期間價格極高。
大型連鎖旅館	慕尼黑有大多數全球知名的連鎖旅館，如Accor集團旗下旅館、Kempinki Vier Jahreszeiten(位於Maximilianstrasse)、Mandarin Oriental(市中心)、Grand Westin與Sheraton(位於地鐵U4終點站Arabellapark附近)。
五星級高級旅館	Sofitel、Le Meridien、Kempinski、Mandarin Oriental、Grand Westin皆有在慕尼黑設點。

近郊觀光漫遊路線

↑慕尼黑南方近郊處處是阿爾卑斯山下的絕美小鎮

在慕尼黑，方圓2小時車程內，有許多世界級的景點，往北到多瑙河畔，有迷人的雷根斯堡(Regensburg)；東北方有3條河流：多瑙河(Donau，英文為Danube)、茵河(Inn)、伊爾次河(Ilz)，匯流於帕紹(Passau)，往東是奧地利的薩爾斯堡，往西是古城奧格斯堡(Augsburg)，越往南就越加精采，且阿爾卑斯山將近在眼前。

路線1 極致夢幻的新天鵝堡

http www.neuschwanstein.de MAP P.13

新天鵝堡的創建者，巴伐利亞傳奇國王路易二世(或譯為路德維西二世)

路線特色

新天鵝堡(Neuschwanstein)堪稱世界上最唯美、最浪漫的城堡，也是路易二世國王(Ludwig II.)留給世人最可貴的作品。

新天鵝堡是日本人最嚮往的「白鳥の城」(Königschloss Neuschwanstein)，也是迪士尼樂園城堡造型之靈感來源，位於山巖上童話般的城堡，無時無刻散發著仙靈之氣，配合當地的湖光山色，如夢似幻，令人痴醉。

從Marienbrücke橋上遠望新天鵝堡

城堡內部白天可參觀(需購票)，有英文及日文的導覽，可看到路易二世豪華卻怪異的房室裝潢，充滿理想與幻想。至於明信片上常見的，新天鵝堡最美的正面，則必須通過步道，搭Tegelbergbahn纜車才可看到，無論春夏秋冬甚或雲霧繚繞時，新天鵝堡都是那麼地百媚千嬌，那麼地迷人。

從任何角度看新天鵝堡都是極美

交通方式

搭區間火車(RE)到富森(Füssen)，每小時一班，車程2小時左右，再轉搭公車至霍亨史萬高(Hohenschwangau)。

Tips

須在慕尼黑火車總站的側邊月台搭車，因月台較遠，需提早到車站。

路線規畫

上山前的首站富森，是新天鵝堡山下的小鎮，鎮上有很多紀念品店，及適合觀光客口味的德國餐廳，可先逛逛再轉搭公車。而有著典型騎士城堡造型的黃色霍亨史萬高城堡，則是路易二世小時候最常待的地方，長大後，國王常在此會晤音樂家華格納。若是走得累了，不妨在山下的阿爾卑斯湖畔(Alpensee)閒坐，看看天鵝隨波泳舞，欣賞最美的景致。

從霍亨史萬高到新天鵝堡有3種方式：

1.搭小巴士：在主大街上的Schlosshotel Lisl等車，旺季時班次頻繁但需排隊，約10分鐘可達城堡附近。下車後，先往右走可到瑪利安橋(Marienbrücke)，這裡可看到新天鵝堡雄偉的側面，然後回頭沿著指標即可到達城堡，這段路途中可看到阿爾卑斯山，阿爾卑斯湖及山下黃色的霍亨史萬高城堡，景致十分迷人！

路易二世年輕時待過的霍亨史萬高城堡(圖片提供／Hotel Lisl)

2.步行前往：從主大街上的Schlosshotel Lisl，順著城堡指標一路走上山，約走30分鐘可達。

3.搭乘馬車：可在主大街上的Hotel Müller前面搭乘，隨著馬蹄聲踢躂上山，相信這也是國王當年上山的方式吧！

新天鵝堡的雙頭馬車，帶著旅客悠閒地緩步上山

新天鵝堡山下有許多迷人的旅館，圖為Hotel Lisl的分館Jägerhaus

旅行小抄

二日遊行程建議

首先，可一早由慕尼黑搭火車到富森，先在富森逛逛，再搭巴士至霍亨史萬高，抵達新天鵝堡區，晚上可在此過夜。隔天用完早餐後，搭巴士及火車從霍亨史萬高到Garmisch-Partenkirchen，在此搭登山火車及纜車上達楚格峰(P.272)；若是天候不佳，花錢坐纜車則沒意義，可改由霍亨史萬高搭巴士到Oberammergau的林德霍夫宮(P.270)參觀，並逛逛這個精緻的小鎮，傍晚搭火車返回慕尼黑。

路線 2

最精緻的林德霍夫宮

http www.linderhof.de MAP P.13

路線特色

路易二世為滿足幻想而建造的世界，包括具聲光效果的人造鐘乳石洞，甚至有小船可在洞中划行。

位於上阿瑪高(Oberammergau)附近，上阿瑪高以濕壁畫聞名全德，非常詩情畫意。王宮主體建築為洛可可式，建於1869～1879年之間，是唯一在路易二世還在世時就完工的王宮，其內精雕細琢，富麗堂皇，跟隨導覽入內參觀是必要的選擇。庭園有義大利文藝復興風格，周圍則是深具英國風味的綠園，滿足路易二世想遺世獨立又能享受人生之願望。

巴伐利亞南部阿爾卑斯山區猶如人間仙境

交通方式

搭區間火車(RE)直達上阿瑪高，每小時一班，車程將近2小時。在火車站前可搭公車至林德霍夫宮，下車後沿指標步行數分鐘即可抵達。

↑上阿瑪高的房屋處處可見璀璨的濕壁畫

←路易二世的經典宮殿——林德霍夫宮(圖片提供／上選旅行社)

路線 3 金湖中心島上的凡爾賽

http www.herrenchiemsee.de MAP P.13

路線特色

巴伐利亞邦最大的湖泊——金湖，不只有唯美的湖光山色，更是路易二世的第三座城堡所在。

金湖(Chiemsee，發音[Kim-zeh])中有座男仕島(Herreninsel)，路易二世在造訪法國之後，崇拜太陽王路易十四的他，決定買下此島，蓋一座仿巴黎近郊凡爾賽宮的壯麗皇宮，就稱為Herrenchiemsee。

交通方式

搭火車往東至金湖畔的小鎮普利恩(Prien a Chiemsee)，車程約1小時。此段班次頻繁，有IC快車也有區間火車(RE)，交通便利。下火車後轉搭金湖小火車(Chiemsee-Bahn)，或步行一小段路，即可到達碼頭，在此乘船環湖，飽覽金湖的山光水色，船會停在男仕島，可散步前往王宮。

乘船覽湖景，前往王宮

路線規畫

登上男仕島後，穿越樹林，沿著指標即可來到Herrenchiemsee王宮，此宮十分龐大，左右對稱，典雅的風格宛如凡爾賽宮般堂皇。王宮內部許多廳堂、房間也是極盡奢華，大鏡廳(Großer Spiegelsaal)是其中最精細又壯麗的。

這座雄偉的宮殿，對19世紀後期財政日益困窘的巴伐利亞王國來說，卻是沉重的負擔，國王在此宮僅待了7天，當時未完成的部分，也沒有再繼續蓋下去了，這也留給世人思考的空間……。

搭金湖小火車可到碼頭

富麗堂皇的Herrenchiemsee皇宮，足見路易二世雄心壯志與藝術品味

路線 4 登上德國頂峰——楚格峰

http www.zugspitze.de/main.php MAP P.13

路線特色

想在德國看看阿爾卑斯壯闊的高山，當然要到德國第一高峰——楚格峰(Zugspitze)。

純淨自然的艾柏湖與白雪皚皚的阿爾卑斯山

海拔2,962公尺的楚格峰，有纜車直達，可登上終年積雪的山頂，居高臨下，氣勢磅薄，天氣好時甚至可看到一百多公里外，真是無比壯觀！

登上楚格峰前，不妨在山中的湖畔小歇

交通方式

搭區間火車(RE)或IC快車到卡米許帕騰基爾先(Garmisch-Partenkirchen)，車程約1.5小時，在該火車站後方轉搭巴伐利亞楚格峰登山火車(Bayerische Zugspitzbahn)。在此可買只到艾柏湖，或加上搭纜車的來回票(Rundfahrt，英文Roundtrip)，登峰纜車票價頗高，約需€50。

巴伐利亞楚格峰登山火車

路線規畫

從慕尼黑到卡米許帕騰基爾先(Garmisch-Partenkirchen)，不但搭車方便，且可一天來回。沿途美景處處，春夏季節滿是野花，配上綠草、牛羊、山屋、白山、溪流……宛若人間仙境。這裡是冰雪運動的聖地，曾舉辦1936年的冬季奧運，所以冬季亦是旺季，各項運動設施十分齊全，不斷吸引滑雪客。

先在艾柏湖看看湖景，接著排隊搭纜車登峰，旺季天氣好時，可能要排隊1小時以上！上山一定要注意保暖，但若天候不佳，視野不好，也許就不要花大錢去坐纜車了，可在城鎮或山下的艾柏湖(Eibsee)逛逛，也很不錯。從2,964公尺的楚格峰搭冰河纜車(Gletscherbahn)下來，中途轉搭登山火車下山。賞玩加排隊以及搭車的時間，總共需4、5個小時以上，須注意最後一班纜車、登山火車，以及回慕尼黑的火車時間。

綠草、高山、農舍和野花，交織成一幅美麗的圖畫

山中靜謐的森林、村莊與教堂，令人心曠神怡

路線 5

神童仙樂——濃情薩爾斯堡

http www.salzburg.at MAP P.13

路線特色

秀麗的薩爾斯堡，因為莫札特這位薩爾斯堡之子，充滿了文化與浪漫的氣氛。

談起莫札特，每天都有無數人沉醉在他優美的旋律之中，他的音樂幾乎每天都會出現在電視廣告或廣播節目中，而孕育出這位神童的，便是宛如人間仙境的薩爾斯堡， 這座依山傍水的城市，無時無刻都以最清新優雅的面貌，歡迎世人來分享這份愉悅。

→可在薩荷旅館的薩爾斯堡分店品嘗到正宗薩荷黑蛋糕

薩荷旅館在薩爾斯堡的分店

交通方式

薩爾斯堡是邊界城，屬於奧地利，位於慕尼黑與維也納之間的主線上，交通十分便利，有密集的區間火車(RE)與IC快車行駛其間，車程約2小時。

薩爾斯堡的莫札特像

薩爾斯堡的精采景點都集中在古城附近，從火車站下車後，搭公車到米拉貝爾(Mirabell)花園站，即可一路步行到古城區。

推薦景點

米拉貝爾花園 Mirabellgarten

這是一座王宮公園，占地不大，但精巧的建築，配上花團錦簇的花園，讓人不禁想起電影真善美中孩童在此嬉戲的場景。這裡還有一塊園地開滿玫瑰花，就像是經典卡通小甜甜與安東尼在一起的薔薇花園。

走出王宮花園，即可看到清澈、有雁鴨為伴的薩爾斯河，這裡可看到古城與山上白色的城堡，潔淨美麗，與深色系的海德堡有異曲同工之妙，過橋即進入對岸的古城區。

唯美的米拉貝爾花園與王宮

葛特萊德巷 Getreidegasse

古城(Altstadt)中最精采的地段，莫過於最主要的老街——葛特萊德巷(Getreidegasse)，意譯為穀物巷。約200公尺長的老街上商店林立，特色是每一家都有中古時代吊飾般的招牌，閃閃發亮，個個別出心裁，許多人到薩爾斯堡就是為了欣賞這個！連麥當勞等連鎖店也不能免俗。

葛特萊德巷是一條景物別致的老街

莫札特的故居 Mozart Geburtshaus

葛特萊德巷9號，音樂神童誕生的地方，裡面有很多莫札特的手稿、家具、用過的物品等等，莫札特迷絕對不能錯過。

參觀莫札特出生地緬懷音樂神童

王宮廣場與大教堂廣場 Residenzplatz & Domplatz

葛特萊德巷向東走至盡頭即是薩爾斯堡古城的中心，壯麗典雅的建築訴説著這裡輝煌的歷史。

霍亨薩爾斯堡 Hohensalzburg

可步行或搭登山電車至這座山上碉堡參觀古代防禦工事，向前俯瞰薩爾斯堡城市及河岸風光；向後欣賞綠草中的村落及遠處白雪皚皚的阿爾卑斯山。

修道士山Mönchsberg

葛特萊德巷西端續往前走，在Aufzug指標處可購票乘電梯上山，這是全薩爾斯堡景觀最好的地方，且因觀光客不多，保留了一分靜謐與甜美，怪不得德國地理學泰斗洪堡(Alexander von Humboldt)在看了此景之後説，薩爾斯堡是世界上最美的地方。

薩爾斯堡古城全景是難得一見的美景

慕尼黑周邊延伸景點

國王湖(Königssee)：需從德國最東南端的Berchtesgaden小鎮前往，可參考網站。

http www.berchtesgaden.de

德國樂高樂園(Legoland Deutschland)：位於根茨堡(Günzburg)的親子主題樂園渡假村，最精采的莫過於用億萬個樂高積木堆砌成歐洲各地標的小人國。

http www.legoland.de

其他還有林島(Lindau)(P.292)、波登湖(Bodensee)(P.292)、羅騰堡(P.78)、紐倫堡(P.232)等。

斯圖加特

STUTTGART

這裡是賓士車的故鄉，帶動周邊無數工商業的發展。由於地勢起伏、風景優美醉人，加上附近的黑森林、波登湖等壯麗的自然景觀及天然的礦泉浴，使這裡成為令人稱羨的人間天堂。

城市小檔案

德文	Stuttgart
英文	Stuttgart
城市代號	S
城市人口	60萬
所屬邦區	巴登－符登堡邦
重要機場	斯圖加特國際機場(代號STR)
重要火車站	斯圖加特火車總站 Stuttgart Hauptbahnhof(Hbf)
旅遊中心	火車總站
城市官網	www.stuttgart.de

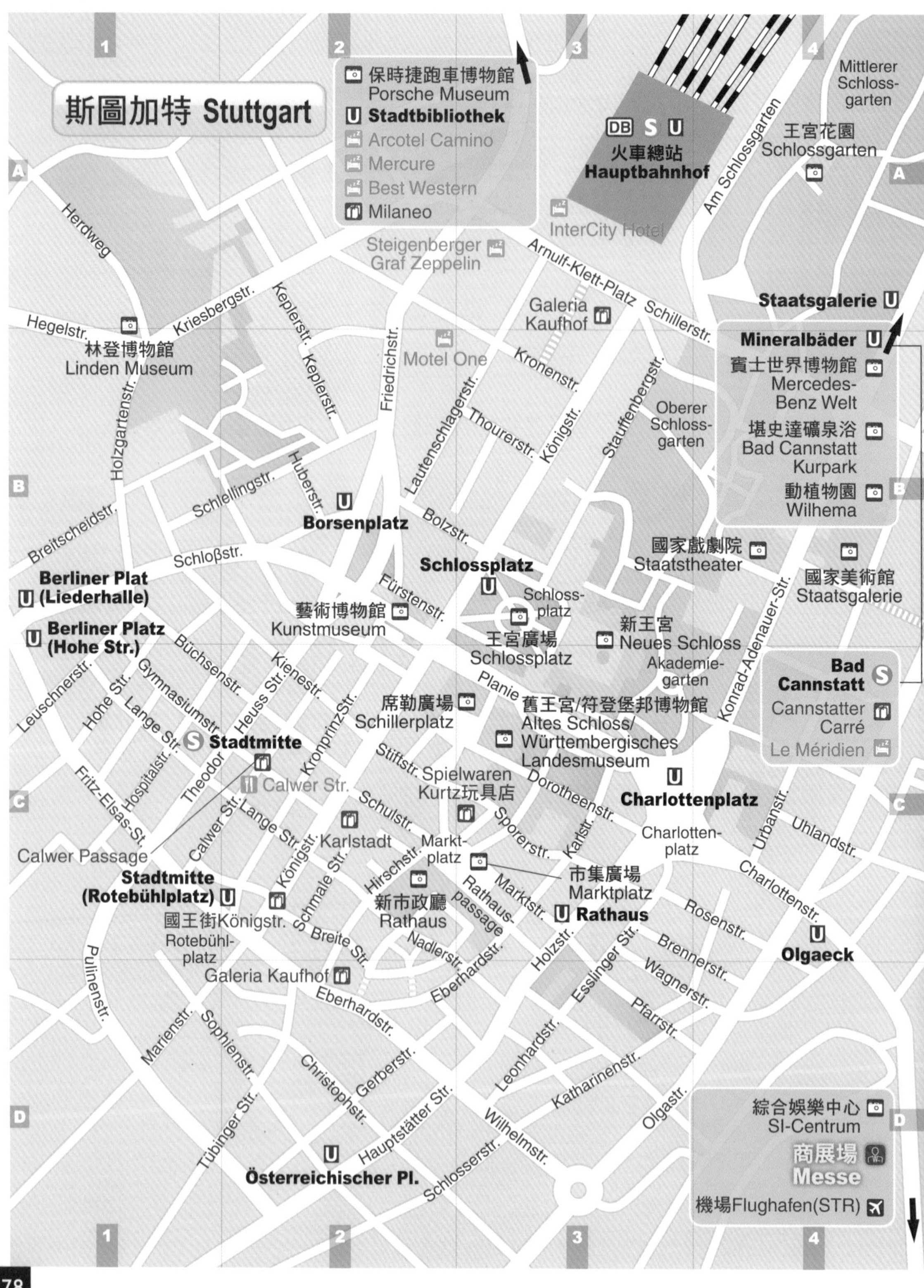

斯圖加特 Stuttgart
保時捷跑車博物館
Porsche Museum
Stadtbibliothek
Arcotel Camino
Mercure
Best Western
Milaneo
火車總站
Hauptbahnhof
InterCity Hotel
Steigenberger
Graf Zeppelin
王宮花園
Schlossgarten
Mittlerer Schlossgarten
Am Schlossgarten
Arnulf-Klett-Platz
Galeria Kaufhof
Motel One
林登博物館
Linden Museum
Staatsgalerie
Mineralbäder
賓士世界博物館
Mercedes-Benz Welt
堪史達礦泉浴
Bad Cannstatt Kurpark
動植物園
Wilhema
Oberer Schlossgarten
Borsenplatz
Schlossplatz
國家戲劇院
Staatstheater
國家美術館
Staatsgalerie
Berliner Plat (Liederhalle)
Berliner Platz (Hohe Str.)
藝術博物館
Kunstmuseum
王宮廣場
Schlossplatz
新王宮
Neues Schloss
Akademiegarten
Bad Cannstatt
Cannstatter Carré
Le Méridien
席勒廣場
Schillerplatz
舊王宮/符登堡邦博物館
Altes Schloss/ Württembergisches Landesmuseum
Stadtmitte
Calwer Str.
Spielwaren Kurtz玩具店
Charlottenplatz
Calwer Passage
Karlstadt
Marktplatz
市集廣場
Marktplatz
Stadtmitte (Rotebühlplatz)
新市政廳
Rathaus
Rathaus
Olgaeck
國王街Königstr.
Rotebühlplatz
Galeria Kaufhof
綜合娛樂中心
SI-Centrum
商展場
Messe
機場Flughafen(STR)
Österreichischer Pl.
Herdweg
Hegelstr.
Kriesbergstr.
Keplerstr.
Friedrichstr.
Kronenstr.
Schillerstr.
Holzgartenstr.
Lautenschlagerstr.
Thourerstr.
Königstr.
Stauffenbergstr.
Huberstr.
Schellingstr.
Breitscheidstr.
Bolzstr.
Schloßstr.
Fürstenstr.
Konrad-Adenauer-Str.
Büchsenstr.
Kienestr.
Heuss Str.
Gymnasiumstr.
Leuschnerstr.
Hohe Str.
Lange Str.
Planie
Kronprinzstr.
Stiftstr.
Dorotheenstr.
Theodor
Hospitalstr.
Fritz-Elsas-St.
Calwer Str.
Lange Str.
Schulstr.
Königstr.
Schmale Str.
Hirschstr.
Sporerstr.
Karlstr.
Urbanstr.
Uhlandstr.
Charlottenstr.
Rathauspassage
Marktstr.
Rosenstr.
Breite Str.
Nadlerstr.
Eberhardstr.
Holzstr.
Esslinger Str.
Brennerstr.
Wagnerstr.
Pfarrstr.
Pulinenstr.
Eberhardstr.
Marienstr.
Sophienstr.
Christophstr.
Gerberstr.
Leonhardstr.
Katharinenstr.
Olgastr.
Tübinger Str.
Hauptstätter Str.
Wilhelmstr.
Schlosserstr.

斯圖加特地鐵圖

R11 Kornwestheim
Zuffenhausen Rathaus
Zuffenhausen Kelterplatz
Zazenhausen
Burgstall (M)
U15 Stammheim
Korntaler Str.
Wimpfener Str.
Salzwiesenstr.
Kirchtalstr.
Schozacher Str.
Fürfelder Str.
Tapachstr.
Himmelsleiter
Suttnerstr.
Freiberg
U7 Mönchfeld S4
Münchingen
Münchingen Rührberg
Korntal Gymnasium
Heutingsheimer Str.
Korntal R61
Neuwirtshaus (Porscheplatz)
Zuffenhausen
Hohensteinstr.
Friedrichswahl
Borsigstr.
Sieglestr.
Hallschlag U12
Münster
Riethmüllerhaus
Wagrainäcker
Hofen
Mühlhausen
Mühle
Max-Eyth-See
Auwiesen
Hornbach
Brückenstr.
U14 Neckargröningen Remseck
Elbestr.
Freibergstr.
Obere Ziegelei
Stein-haldenfeld
U2 Neugereut
Nellmersbach
Winnenden
Weilimdorf
Feuerbach U13
Pfostenwäldle
Sportpark Feuerbach
Wilhelm-Geiger-Platz
Maybach-str.
Pragsattel
Züricher Str.
Münster Rathaus
Münster Viadukt
Kraftwerk Münster
Kursaal
Gnesener Str.
Haupt-friedhof
Schwaikheim S3
Ditzingen
Landauer Str.
Föhrich
Feuerbach
Löwentor
Rosensteinpark
Weilimdorf Löwen-Markt
Löwentorbrücke
Nordbahnhof
Glockenstr.
Mühlsteg
Rosensteinbr.
Daimlerpl.
Uff-Kirchhof
Augsburger Platz
Nürnberger Str.
Sommerrain
Neustadt-Hohenacker
Höfingen
Rastatter Str.
Wolfbusch
U5 Killesberg
Eckartshaldenweg
Milchhof
Mittnachtstr.
Wilhelma
Bad Cannstatt Wilhelmsplatz
U19 Ebitzweg
Waiblingen
Rommelshausen
Bergheimer Hof
Salamanderweg
Stadtbibliothek
Pragfriedhof
R1 R2 R3 R4 R5 R7 R8 R73
Bad Cannstatt
Fellbach
Kienbachstr.
Antwerpener Straße
Stetten-Beinstein
S2
Leonberg
U13 Giebel
Russische Kirche
Rosenberg-/Seidenstr.
U4 Hölderlinplatz
Breitwiesen
Berliner Platz
Börsenplatz
Mineralbäder
Metzstr.
Mercedesstr.
Neckarpark
Blick
Eszet
Schlotterbeckstr.
Beskidenstr.
Endersbach
Höhenstr.
Beutelsbach
Grunbach
Esslinger Str.
Geradstetten
Siedlung
Schloss-/Johannesstr.
U11 Hauptbahnhof (Arnulf-Klett-Pl.)
Neckartor
Cannstatter Wasen
Stöckach
U11 U19 NeckarPark (Stadion)
U4 R11 Untertürkheim
Schwabenlandhalle
Schwab-/Bebelstr.
Stadtmitte (Rotebühlpl.)
Karl-Olga-Krankenhaus
Bergfriedhof
Obertürkheim
U6 Gerlingen
Arndt-/Spittastr.
U9 Vogelsang
Schlossplatz
Staatsgalerie
Charlottenplatz
Raitelsberg
Mettingen
Feuersee
Olgaeck
Ostendpl.
Ostheim
Schlachthof
Brendle (Großmarkt)
Inselstr.
U1 Fellbach Lutherkirche
U9 U2 Botnang
Eltinger Str.
Beethovenstr.
Millöckerstr.
Lindpaintnerstr.
Herderplatz
S1 S4 S5 S6 S60 Schwabstraße
Rathaus
Leo-Vetter-Bad
Eugensplatz
Gaisburg
Wasenstr.
S1 Esslingen (N)
Marienpl.
Österreich. Platz
Dobelstr.
Wangener-/Landhausstr.
Im Degen
Universität
Erwin-Schoettle-Platz
Listr.
Heidehofstr.
Stafflenbergstr.
Wangen Marktplatz
Oberesslingen
Südheimer Platz
Pfaffenweg
Bihlplatz
Wielandshöhe
Bubenbad
Payerstr.
Bopser
Hedelfinger Str.
Zell
Maichingen Nord
Österfeld
Heslach Vogelrain
Waldfriedhof
Haigst
Geroksruhe
Stelle
U9 U13 Hedelfingen
Altbach
Reichenbach (F)
Vaihingen Viadukt
Faststr.
U14
Engelboldstr.
Kaltental
Waldeck
Vaihinger Str.
Wallgraben
SSB-Zentrum
Jurastr.
Riedsee
Nägelestr.
Zahnradbf.
Peregrinastr.
Waldau
Ruhbank (Fernsehturm)
Ebersbach (F)**
Wernau (N)
S1 R73 Plochingen
Maichingen
Vaihingen Schillerplatz
S2 U1 U3 S3 U8 U12 Vaihingen
Weinsteige
U15 Silberwald
Sillenbuch
Sindelfingen
Rohrer Weg
U12 Möhringen
Sonnenberg
Degerloch Albstr.
Degerloch
Schemppstr.
Bockelstr.
Wendlingen (N) S1
S60 R72 Böblingen
Sigmaringer Str.
U15 Heumaden
Oberboihingen
Ötlingen
Goldberg
Böbl. Danziger Str.
Rohr
Leinfelden Frank
Möhringen Freibad
Ruit
Hulb
Böbl. Südbf.
Oberaichen
Unteraichen
Fasanenhof
Plieninger Str.
Zinsholz
Ehningen
Böbl. Heusteigstr.
Europaplatz
Parksiedlung
R82 Nürtingen
Böbl. Zimmerschlag
Leinfelden
U5
EnBW City
Salzäcker
Scharnhauser Park
Gärtringen
Holzgerlingen Nord
U6 Fasanenhof Schelmenwasen
Kreuzbrunnen
Nufringen
Holzgerlingen
Landhaus
Techn. Akademie
Herrenberg S1 R73
Holzgerlingen Buch
Echterdingen
Bempflingen
Herrenberg Zwerchweg
Weil im Schönbuch Troppel
S3 Flughafen / Messe
U3 Plieningen
U8 U7 Nellingen Ostfildern
Weil im Schönbuch Röte
Gültstein
Weil im Schönbuch Untere Halde
F72 Dettenhausen
S2 Filderstadt

資料來源：斯圖加特交通當局 VVS

物質人文皆富的人間樂土

←斯圖加特有最現代的科技公司，亦有古色古香的老城

坐擁豐富的自然景觀

斯圖加特是昔日符登堡王國的首都，自然而然成為文化之城，西有蒽鬱茂密的黑森林(Schwarzwald)，並以萊茵河與法國為鄰，南有廣闊壯麗的波登湖，東邊則是巴伐利亞邦，為「巴登－符登堡邦」(簡稱巴符邦)的經濟中心，東南接阿爾高地區(Allgäu)，古時農牧業興盛，自然景觀多變且豐富，哲學大師特多。因是河谷地形，所以在市區即可見到兩側半山腰上豪邸林立，因為附近的內喀爾河(Neckar)，使這一帶成為酒鄉，山坡上有許多葡萄園。

市中心王宮廣場上的噴泉

賓士大企業坐鎮

這裡又被視為「賓士城」，因為德國最大企業之一的戴姆勒公司總部就在這裡，該企業帶動許多相關產業的發展，造就當地許多財富，此地失業率一向是全德最低。當地人講話有濃重的巴登或史瓦本口音，他們也以此為傲，喜歡跟其他地區的德國人嗆聲：「Wir können alles Ausser Hochdeutsch！」(我們什麼都會，就是不通標準德文！)

工業發達的腓特烈港，依傍在波登湖旁

旅行小抄

斯圖加特的特色節慶

堪史達民俗節慶(Cannstatter Volksfest)

每年的9月下旬至10月上旬在堪史達草地(Cannstatter Wasen)舉辦，是德國第二大啤酒節慶，僅次於慕尼黑啤酒節。若覺得慕尼黑啤酒節太亂，不妨來此好好享受優質的啤酒節！

➡從火車總站或市中心Stadtmitte地鐵站搭U11專車前往會場，或搭S1、S2、S3到Bad Cannstatt站，下車後步行可達

草地四圍的木椅上，坐滿了以酒會友的人群

迎春慶典(Frühlingsfest)

每年4月在堪史達草地舉行，猶如慕尼黑啤酒節，有吃有喝，又有許多如摩天輪等遊樂設施，規模比堪史達民俗節慶稍小。

每到慶典時期，這裡就如同一座小型遊樂園

嘉年華會(Farsching)

科隆地區以外，德國西南部是最重視嘉年華會的地方，此處稱Farsching。許多附近的城鎮都有慶典遊行，如Bad Cannstatt、Rottweil、Rottenburg等，若在2月來，別忘了詢問嘉年華會的時間地點，一起來分享一年中的第五季(冬季結束，春季尚未開始的時節)。

嘉年華會最好玩的就是街上各種新奇有趣的表演

耶誕市集

市中心的耶誕市集也是全德有名，每年自11月下旬會開始熱鬧起來。

交通資訊

機場聯外交通

斯圖加特國際機場(STR)是德國西南部的航空樞紐，與德國各大城及歐洲主要城市都有密集的航班。機場位於城市南邊，而新商展場就在機場旁。

——搭火車——

1.搭S-Bahn前往市區

循S指標找到月台，搭S2、S3直通市區，車程約30分鐘。

2.搭ICE高鐵前往法蘭克福國際機場

因為兩城距離實在太近了，現在幾乎都以ICE高鐵接駁，不但班次密集，車程只需1小時20分，稱為「AIRail專案」(P.87)。

欲搭德航飛機，可在斯圖加特火車總站Check-in，再搭ICE高鐵至法蘭克福機場

——搭計程車——

有專區可搭乘計程車，需注意TAXI的指標。機場至市中心火車總站車資約€28，車程約25分鐘。

——租車——

出機場若需租車，請沿指標至航廈內的租車中心，這裡有多家租車公司可選擇。預約可至國際租車網站或各大租車公司網站，詳見P.55。

Tips

機場交通詳見P.301。

城市交通

——火車——

斯圖加特是德國西南部的交通中樞，有各級列車停，ICE高鐵連接至德國所有重要城市。此處也是德國進入瑞士蘇黎世(ICE高鐵)、義大利米蘭以及法國阿爾薩斯省(法國TGV高鐵)的門戶。

Tips

如果是2～5人同行，且行程都在巴符邦內，可考慮購買邦票。雖不能搭ICE高鐵和IC快車，但因巴符邦內城市距離都不遠，可使用的車種已相當足夠，可因此省下許多交通費。購買火車票及查詢火車時間詳見P.306。

通勤列車(S-Bahn) 地鐵(U-Bahn)

以60萬人口的規模來看，斯圖加特的市內大眾捷運算是頂級的，共有6條S-Bahn及十多條U-Bahn，方便的交通是蓬勃發展並能維持高品質生活的主因之一。U-Bahn在市中心是地下鐵，在市中心以外就鑽出地面，成為類似輕軌電車的型態，亦可通稱為Stadtbahn。搭U-Bahn需在售票機購票，詳情可查斯圖加特城市交通局網站。

www.vvs.de

1.前往商展場

原本的商展會場是位於距離市區不遠的Killesberg，但早已不敷使用，2007年在機場旁啟用了新的會展中心，包含展場(Messe)及國際會議中心(ICS，International Congress Center Stuttgart)，並在現代多功能設施中融入許多綠建築設計，如屋頂上數量龐大的太陽能發電板等(展覽資訊詳見P.30)。

步行：從機場步行即達。**搭S-Bahn**：從市區出發，搭S2、S3到Flughafen／Messe站

http www.stuttgart-messe.de

Tips

若有斯圖加特卡(StuttCard)，可享博物館門票等多重優惠，票價€15起，包括24、48或72小時不同時間限制，可在區內無限搭S-Bahn、U-Bahn、公車等，可在旅遊中心購買。搭乘通勤列車(S-Bahn)與市內地鐵(U-Bahn)詳見P.310。

——計程車——

火車總站前有排班計程車，到商展場約€28。

+49(0)711-5510000

http www.bettertaxi.de/en

斯圖加特U-Bahn路線多且舒適便利

票價參考

車票種類	市區與附近(1 Zonen)	市區與機場/展場之間(2 Zonen)
單人單趟 Einzelfahrt	€2.50 短程票(Kurzstrecke)：€1.40	€2.90
單人一日票 Tageskarte	€5.20	€6.00
多人一日票(至多5人) GruppenTagesTicket	€10.40	€12.00

※以上資料時有異動，以實際公告為準。

知識充電站

斯圖加特火車總站

斯圖加特火車總站(Stuttgart Hauptbahnhof，Hbf)於1927年落成，是座地面有16條軌道的單頭火車站(Kopfbahnhof)，最特別的地方，是塔頂上的賓士標誌(Mercedes Stern)，彷彿在炫耀該市多麼以賓士為榮。地下層有U-Bahn與S-Bahn，可搭至全市及郊區各地。

預計未來鐵路會全面地下化並穿過火車站，藉此減少火車迴車的時間，縮短斯圖加特到烏爾姆之間的行車時間，多出來的陸地面積將規畫成超現代的城市空間，稱為「Stuttgart 21計畫」，且讓我們拭目以待！

火車總站大廳開闊，有許多小店與速簡餐廳

壯觀的斯圖加特火車總站，塔頂有耀眼的賓士標誌

必訪熱門景點

斯圖加特景點大多集中在市中心附近，十分好逛。雖屬大城市，卻有德國中小城鎮的風情，極為迷人。來到這裡，絕對不能錯過歷史與前衛兼具的汽車博物館，還有歐洲最大的動植物園(Wilhema)，以及全歐第二大的天然礦泉，絕對讓你有意想不到的精采收穫。

充滿生活感的市民中心

新王宮及王宮廣場

Neues Schloss & Schlossplatz

從火車總站往國王街走50公尺，即可看到左側一整片廣闊的綠地以及雄偉的建築，這是市中心最受歡迎的景點——新王宮。當然，今日王宮內已經沒有王侯了，而是巴符邦的政府及議會所在地，前方綠草如茵的庭園，則全部開放給市民休閒之用。

這裡常有節慶活動，也有許多露天咖啡座，休閒風情洋溢，配合王宮對面典雅的柱廊建築——國王大廈(Königsbau)，以及王宮後方山腰的房屋和山頂上的電視塔，斯圖加特真是個生活的好地方。

國王大廈的列柱

✉Schloßplatz 4, 70173 Stuttgart 🚉S+U，Hauptbahnhof站；U，Schlossplatz站 http www.stuttgart.de/item/show/305802/1/dept/108937 MAP P.278／B3

新王宮廣場就在火車總站前方，美麗且便於賞遊

休閒最佳去處

王宮花園
Schlossgarten

新王宮北側有一大片好長好長的綠園地，從市中心一直往北延伸到內喀爾河畔的礦泉浴所，稱為王宮花園；其間夾雜著小湖及樹林，是民眾休閒的最佳去處。

開放空間 S+U，Hauptbahnhof站；U，Staatsgalerie站 http www.stuttgart.de/item/show/305802/1/dept/108939? MAP P.278／A4

廣大的王宮花園滿是綠草綠樹，逛起來十分舒適

造訪典雅古建築

席勒廣場及市集廣場
Schillerplatz & Marktplatz

這一帶是古老的市中心，廣場上矗立著劇作家席勒(Friedrich Schiller)的雕像。席勒生於斯圖加特附近的小鎮Marbach，曾在斯圖加特附近求學。

整齊劃一的正方形窗格是市政廳的外觀特色

已有千年歷史的舊王宮(Altes Schloss，現為符登堡邦博物館)、本市最古老的教堂(Stiftskirche，有醒目的雙塔)、室內傳統市場(Markthalle)及現代建築風格的新市政廳(Rathaus)都圍繞在此，市政廳前的市集廣場(Marktplatz)常舉辦節慶活動。雖然這裡小巷交錯，但都是徒步區，散起步來感覺十分舒坦。

Schillerplatz, 70173 Stuttgart S+U，Stadtmitte(Rotebühlplatz)站；U，Rathaus站 http www.stuttgart.de/item/show/138048/1 MAP P.278／C3

符登堡邦博物館 (Württembergisches Landesmuseum)

Oberer Schlossgarten 6, Schillerplatz Stuttgart http www.landesmuseum-stuttgart.de MAP P.278／C3

席勒廣場與教堂

舊王宮亦為符登堡邦博物館，常有藝文活動

在Leuze泡礦泉與享用設施，真是一大享受(圖片提供／Mineralbad Leuze)

平價超值礦泉SPA

堪史達礦泉浴

Bad Cannstatt Kurpark(Spa)

在德語國家看到Bad一字，不要受英文影響，這是表示此處自古就是以溫泉、冷泉、礦泉而聞名。Bad Cannstatt衛星城是一塊寶地，出產了全歐第二大(僅次於匈牙利布達佩斯)的礦泉浴(Mineralbad)，天然礦泉水中有許多小氣泡，泡完後肌膚會變得十分光滑柔順。

這裡有好幾處公共浴池、泳池，水質優，價格卻十分大眾化。包括適溫的各種沖水設施、具療效的高溫藥草池、低溫池，以及開闊的戶外泳池，其中最大的是Mineralbad Leuze，夜晚時可仰泳望星空，雪天則可享受一邊淋冰雪，一邊泡溫湯的樂趣。

Am Leuzebad 2, 70190 Stuttgart U，Mineralbäder站 www.stuttgart.de/baeder；www.stuttgart.de/baeder/leuzemineralbad P.278／B4

Tips

德國的游泳池十分普遍，通常分有戶外及室內。戶外泳池只在5～9月開放，周圍常有草地及樹林，有些會圍起一塊區域供作天體日光浴(FKK，Freikörper-Kultur)；室內泳池全年開放，多與跳水池共用，水池可能極深，需注意安全。

愛車迷的天堂

賓士世界博物館

Mercedes-Benz Welt

在賓士總廠旁的博物館是2006年新建的一棟超現代建築，已成為斯圖加特的新地標，且開放給全世界愛車的朋友參觀，有上百部車款。19世紀、20世紀初期的元老車、30年代的老爺車、時速300公里以上的F-1賽車，以及日本天皇、天主教宗以前的座車，應有盡有，是愛車族絕不能錯過的殿堂。旁邊的賓士體育場(Mercedes-Benz-Arena)是斯圖加特足球隊(VfB Stuttgart)的主場地，為該市最重要的足球場。

愛車迷的天堂

Mercedesstraße 100, 70372 Stuttgart S+U，Hauptbahnhof站；U，Schlossplatz站 www.stuttgart.de/item/show/305802/1/dept/108937 P.278／B4

賓士世界博物館展出最經典從古到今的賓士車款

Tips

另有保時捷跑車博物館(Porsche Museum)位在Neuwirtsh通勤列車站，可前往朝聖(P.278／A3)。

知識充電站

戴姆勒(賓士)公司

斯圖加特有幸孕育了兩位人類汽車史上的先驅──戴姆勒(Gottlieb Daimler)以及賓士(Carl Benz)，19世紀末生產了第2000輛汽車，一舉成為世界上汽車工業的領導者。1901年推出的Mercedes車款大獲成功，從此Mercedes便成為歐美國家對賓士車的代名詞。而亞洲國家則喜歡用Benz來稱呼。

藝術文化景點

斯圖加特雖然工業發達，卻也有豐富的歌劇院和博物館文化，美麗的博物館建築常可見寬闊的廣場、花園和湖泊，景色極其優美，特別推薦林登博物館 (Linden Museum)，是全世界首屈一指的民俗博物館。

最大排場音樂劇

綜合娛樂中心

SI-Centrum

斯圖加特東南的超大型音樂劇中心，兩個大廳分別上演兩齣超級大劇，排場十分豪華，所以票價頗貴，可購買團體票或家庭票，或是選離舞台較遠的位置。這裡服務十分周到，附加許多休閒娛樂項目，甚至有大型Wellness水療Spa館——「VitaParc」，在此做商務招待必能賓主盡歡。

來SI Centrum體驗豪華影音享受，徹底紓壓(圖片提供／SI Cnetrum)

⊠Plieninger Straße 100, 70567 Stuttgart U，Salzäcker站 http www.si-centrum-stuttgart.de MAP P.278／D4

高水準芭蕾舞表演

國家戲劇院

Staatstheater

這裡有Schauspielhaus及Opernhaus兩個廳院，是德國西南部最重要的歌劇殿堂，有時會有以現代場景取代的古典歌劇。此外，斯圖加特的芭蕾舞，堪稱為德國水準最高且最富盛名，若有機會遇上，千萬不要錯過！

⊠Oberer Schloßgarten 6, 70173 Stuttgart S，Hauptbahnhof站；U，Staatsgalerie站 http www.staatstheater-stuttgart.de MAP P.278／B4

正門入口即顯出戲劇院典雅莊嚴的宮廷式建築特色

新館以展出現代藝術為主，其建築由後現代主義大師斯特林所設計，他更因此獲得建築界最高榮譽的普利策獎

大師名作齊聚一堂

國家美術館

Staatsgalerie

這是一間館藏十分豐富的美術館，其中以14～16世紀的畫作為大宗。19世紀及20世紀的作品亦極有看頭，有全德最具知名度的畢卡索名作，還有林布蘭及魯本斯等大師的畫作。

Konrad-Adenauer-Str. 30-32, D-70173 Stuttgart S，Hauptbahnhof站；U，Staatsgalerie站 http www.staatsgalerie-stuttgart.de MAP P.278／B4

最新穎的建築設計與展品

藝術博物館

Kunstmuseum

位於市中心國王街精華區，新王宮斜對面與國王大廈旁的全新玻璃方塊建築，白天耀眼，夜晚燈光璀璨。於2005年開幕，是斯圖加特市中心最新潮的地標。這裡有許多新作品，是不凡的新時代藝術饗宴。

Kleiner Schloßplatz 1, 70173 Stuttgart S+U，Hauptbahnhof站；U，Schlossplatz站 http www.kunstmuseum-stuttgart.de MAP P.278／B2

晚上展露玻璃建築晶瑩的美麗

購物指南

斯圖加特經濟發達，高級商店比比皆是。但不像巴黎等大城，沒有蜂擁而來的觀光人潮，可盡情地逛，店內人員服務極佳，會詳細介紹，並讓客人盡情試穿試戴，這種倍受禮遇的感覺是其他城市少有的。

超長大街購物樂趣無間斷

國王街 Königstrasse

市中心商店集中，應有盡有，十分適合有效率地購物。走出火車總站，正前方即是最重要、也最熱鬧的購物大街——國王街(Königstrasse)。街道起點是旅遊中心，對面有Kaufhof百貨公司，沿路走下去，會先經過王宮區，接著是長約1公里的徒步區，精采不間斷。和國王街平行與垂直的數條街道上，也都是名店林立。

過了王宮廣場後再往前，於Kiene Strasse左轉，可至市集廣場，這一帶是精品區，有各名牌旗艦店。此外，附近有一家傳統的玩具老店「Spielwaren Kurtz」，商品很豐富，非常值得一逛。

■Galeria Kaufhof百貨公司

➡國王街前、末端各一家。搭S-Bahn(距火車總站僅一站)、U-Bahn到市中心Stadtmitte站

MAP P.278／D2

■Karstadt百貨公司

➡位於國王街前端

MAP P.278／C2

■Calwer Passage室內商場

➡位於與國王街平行的Calwer Strasse上

MAP P.278／C2

■Cannstatter Carré

➡位於內喀爾河對岸。搭S-Bahn(距火車總站僅一站)、U-Bahn到Bad Cannstatt站，出站即達

MAP P.278／C4

高雅的室內商場Calwer Passage

最新的大型商場Milaneo

■Milaneo

➡搭U-Bahn到市立圖書館站(Stadtbibliothek)，距火車總站僅一站，出站即達

MAP P.278／A3

■Spielwaren Kurtz玩具店

✉Sporerstraße 8, 0173 Stuttgart

MAP P.278／C3

旅行小抄

Outlet City Metzingen

在Lindenplatz有一間物超所值的精品購物天堂，從火車總站搭區間火車(RE)至Metzingen站，車程約45分鐘，每小時一班車，出站後步行約850公尺即達。

http www.outletcity.com/en/metzingen

美食情報

德國西南部有許多特色美食。斯圖加特身為該地區的首府，自然能提供最道地與豐富多元的美食，千萬不要錯過造訪當地德式風味餐廳的機會。

市中心特色美食區

快速滿足貪美食的胃

在火車總站大廳內及地下樓搭U-Bahn的穿堂層、市中心Stadtmitte站、各大百貨公司、以及國王街與市政廳周邊徒步區等地方，都有各式各樣的小吃攤及美食餐廳。

最近的地鐵站：S+U，Hauptbahnhof站　MAP靠近地鐵站P.278／A3

斯圖加特市中心有許多迷人的餐廳

Calwer Strasse

知名餐廳林立

與國王街平行，有許多德式餐廳，及義式、日式等異國風情餐廳。在美麗的傳統樓房下的露天雅座用餐，別有風情。

最近的地鐵站：S+U，S，Stadtmitte站；U，Rotebühlplatz Stadtmitte站　MAP P.278／C2

↓Calwer Strasse有成排的風味餐廳，將近晚餐時間便坐滿了人群

旅行小抄

道地美味麵食：大麵餃與麵疙瘩

德國西南部是麵食最普遍的地區，必嘗的水煮史瓦本大麵餃(Schwäbische Maultasche)通常做成方形，最典型是佐以棕色的德式肉汁Bratsauce，以洋蔥調味，再搭配德式馬鈴薯沙拉(Kartoffelnsalat)，也有佐以奶味白醬或番茄紅醬的。切片加少許蛋屑一起油煎的稱為「Geröstete Maultaschen mit Eiern」；另一種放上起司焗烤搭配菠菜的則叫作「Maultaschenauflauf mit Spinat」，也有的會做成大麵餃湯(Maultaschensuppe)。

百貨美食街裡的各式大麵餃

香腸配扁豆泥與麵疙瘩

在這裡，幾乎每樣主菜都可和麵疙瘩(Spätzle)一起作為主食。細細碎碎的麵疙瘩，成形方式類似台灣的米篩目，口感Q彈，相當可口。單獨當主菜也可，配上炸洋蔥酥與肉汁或奶醬和起司一起焗烤，亦極美味。常見的餐點是搭水煮香腸和扁豆泥，稱為Linsen und Spätzle mit Saitenwürste。

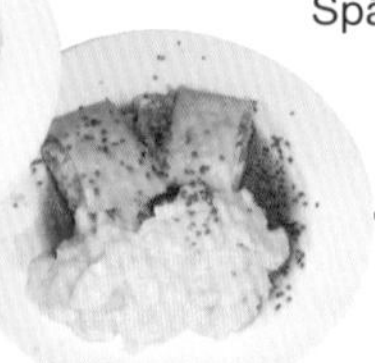

←來斯圖加特必嘗的大麵餃配馬鈴薯沙拉

住宿概況

斯圖加特工商鼎盛，商旅人士多，來參展或出差最好能及早訂房。若市區內的旅館已客滿，可試試周邊城鎮如Esslingen、Zuffenhausen；以北有Ludwigsburg、Heilbronn；以南有Metzingen、Reutlingen、Tübingen；以西則是Pforzheim、Karlsruhe；以東為Ulm，網址皆為www.城市名.de。

火車站

總站內有InterCity Hotel、前方有經典旅館Steigenberger Graf Zeppelin(其名為齊柏林飛船發明人)及現代平價的Motel One，時尚旅館Arcotel Camino位於後側方。

→德鐵經營的InterCityHotel通常在火車總站旁

地鐵站

總站以外，全市最重要的地鐵站就是市中心站(Stadtmitte)。南側至Österreichischer Platz站之間，有許多中小型的旅館。

機場

機場航廈旁即是Mövenpick Hotel Stuttgart Airport & Messe，附近還有Mercure。另外還有Filderstadt、Plieningen、Echterdingen、Möhringen這幾個城鎮也都離機場、展場很近。SI綜合娛樂中心的SI Suite距機場亦不遠，位在Möhringen。

SI 綜合娛樂城有自家的SI Suite旅館

展場

Mercure與Best Western都在總站北邊的Berliner Platz地鐵站，接近Milaneo新商場。Le Méridien近王宮花園，離Staatsgalerie地鐵站最近。Hilton近Neckarpark地鐵站和賓士博物館。

近郊觀光漫遊路線

斯圖加特周邊地勢高低起伏，風景極佳，處處是旅遊重點。有文化氣息濃厚的古老大學城，如海德堡、杜賓根，也有自然美景如西南方的黑森林。而南方與瑞士共享的波登湖，對身處內陸的當地居民而言，是最令人嚮往的水域。

福萊堡是斯圖加特周邊的經典城鎮，古樸、環保、人文、科技並存俱進

路線 1 悠游波登湖與林島

http www.bodensee.de、www.lindau.de MAP P.11、P.13

路線特色

在高山、晴空及碧藍湖水中暢享各種水上活動，任誰都會不禁沉醉其中。

波登湖(Bodensee)的英文名為Lake Constance，所以又譯成「康士坦斯湖」，位於德國最南部，由德、瑞、奧三國共享，是該地區最大的湖泊因有許多水上活動，氛圍十分悠閒熱絡。

波登湖周圍風光明媚的小鎮及景點很多，東端的林島是其中最漂亮、最值得一遊的，離陸地僅300公尺之遙，四面環湖，處處波光，德國人把這座小島視為寸土寸金之地，林島甚至自稱為「Ferieninsel und Gartenstadt」(度假島與花園城)。

除林島之外，其他如西端與瑞士共享的古城康士坦斯(Konstanz)，由此可坐船到達群花之島──麥瑙島(Insel Mainau)，還有建於北岸山坡上，如詩如畫的美爾斯堡(Meersburg)，以及齊柏林飛船(Zeppelin)的發祥地──腓特烈港(Friedichshafen)等都是推薦必訪之地。

令人嚮往的波登湖與林島的城塔

Tips

使用巴符邦的邦票者需注意，波登湖的東端已屬巴伐利亞邦，需先將路線與所屬區域研究清楚。

交通方式

搭火車至波登湖最東邊的林島(Lindau)，全程約3小時(需轉車)。若是坐船環湖，則需先到最西邊的康士坦斯(Konstanz)搭船，全程約4小時。船公司為BSB，會停靠在岸邊每個城鎮，可自由上下船，但要注意下一班船的時間，一旦錯過，通常要等上1～2小時。冬季(11～3月)沒有遊船。

BSB

http www.bsb-online.com

推薦景點

馬克西米里安街 Maximilianstrasse

林島的主要大街，全街盡是旅館餐廳以及名品店，穿梭在其間的古巷內，有接近島上居民的感覺，可享受寧靜與溫馨。街道盡頭是市集廣場，繼續走則是島的東岸及連至大陸的橋。

林島的市中心有許多商店與旅館

林島港灣的燈塔與石獅像

碼頭區

若是坐船前來，迎接你靠港的便是碼頭的石獅與新燈塔(Neue Leuchtturm)，這石獅是林島的守護神。這裡的湖景相當寬闊，可看到對岸的奧地利以及遠方的瑞士。碼頭區人群熙來攘往，非常熱鬧，登上堤岸(Römorcchanze)，再回頭望望，盡是美麗的宅邸與旅館，最美的莫過於舊燈塔(Mangturm)，夜裡吹著晚風聽Live Band，又是另一種風情！

市立花園Stadtgarten

全島處處是花園，不過最大的是位於東北方的市立花園，夏日時繁花似錦，鳥語花香。

→在美麗的花園中休憩的人群

路線 2 洋溢文哲情懷的杜賓根

http www.tuebingen.de MAP P.13

路線特色

內喀爾河畔的浪漫水都，多彩的紅瓦屋景色，彷彿踏入童話書裡的夢幻世界。

南方的杜賓根(Tübingen)是另一個人文薈萃的古老大學城，同樣因內喀爾河流過而增色不少。最大特色是起伏地形上一棟棟高約6、7層樓的紅瓦斜屋頂彩屋，每棟都漆上不同的色彩，且都整齊地裝上彩色遮陽板。

從火車站往前走約10分鐘來到內喀爾河畔，過橋即進入古城區，楊柳迎風搖曳，將岸邊那一排美麗的房屋襯托得如詩如畫，其中黃色圓形那棟，是詩人赫德林(Friedrich Hölderlin)的故居。

交通方式

從斯圖加特到杜賓根的火車班次極多，平均每小時即有1～2班，車程約1小時。

推薦景點

山上城堡 Hohentübingen

從12世紀起建的古堡，沿途風景極佳，饒富詩意，有數個學院就設在山上。從古堡居高臨下，望著古樸的市鎮時而被雲霧繚繞，文人的靈感就是這樣被啟發的吧！

☒Burgsteige 11, 72070 Tübingen

市政廳與市集廣場 Rathaus & Am Markt

走進古城區，處處是石板路，可以說沒有一吋地是平的，完全置身於童話般的中古世界。市政廳與市集廣場是老城的市中心，高聳的古屋林立，加上典雅華麗的市政廳建築，還有一座500年歷史的天文鐘，怎不令人眷戀。

☒Am Markt 1, 72070 Tübingen

市集廣場與前面的噴泉

路線3 尋訪黑森林

http www.titisee.de、www.freiburg.de MAP P.13、P.296

路線特色

濃密的針葉林、清澈純淨的湖水、純樸又有內涵的城鎮，種種美麗的事物形成這塊仙地。

讓純淨的森林與澄澈的湖水，洗盡旅途的疲憊

遊訪黑森林最佳的方式是自駕，有Schwarzwald、Hochstrasse等行車觀光路線，橫越或縱貫黑森林，並經過一些小鎮，沿途可看到山林美景以及潺潺流水，自然而幽靜。不過，對國外遊客而言，最簡單的方式，還是讓火車載著遊覽黑森林的英姿。蒂蒂湖(Titisee)與福萊堡(Freiburg，全名Freiburg Im Breisgau)相距不遠，可安排在一天內玩遍。

交通方式

搭火車

從斯圖加特到蒂蒂湖，可搭ICE高鐵或IC快車至Rottweil；或搭區間火車(RE)先至Tuttlingen，轉區間火車(RE)至Neustadt，最後搭一小段慢車(RB)即達。從蒂蒂湖到福萊堡，兩站每小時各有一班慢車(RB)，車程約40分鐘。回程可從福萊堡，搭乘ICE高鐵至卡爾斯陸(Karlsruhe)，再轉搭IC快車回斯圖加特。

推薦景點

蒂蒂湖 Titisee

咕咕鐘當然是造訪黑森林的最佳紀念品

出蒂蒂湖火車站往右走，即可看到這個純淨的林中之湖，配上湖邊濃密的黑森林，讓人完全忘卻塵囂。可坐船環湖或在湖邊散步，聽鳥聲、風聲、水聲，在蒂蒂湖畔點杯咖啡，來份道地的黑森林櫻桃蛋糕，實在是人生一大享受！逛紀念品店時，記得仔細欣賞每個家庭都想擁有的咕咕鐘，在黑森林區的咕咕鐘店有數百種鐘，可好好感受一下森園家庭的溫馨氣息！

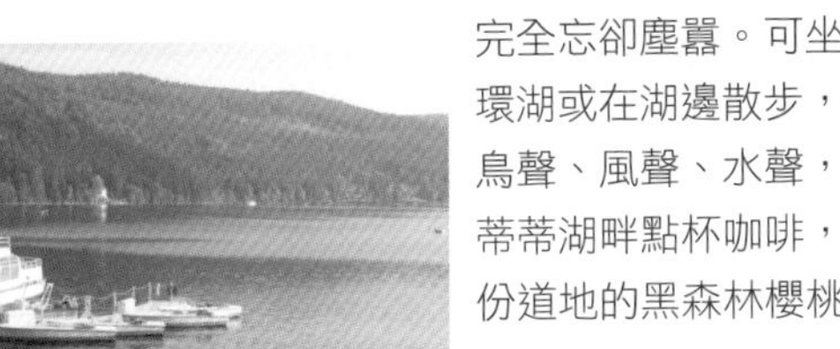

←蒂蒂湖提供許多水上活動，包括划船遊湖

旅行小抄

全世界都愛黑森林蛋糕

全名為黑森林櫻桃蛋糕(Schwarzwälder Kirschtorte)。深色的巧克力蛋糕，裹上濃濃的鮮奶油，配上黑森林的特產——「櫻桃」，再以巧克力碎片裝飾，就成了最美味的黑森林蛋糕。最道地的作法是必須在夾餡的櫻桃醬中，及蛋糕的底層，以黑森林特產的櫻桃酒(Kirschwasser)浸潤，讓淡淡的酒香烘托出蛋糕的甜美。

來黑森林當然必嘗黑森林蛋糕

福萊堡 Freiburg

福萊堡是著名的大學城，更是環保模範城，市內完全沒有停車場，若開車來，只能停在城外，然後以步行、騎腳踏車或搭電車的方式進城。從火車站往前走，數分鐘即可達老城區，這裡處處都有寬約30公分，深20公分的小水溝，流著清淨的黑森林泉水，走路若不小心很容易踩進水溝、弄濕鞋子，不過也聽說這樣就注定會再度造訪這裡！若在此住宿，可到風景優美的Keidel Mineral-Thermalbad，享受舒適的泡湯、水療與桑拿，搭35號公車或計程車皆可達。

福萊堡古城的小溝渠與新市政廳，小溝渠(可讓小孩玩水)是福萊堡古城的一大特色

福萊堡 Freiburg im Breisgau

1 2 3 4
A B C
Bismarckallee
Poststr.
Colombistr.
DB 火車總站 Hauptbahnhof
電車總站 ZOB
Hans Sachs Gasse
Eisenbahnstr.
市政廳 Rathaus
Turmstr.
Rathausg.
Gauchstr.
Franzisk.str.
Karlstadt
Leopoldring
Stadtgarten
Mozartstr.
Karlsplatz
Hermann-Steg
Hermannstr.
Konrad-Adenauer-Platz
Bertoldstr.
Platz der Alten Synagoge
Rathaus-patz
Kaiser Joseph Str.
Münster-str.
大教堂與廣場 Münster
Herrenstr.
Moltkestr.
Sedanstr.
Wertmannplatz
福萊堡大學 Universität
Universitätsstr.
Galeria Kaufhof
Salzstr.
Schoferstr.
Schlossbergring
Schusterstr.
Niemensstr.
Grünwälderstr.
Vauban
Keidel Mineral Thermalbad
Belfortstr.
Universitäts-viertel
Martinstor城門
Humboldtstr.
Gerberau
Augustiner-platz
Konviktsstr.
Wilhelm Str.
Werderring
Rempartstr.
Adelhauser Str.
史瓦本古城塔 Schwabentor
Schwabentor-Platz

福萊堡特色景點

●大教堂與廣場(Münster)

福萊堡的大教堂是德國最偉大的教堂之一。始建於12世紀，歷經數百年才陸續完成，其精緻與宏偉必須現場體驗。大教堂廣場則是城內最美、氣氛最佳的地方。周圍亮麗的房屋加上廣場上的咖啡座，讓疲憊的身體再度恢復元氣。

✉Münsterplatz, 79098 Freiburg im Breisgau MAP P.296／B3

有高聳尖塔的大教堂是福萊堡的信仰中心

●福萊堡大學(Universität)

福萊堡的智慧中心，在舊城區的東端，有空不妨來走走，說不定能多啟發一些智慧！

現代建築風格的福萊堡大學新圖書館

✉Fahnenbergplatz, 79085 Freiburg im Breisgau MAP P.296／C2

●史瓦本古城塔(Schwabentor)

位於古城的最尾端，也是西南隅，從這裡，不論看城內或城外都很美，可為此行留下最美好的回憶。

✉Oberlinden 25, 79098 Freiburg im Breisgau MAP P.296／C3

←福萊堡老城古蹟處處。圖為城塔Martinstor

●環保社區

來到環保之城一定要參觀環保社區，看看美麗的彩色太陽能建築及內側的太陽能社區。

➡在火車總站右側搭高架的3號輕軌電車往Vauban(郊外城鎮，以法文發音[vobãn])方向，搭至Paula-Modersohn-Platz站下車，車程約15分鐘 MAP P.296／C1

1.福萊堡有無數的屋頂裝有太陽能發電板／**2.**太陽能環保社區都是舒適的綠建築

斯圖加特周邊延伸景點

海德堡大學城(Heidelberg)(P.68)：車次極多，搭ICE或IC快車只要40分鐘。慢車則約1.5小時，風景最為動人的路線是沿著內喀爾河谷行駛，需2小時。

烏姆(Ulm)：位於多瑙河邊，是愛因斯坦的出生地，有許多古意的老屋，更有全德最高的教堂尖塔——市中心大教堂(Ulmer Münster)。

路易堡(Ludwigsburg)：有該地區最美麗的宮殿與花園。從斯圖加特可搭S-Bahn前往。

霍亨索倫城堡(Burg Hohenzollern)：普魯士王族的聖地。由斯圖加特搭區間火車(RE)至Hechingen火車站，再轉搭巴士。

樂高樂園(Legoland Park)：世界第四座樂高公園，於2002年開幕。位於斯圖加特與慕尼黑之間的Günzburg。需先搭火車再轉公車或計程車。

巴登巴登(Baden Baden)：位於黑森林北端的溫泉療養名城。

卡爾斯陸(Karlsruhe)：巴登地區的首府，擁有美麗的宮殿及規畫完善的街道。

曼海姆(Mannheim)：巴符邦最北邊的工商大城，雖不是觀光勝地，但可利用其便利的市區購物環境，有效率地血拼一番。

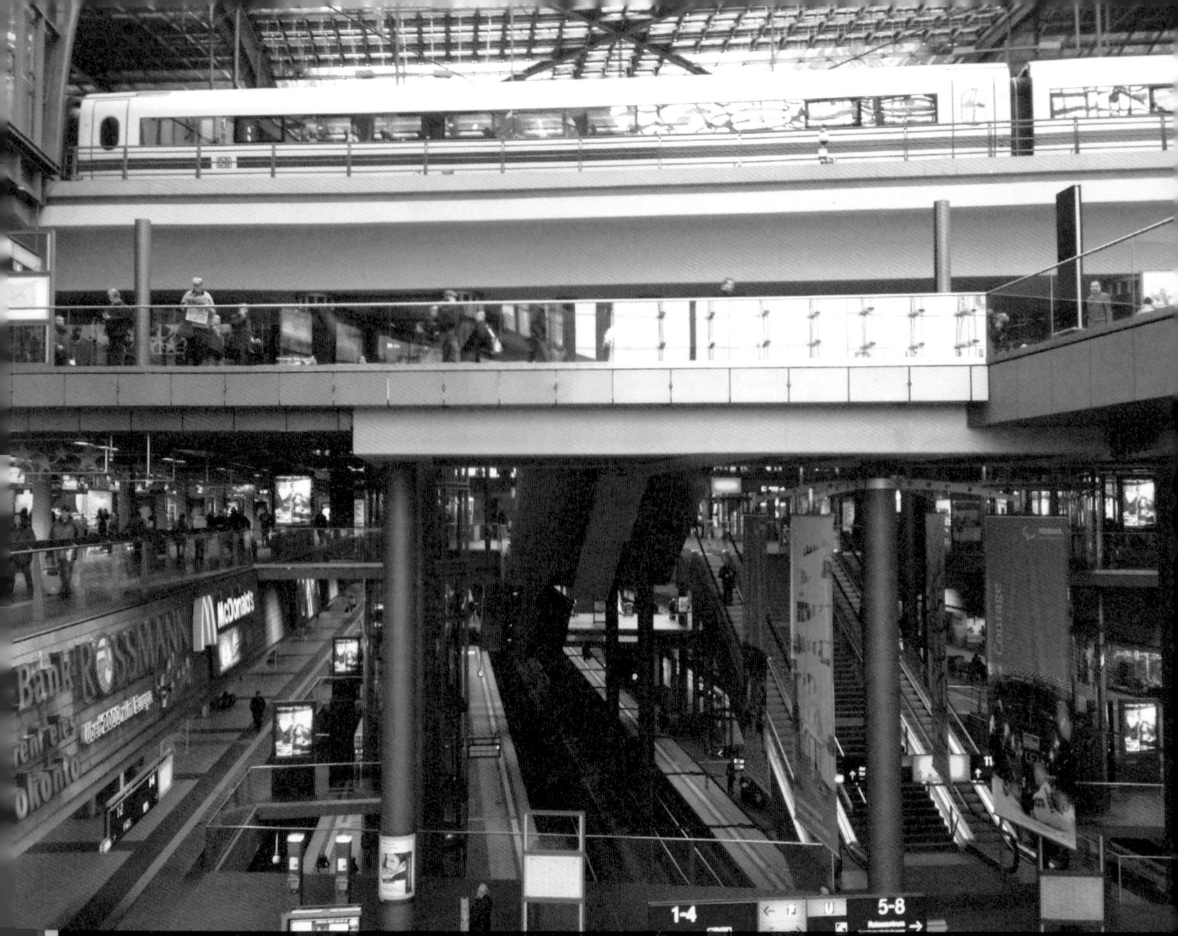

McDonald's
ROSSMANN
Courage
1-4
5-8

德國旅遊錦囊

H
Potsdamer Brücke
A
148 S+U-Bhf
Alexanderplatz
N2 Nordend via
Hackescher Markt
N5 Riesaer Straße via
Hackescher Markt
N48 S-Bhf Buch via
Hackescher Markt
BUS

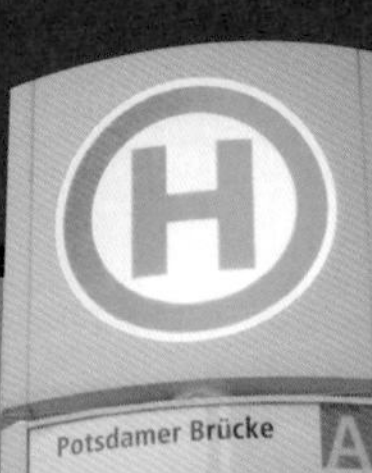

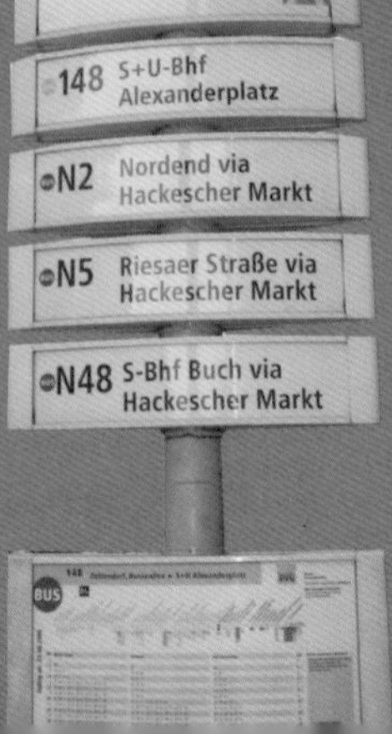

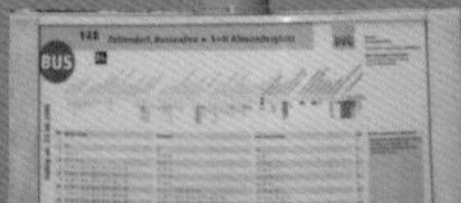

前往與抵達

護照及簽證

護照

申請護照可自行向外交部領事事務局辦理，可上網下載申請表格。

外交部領事事務局

http www.boca.gov.tw

免簽證

德國屬歐盟會員國，且同時也是申根會員國。自2011年1月起，持台灣護照(有效期限內)不需簽證，即可前往申根會員國短期觀光或商務旅遊，但不得工作。6個月內最長得停留90天。

若要在德國停留90天以上，或長期工作、就學等，可洽德國在台協會辦理特殊簽證。

德國在台協會

✉台北市信義路五段7號33樓

☎總機：(02)8722-2800
簽證組：(02)8722-2820

http www.germany.org.tw

航空公司及航班

從亞洲搭機前往德國，通常會先抵達法蘭克福或慕尼黑，再轉至德國其他城市。台灣直飛德國航程約13小時，德國直飛台灣航程約12小時，目前提供直飛航班的僅中華航空公司。如果行程包括其他歐洲國家，也可搭乘直飛歐洲其他大城市之航班，例如，華航直飛法蘭克福、倫敦、阿姆斯特丹、羅馬等，長榮直飛巴黎、維也納、阿姆斯特丹等，以及法航直飛巴黎、荷航直飛阿姆斯特丹。皆可再轉機至德國各大城市，十分方便。詳情可洽旅行社、航空公司、熱門旅遊網站及訂票網站。

skyscanner

http www.skyscanner.net

四方通行

http www.easytravel.com.tw

從台灣出發，最常見是晚上起飛，隔日早晨到達德國。如晚上7點左右從台灣出發，在香港轉德國漢莎航空，隔日清晨6點抵達法蘭克福或慕尼黑。早上出發，晚上到達的則為少數。

回程則普遍是下午從德國出發，隔日下午到達台灣。也有晚上從德國出發，隔日晚上到台灣的。

若行程較集中於某一地區時，可視個人情況需要，選擇以下的建議。

德國北部 德國漢莎航空：晚上出發，經香港，清晨到達法蘭克福或慕尼黑，搭機轉往北部各城。

德國西南部 瑞士航空：晚上出發，經香港，清晨到達蘇黎世，搭火車轉往西南部各城。

德國西北部 荷蘭航空、長榮航空：深夜由台北直飛阿姆斯特丹，搭機或火車轉往西部各城。

中歐、東歐 長榮航空、奧地利航空：晚上出發，清晨到達維也納，搭機轉往東南部各城。

不同國家、城市去回

阿聯酋航空從台北直飛杜拜，再轉機飛歐洲30餘個城市，德國包括法蘭克福、慕尼黑、漢堡、杜塞道夫。

泰國航空(曼谷轉機)、國泰航空(香港轉機)、新加坡航空(新加坡轉機)、中國國際／東方航空(在北京或上海轉機)，皆可抵達歐洲，並可由不同城市返回。

航機

A380自2010年起由德國漢莎航空開始用於法蘭克福往返東京及北京，其後新航、韓航、泰航也都改用A380，可見多家航空公司都將法蘭克福往返亞洲的航線視為黃金路線，2015年10月起，德航法蘭克福往返香港亦由雙層大飛機A380擔當。為服務A380，機場的某些登機門甚至有分樓上、樓下雙層樓，且在登機門旁就有貴賓室，方便頭等與商務艙旅客使用。

航機型號	使用之航空及航線
波音747-800 與A380皆用	德航：法蘭克福—北京 法蘭克福—上海
旗艦航機 A380	德航：法蘭克福—香港 新航：新加坡—法蘭克福 泰航：曼谷—法蘭克福 韓航：首爾—法蘭克福
空中巴士 A340	德航：香港—慕尼黑

※ 以上資料僅供參考，視航空公司實際營運而定。

入境程序

入境審查 → 領取行李 → 海關審查 → 通關抵達

入境審查

下機後，沿「Ausgang(Exit)」指標到非歐盟國民(Non-EU)的窗口，排隊檢查護照及簽證，官員可能會以英文問些小問題，如此行目的、停留時間等。如果還需轉機到其他城市，也會在此通關入境，待轉機到目的地後，繼續後續的入境程序。

領取行李

至行李提領處(Gepäckausgabe/Baggeage Claim)領取。

海關審查

出海關時，綠色出口為不需報關，但關員也許會檢查行李，若有要報稅的物品，須到紅色出口如實申報。

綠色出口為不需報關，若有要報稅的物品，需在紅色出口誠實申報

通關抵達

走出出口(Ausgang/Exit)，便正式抵達德國！若有人接機，他們會在出口外面等，接著便是搭陸上交通工具前往市區或旅館。

出境程序

託運行李、領取登機證 → 進入航廈登機區 → 通過安檢 → 登機

若有商品需退稅(詳見P.316)，需預留時間在Check-in之前辦理，以防大排長龍。德國機場以德航的櫃檯數量為最多，若搭德航可使用機器快速辦理Check-in、託運行李等手續。過安檢時，若有攜帶筆記型電腦，需從包包取出。另需注意液體等物品的相關規定。

德航在德國的機場有許多自助Check-in的機器

機場進入市區交通

德國全國有約20個城市有機場，大多數的亞洲旅客會在法蘭克福國際機場，或是慕尼黑國際機場降落，幾乎每個中大型機場都有火車或S-Bahn可通往市區，相當方便。

法蘭克福機場是多數人進入德國的第一站

德鐵系統

從法蘭克福機場搭S-Bahn

沿S指標至第一航廈地下層的地區火車站(Frankfurt Flughafen Reginalbahnhof)，搭S8或S9至法蘭克福火車總站，車程約10分鐘。班次頻繁且行車時間與火車相當，不過車站位在地下層，需要扛抬行李。

從法蘭克福機場搭長途火車

沿T指標到地上層的長途火車站(Frankfurt Flughafen Fernbahnhof)，搭區間火車(RE)、IC快車或ICE高鐵至法蘭克福火車總站。

法蘭克福機場隨時都是人潮洶湧的盛況

從慕尼黑機場搭S-Bahn

沿S指標步行至通勤列車站搭S1或S8至慕尼黑市區總站，車程約40分鐘。

S-Bahn醒目的綠色大S指標，讓人在偌大的車站裡迅速找到路

計程車

機場、火車站及市中心都有計程車站，並不是隨處可攔。計程車水準一致，車資普遍相當高(各城市略微不同)，可3～4人共乘分擔。需要注意的是，行李放在後車廂可能會另加費用。

機場、火車站外的排班計程車

租車

在國內備妥國際駕照，即可在機場或火車站的租車中心租車，通常都有多家租車公司可選擇，記得問妥保險相關事宜。德國租車費及油錢相當昂貴，3人以上共乘較划算，但可馳騁在無速限的Autobahn上飆快感，不妨結伴來試試！

全德最大——法蘭克福機場

法蘭克福國際機場(FRA)是德國最重要的機場，歐洲運量第二大(僅次於倫敦Hethrow機場)，也是世界上最大、最繁忙的機場之一。每天來自世界一百多國的旅客，在此轉機至數百個城市，各類人種齊聚，真的是個地球村！

法蘭克福機場航班極多，與全球各大城市緊密相連

第一航廈(Terminal 1)

第一航廈十分龐大，是德國漢莎航空(Lufthansa)的大本營，也有許多德航所屬的星空聯盟(Star Alliance)航班，德航國內線與歐洲線的航班更是不計其數。第一航廈的登機門分布在A、B、C、Z四區。機場對外的鐵路交通樞紐——法蘭克福機場火車站，也與第一航廈相連。

法蘭克福機場第一航廈可通往機場火車站

轉機時請由螢幕看登機門與班機狀態

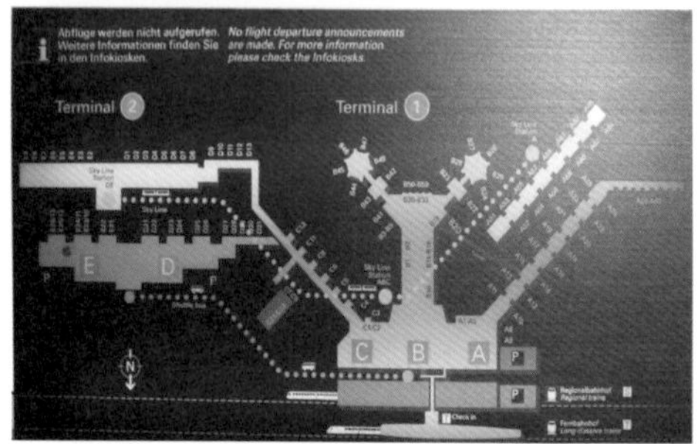

從機場平面圖看出各重要站點位置

機場內分為A、B、C、Z四大區的登機門：

A區 以國內線、歐洲線為主，如德國漢莎航空的法蘭克福⟷柏林、法蘭克福⟷斯德哥爾摩。

B、C區 以亞洲線、美洲線為主，以及非申根國家的歐洲線，如泰航的曼谷⟷法蘭克福、新航的新加坡⟷法蘭克福、德國漢莎航空的香港⟷法蘭克福。

Z區 新的登機門，位於A區的上層。

螢幕顯示Z區班機狀態

第二航廈(Terminal 2)

以非星空聯盟的航空公司為主，如天合聯盟(Skyteam)的華航、寰宇一家(One World)的國泰航空。第二航廈的登機門分布在D、E兩區，此航廈雖較小但較新，該有的設施與商店也是一應俱全。

第二航廈包含D、E兩區

旅行小抄

法蘭克福機場通關撇步

■Fast Lane讓你快速通關：所有艙等的乘客，在X光安檢處時，如果距飛機起飛時間不到30分鐘，可走Fast Lane，以縮短排隊檢查的時間。

■頭等艙及商務艙的旅客，過X光檢查亦有專用的快速通道。

■搭乘德國漢莎航空頭等艙的乘客，若同時持有最高航廈的HON Circle會員卡，除了有Check-in專區，還有專屬的航廈，通關檢查、候機、登機都更舒適。

機場內的Fast Lane快速通道

機場設施

上網

上網規定可能隨時會變更，以下僅供參考：機場有提供免費Wi-Fi，登入後可免費上網1小時，超時則會酌收約€5。若是使用公用電腦，費用會更高。

用餐

咖啡廳、餐廳都會供應相當具有德國風味的甜點或餐點，有些堅守傳統；有些則走現代路線。如不想嘗試歐風美食，也有麥當勞、漢堡王可選擇。

購物

在機場常可看到最有德國風味的廣告物，如新世代的汽車。書報攤、小超市、麵包店是最能體驗當地社會與生活風情的地方，候機時不妨多逛逛。機場內亦有郵局、藥局、銀行等提供便利的服務。

Tips

推車經特殊設計，可上下電扶梯！只要稍微扶好，相當安全且便利，但需注意不可將推車推入空中小捷運的車廂。

機場貴賓室

機場貴賓室極多，分布在各地，十分便利。德航、星空聯盟的貴賓室可細分為：

「First Class Lounge」：最為高檔，專門給頭等艙貴賓與持有最高等級會員卡HON Circle之貴賓使用。

「Senator Lounge」：給持有星空聯盟金卡(Star Alliance Gold)的貴賓使用(搭經濟艙，亦能使用)。

「Business Lounge」：給持有德航銀卡及搭商務艙的乘客使用(搭經濟艙者亦能使用)。

「Welcome Lounge」：設置在機場出口處，給搭頭等艙、商務艙，以及持有星空聯盟金卡的乘客使用。

德航在法蘭克福機場的貴賓室(圖片提供／德國漢莎航空)

貴賓室提供簡單美味的自助餐飲

德鐵交通

德國重視環保，加上人口還算稠密，所以大眾運輸十分發達，從最快的高鐵(ICE)，到跨國快車(EC)、一般城際間的快車(IC)、區間火車(RE、RB)、大城周圍的通勤列車(S-Bahn)、城裡的地鐵(U-Bahn)、小城的輕軌電車、巴士等一應俱全，大部分的住家及景點，都有火車或公車可達，十分便利。

在這個講究實務與效率的國度，火車基本上相當準時可靠，主要的長途路線大多是每隔1小時發一班車，且大城市之間通常不需轉車。

德鐵DB(Deutsche Bahn)的Logo

知識充電站

Hbf是火車總站的代稱

在德國，該城市如有2個以上的火車站，則最靠近市中心的稱為「總站」，會加上「Hbf」。該字原為Hauptbahnhof(Haupt：主要；Bahn：鐵道；Hof：場地；Bahnhof即車站之意)，故簡寫為Hbf，直譯成英文即為Main Station。

各大火車總站的招牌都是DB Hauptbahnhof

十大商展城市間ICE高鐵及IC快車行車時間參考

※ 資料時有異動，請實際公告為準。

往返城市	法蘭克福	科隆	杜塞道夫	漢諾威	漢堡	柏林	萊比錫	紐倫堡	慕尼黑	斯圖加特
法蘭克福	\	1小時5分鐘	1小時40分鐘	2小時20分鐘	3小時40分鐘	4小時15分鐘	3小時10分鐘	2小時5分鐘	3小時15分鐘	1小時20分鐘
科隆	1小時5分鐘	\	25分鐘	2小時40分鐘	4小時5分鐘(直達多IC)	4小時45分鐘	5小時(需轉車)／6小時10分鐘(IC直達)	3小時20分鐘	4小時35分鐘	2小時15分鐘
杜塞道夫	1小時40分鐘	25分鐘	\	2小時45分鐘	3小時40分鐘(直達多IC)	4小時35分鐘	5小時～6小時(需轉車)	3小時40分鐘	4小時50分鐘	2小時45分鐘
漢諾威	2小時20分鐘	2小時40分鐘	2小時45分鐘	\	1小時20分鐘	1小時55分鐘	2小時45分鐘(IC)	3小時	4小時20分鐘	4小時10分鐘
漢堡	3小時40分鐘	4小時5分鐘(直達多IC)	3小時40分鐘(直達多IC)	1小時20分鐘	\	1小時45分鐘	3小時10分鐘	4小時35分鐘	5小時45分鐘	5小時30分鐘
柏林	4小時15分鐘	4小時45分鐘	4小時35分鐘	1小時55分鐘	1小時45分鐘	\	1小時15分鐘	3小時20分鐘	4小時40分鐘	5小時40分鐘
萊比錫	3小時10分鐘	5小時(需轉車)／6小時10分鐘(IC直達)	5小時～6小時(需轉車)	2小時45分鐘(IC)	3小時10分鐘	1小時15分鐘	\	2小時10分鐘	3小時20分鐘	4小時20分鐘
紐倫堡	2小時5分鐘	3小時20分鐘	3小時40分鐘	3小時	4小時35分鐘	3小時20分鐘	2小時10分鐘	\	1小時10分鐘	2小時15分鐘(IC)
慕尼黑	3小時15分鐘	4小時35分鐘	4小時50分鐘	4小時20分鐘	5小時45分鐘	4小時40分鐘	3小時20分鐘	1小時10分鐘	\	2小時15分鐘
斯圖加特	1小時20分鐘	2小時15分鐘	2小時45分鐘	4小時10分鐘	5小時30分鐘	5小時40分鐘	4小時20分鐘	2小時10分鐘(IC)	2小時15分鐘	\

車種

ICE高鐵(InterCityExpress)

ICE白色的車體、流線的車頭、窗下紅色的線條，以及一體成型的墨鏡式玻璃窗，白天及晚上各有不同的美。另一為人稱道的是其高級的內裝設計，符合人體工學的座椅，以及許多貼心的配備。分別有一等艙(1. Klasse)、二等艙(2. Klasse)及包廂式車廂(Abteilwagen)，座椅配置則有大型車廂(Grossraumwagen)及包廂式車廂(Abteilwagen)兩大類。

德國最新的第四代高鐵ICE-4

ICE-3和ICE-T在兩端火車頭的駕駛座後方座位稱為Lounge座位區(或稱Panarama)，可看到司機開火車，也可由駕駛座的玻璃看到火車前端飛快的景物

1.2.ICE一等艙是皮椅，極為寬敞舒適；二等艙則左右各兩個座位／3.ICE的簡餐車廂是社交場所

IC城際快車(InterCity)

乘坐IC相當舒適，且價格比高鐵便宜許多。因新舊不一，所以有很多種車廂，通常包廂式的會比較舊。

傳統快車InterCity座位亦極舒適

EC歐洲城際快車(EuroCity)

跨越兩國以上的長途火車，與IC同等級的車廂。

連接德國與波蘭的EuroCity：柏林華沙特快

RE、RB區間火車(RegionalExpress、RegionalBahn)

短途區間火車，俗稱慢車。通常在大城市轉車至小站時會用到。

區間列車(RE)常為雙層火車

S-Bahn通勤列車

「S」是「Schnell」，亦即快速，是大城市與衛星城的通勤路線，因歸德鐵管轄，所以持歐鐵、德鐵Railpass皆可搭乘S-Bahn，不需另外購買地鐵票。全德有S-Bahn的城市都是用圓形綠底的白色S字來作Logo，十大商展城市內都有S-Bahn。

德鐵經營的S-Bahn，服務各大城市與周邊城鎮

夜車(Nachtzug)

近年來由於高鐵路線已相當普及，使得搭夜車長途旅行漸成為度假型的交通工具，且路線較往年減少。事實上，如能善用夜車，例如南北之間或東西之間長途移動，
可搭夜車臥鋪休眠，隔天清晨到達目的地，將是很好的商務與旅遊方式。
德國、奧地利、瑞士之間的夜車已由奧地利國鐵(OBB)經營，稱為OBB Nightjet。

http www.nightjet.com

路線

主要有維也納—柏林、維也納—漢堡、維也納—蘇黎世、維也納—杜塞道夫、柏林—蘇黎世、漢堡—蘇黎世、漢堡—慕尼黑等，沿途經過的大城市亦會停靠，甚至更遠及奧地利其他城鎮，與義大利、匈牙利等國。

夜車常見雙層列車

經濟臥鋪與搭配的早餐

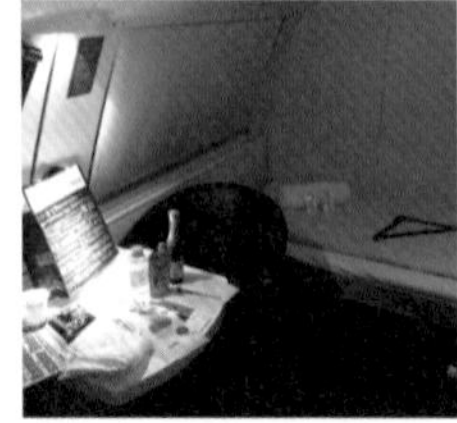

豪華臥鋪與搭配的早餐

Tips

持有Railpass，只需付差價訂臥鋪。若要訂有個人衛浴的豪華臥鋪(Deluxe)則須有一等艙Railpass。因臥鋪有限，一定要先訂位。

臥鋪艙等

一般分為3種艙等，高級臥鋪(Schlafwagen)、一般臥鋪(Liegewagen)、座位式車廂(Sitzwagen)。有些列車的高級臥鋪還分為豪華的Schlafwagen Deluxe與經濟型Schlafwagen Economy。

歐洲夜車(EuroNight，EN)

除了上述OBB Nightjet路線，仍有一些經典的長途跨國老路線，車廂較舊，且只有暖氣，無冷氣空調。沿途停靠站較多，半夜較容易被上下車的旅客打擾，旺季時甚至可能有人整夜擠在走道上，搭乘時應有心理準備。

訂票與搭車

在這個井然有序的國度，只要依照以下的說明，就可以成為搭火車遊德國的專家了，十分輕鬆愉快！

查詢班次與訂票

1. 從德鐵網站上查詢

輸入起站、到站、乘車日期及乘車時間即可查詢，也可進一步指定人數、廂等及車種，點按「Suchen」(Search)按鈕即會出現列車清單。可用信用卡付款，將票印出帶著或以手機出示，查票員除了檢查票　或購票紀錄，還會要求出示訂票時使用的信用卡。

德鐵官網

http www.bahn.de

2. 從火車站的自動售票機上查詢

通常是短途或週末票或地鐵票等金額較小的交易，最適合用自動售票機買。可用紙鈔，機器會找零。這種機器有大觸控螢幕，最大的好處是可免費列出卡片，記錄所查詢到的列車，非常貼心！

火車票種

正常票(Normalpreis)會以單筆計價，通常極貴，德鐵各級列車都沒有強制訂位(包括ICE高鐵，但特快的ICE-Sprinter與夜車則為強制訂位)，但為了確保有座位，尤其是週五、週日的下午與晚間時段，最好付費訂位，每位€3。另有Sparpreis(Supersparpreis)來回票減價方案可選，但去、回程通常需經過一個週末。對台灣的短期旅客來說，還是在國內向旅行社購買German Railpass或Eurailpass最為經濟方便。

1. Railpass周遊券

購買德鐵或歐鐵周遊券(German Railpass/ Eurailpass)，有不同天數的選擇，可在德國或歐洲各國，無限次數搭乘幾乎所有的車種。建議事先在國內買好Railpass周遊券，實體票券通常3天內即可收到。

■**優點**

1.在出發前便可安心確認所有安排皆已底定。

2.節省在當地車站排隊詢問與買票的時間。

■**使用說明**

在火車站旅遊中心(Reisezentrum)需出示護照，請服務人員蓋Railpass啟用章(Validation)，啟用後即可搭車。蓋章前先不要自行在Railpass上寫啟用日期，應由服務人員填寫。搭車時要帶著護照，在格子上寫乘車日期，讓驗票員驗票。最好不要還沒蓋啟用章便上車，以免和較嚴格的乘務員起糾紛。

❶可用國家❷票種❸啟用日期❹使用期限❺上車查票前自行填上乘車當天日期❻有效期限❼姓名需與護照同❽國籍❾填護照號碼❿艙等⓫啟用章

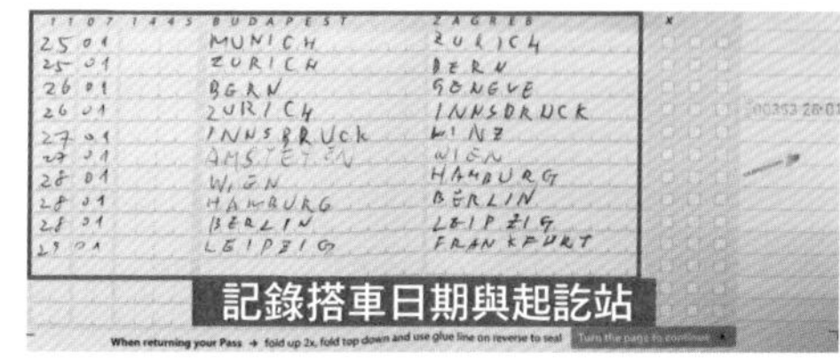

■票券選擇

1.選德國單國(不時有商展優惠Railpass)

2.德國+1鄰國

3.任選4國(須為鄰國)

$兩人同行有優惠、青年票(26歲以下)較廉價

■經濟效益

德國火車票價通常極貴，若在德國待超過3天，每天都需搭ICE高鐵2小時以上，使用Railpass就十分划算。3天的Railpass一等艙平均每天約€80，10天則平均一天不到€50。針對不同票種、不同國家有不同規定，可詳洽台灣的歐鐵總代理──飛達旅遊。

飛達旅遊

台北市光復南路102號7樓

(02)8771-5599

www. gofederal.com.tw

Tips

強烈建議商務人士選擇一等艙！因為平均每日只比二等艙貴十幾歐元，但一等艙空間大、行李置放無虞、空位通常較多，且不須多花訂位費。通常較寧靜，適合工作(但講手機請到洗手間附近)，還有免費的德國報紙等許多優點。

2. BanhCard優待卡

適合停留較長期的旅客使用，分有25、50、100三種，購買車票可全年享折扣。持有Bahn Card，買票時需事先告知服務人員，才得享優惠。另外，在全德約50個中大城市享有City Card優惠，可免費搭市內捷運、地鐵、電車、公車等。

Bahn Card 100：全年搭德鐵免購票

Bahn Card 25：全年車票享 75 折

Bahn Card 50：全年車票享半價

德鐵BahnCard優待卡

→巴伐利亞邦票。在空白處簽上與護照相同的英文姓名，以便查票員查票(圖片提供／鄧雅云)

3. 縱橫全國票(Quer-durchs-Land-Tickt)

1～5人。週一～五上午9點至翌日凌晨3點，週六、日凌晨零點至翌日凌晨3點，可在時效內於全德任搭區間火車(RE、RB或同級)二等艙。參考價：第一人€44，每加一人加€7，一張票最多5人同行。

4. 邦票(Länder-Ticket)

使用時間、人數與「縱橫全國票」之規定類似。可在時效內任搭全邦境內區間火車二等艙、S-Bahn、U-Bahn、電車及巴士。票價各邦不同，通常是第1人€25或以上(各邦不同)，第2～5人每位加€4～7。但不能搭ICE、IC等快車。若在旅遊中心向服務人員查詢與購買，需加價€2。

搭乘火車

在火車站看詳細時刻表

搭火車需看黃色時刻表「Abfahrt／Departure／出發時刻」，上面除了時刻、列車號碼、月台、終點站外，還會列出沿途經過的重要站點。(白色時刻表是到站時刻「Ankunft／Arrival／到站時刻」，接人時才需要看。)

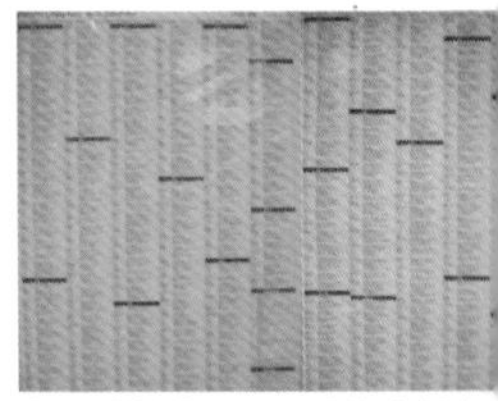

出發時刻表　　到站時刻表

STEP 2

找對月台位置

有些大站有2、30個月台(Gleis)，需注意是到哪一號月台搭車，在車站入口、大廳及每個月台都有列車時刻表或大看板。

由時刻表查知月台號碼

STEP 3 查看月台訊息箱

德國的長途列車很長，月台也就很長，分A，B，C，D，E，F……段，一等車會在其中一端，其餘區段皆為二等車。從「月台訊息箱」即可知道應站在月台的哪個區段等車。

到了月台看「月台訊息箱」顯示一等車在月台 A 段

STEP 4 查看區段告示圖

若有事先訂位，則在「車廂停靠區段告示圖」(Wagenstandanzeige，或稱Wagenreihungsplan)上對照車廂號碼，再到正確的位置等車。

黃色為1等艙
發車時刻　車次　停靠站
月台區段
Wagenreihungsplan Gleis 13
Coach sequence indicator Platform 13
紅色為餐車
綠色為2等艙

由車廂停靠區段告示圖得知14車是在A段車頭後的第一節車廂，所以要走到A段等車

STEP 5 找到座位

每個座位上方都有號碼及訂位記錄。若沒訂位，可找沒被訂的座位(訂位記錄空白)或沒被訂的路段，安心坐下來搭乘。

此座位上的電子小螢幕表示31號靠窗的座位，在柏林與漢堡這段已被訂位

STEP 6 查票員查票

德國的火車站沒有剪票口或閘門，車票須隨身帶著，上車後才給乘務員查票。每次只查新上車的乘客，除非路線太長，中途有換乘務員，才會再次查票。

注意事項

■德鐵旅遊中心(DB Reisezentrum)

可在此蓋Railpass的啟用章，或詢問較複雜的搭車問題，需排隊(或抽號碼牌)入內。如果是較簡單的問題，只需在大廳的Information櫃檯詢問即可。

→德鐵DB、S-Bahn、各城市地鐵與電車及公車系統，都有APP可下載並提供簡易查詢

■投幣式自助寄物櫃(Schliessfächer)

數量多且價格合理。通常小口為每24小時€1～1.5；大口為每24小時€2～3，也有的以小時計價，多為投幣式(通常不找零)。

法蘭克福機場火車站的德鐵旅遊中心，可在此蓋Railpass啟用章

科隆的寄物設施最特殊，行李放入後會自動被送到地下室保管，領取時再用收據上的條碼讓機器判讀取回

市內交通

德國城市的捷運與地鐵相當發達，凡50萬人口以上的城市，就有地鐵；15萬人口以上的城市則會有輕軌電車(Strassenbahn)。大城市火車總站的地下層，都有S-Bahn、U-Bahn交會，四通八達，在旅遊中心或較大的地鐵站，皆可索取完整的地鐵路線圖。市區的地鐵站幾乎都有電扶梯和電梯，行動不便者亦不用擔心。

綠圓底白S是S-Bahn標誌

地鐵站標示均十分清楚

交通工具

地鐵(U-Bahn)

U是地下之意(德文Untergrund)。德語區有地鐵的城市包括奧地利、維也納，都是用方型藍底白色U字來當Logo。有些城市雖然使用U-Bahn之Logo，但也會稱之為Stadtbahn(城市鐵道之意)。

藍方底白U是地鐵U-Bahn標誌

輕軌電車(Strassenbahn、Trambahn)

幾乎每個小城都有市內輕軌電車。有些車廂很新穎，現代感十足。有些老車廂則有復古的感覺。

輕軌電車遍布各主要街道，車內空間很大且乾淨

公車(Bus，Omnibus)

公車在大都市擔任支援接駁的角色，在郊區則負責鄉下至城裡的運輸。搭乘巴士，會有種在德國生活的感覺。

→黃圓底綠H是公車站牌

購買交通票

各地鐵站入口皆有自動售票機，可使用紙鈔、可找零；有些大站有售票亭，可向服務人員購買。每個城市交通票的規定都不一樣，可至Information櫃檯諮詢。單人單趟票價較貴，約€2.5～3。若一天內搭超過3趟以上，買一日票Tageskarte(Day Pass)最划算，還有2～5人的團體一日票可選。德國的地鐵站沒有剪票口，上地鐵前須先在入口處的黃色打票機自行打票，電車及公車則是在車上打票，有些公車上亦有售票機，或可跟司機買票。遇查票時，若沒打票則視為沒買票，要罰€30～50。

↓觸控螢幕型的售票機

↓按鍵型的售票機

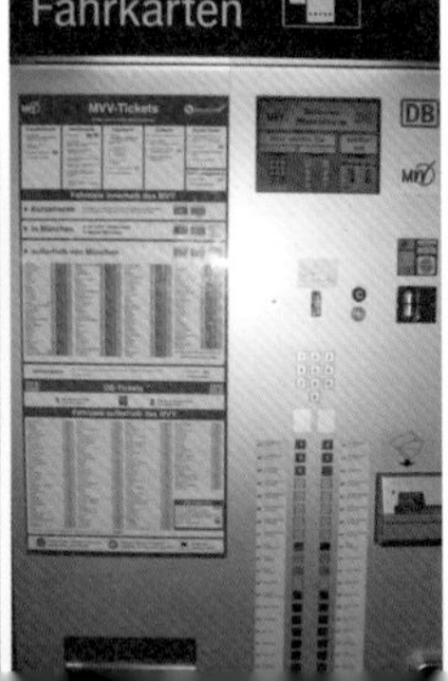

日常生活資訊

電話

若需打公用電話，可找桃紅色標示的德國電信公用電話亭

德國門號預付卡可在書報攤或各電信公司(如德國電信Telekom，或稱T-Mobile、O2等)購買。電話卡則在書報攤或網咖可買到，有€5、€10等，若用投幣式公用電話，基本單位為€0.1。若是德國市話打回台灣市話，€5的卡已可講上百分鐘，手機則比較貴，可先詢問店家各廠牌的費率。

在書報攤、亞洲雜貨店還可買到Pre-paid電話卡。用於市話通常是免費(若在旅館需先詢問清楚)，但若用於公用電話，必須先插入電信局的電話卡，就不是免費了。使用前，需先撥一個0800的號碼，撥通後，輸入卡片背面的密碼，就可以開始使用，但有時通話品質並不十分理想。

德國電信的電話卡

Pre-paid電話卡(有密碼)

在德國打電話

■用台灣門號手機撥打

德國市話：

國際冠碼	德國國碼	區域號碼	電話號碼
00	49	30	XXX-XXX
		(去掉0，以柏林為例)	

德國門號手機：

國際冠碼	德國國碼	電話號碼
00	49	XXX-XXX-XXX
		(手機要去掉前面的0)

■用德國市話／德國門號手機撥打

德國市話：

	城市區碼	電話號碼
公用電話	030	XXX-XXX

德國門號手機：

直接撥打電話號碼
0-XXX-XXX-XXX

從德國打回台灣

■用台灣門號手機撥打

台灣市話：

國際冠碼	台灣國碼	區域號碼	電話號碼
00	886	2	XXXX-XXXX
		(去掉0，以台北市為例)	

台灣門號手機：

國際冠碼	台灣國碼	電話號碼
00	886	9XX-XXX-XXX(要去0)

■用德國市話／德國門號手機撥打

台灣市話：

國際冠碼	台灣國碼	區域號碼	電話號碼
00	886	2(要去0)	XXXX-XXXX

台灣門號手機：

國際冠碼	台灣國碼	電話號碼
00	886	9XX-XXX-XXX(要去0)

網路通訊

近年來，歐洲各國公共場所提供免費Wi-Fi的情況越來越普遍。如能善用免費上網，可省下不少費用。

在公共場所使用免費Wi-Fi

絕大多數的旅館皆提供免費Wi-Fi。Wi-Fi在歐洲城市的機場、火車站亦相當普遍。有些需輸入基本資料才能登錄。與德鐵合作的電信公司是T-Mobile，通常提供30分鐘的免費Wi-Fi。一般咖啡廳、速食餐廳(包括Starbucks、麥當勞等)、大型百貨商場等，通常會提供條件不一的免費Wi-Fi。

使用國內電信公司的漫遊上網

請在出國前接洽所使用的電信公司。依上網期間、流量、國家(地區)等，有不同的計費與優惠方式。如果時間與流量有限制，記得不用時要將漫遊上網功能關掉。

先在國內買上網預付卡

在國內可先買好德國／歐洲上網的預付卡。典型的廠商如翔翼通訊。除預付卡，亦有分享器。欲選擇最適合的方案，請上官網：www.aerobile.com。

使用德國門號的SIM卡

可在德國各城市中心的電信公司門市，如T(Telekom)、Vodafon、O2等，購買德國門號的SIM卡，即可用手機打電話與上網，門號是德國號碼。事先在各家官網查詢費率與方案，以便選擇最適合自己的。

郵寄

德國郵局(Deutsche Post)的黃色號角招牌十分醒目，在各大城市的火車站或市中心都有郵局，寄國際明信片或平信皆需€0.9，如非標準信件尺寸則需另外加價，可在自動販賣機選購郵票。如欲寄包裹，則會提供各種大小的紙箱和膠帶包裝。郵局外一定有郵筒，右邊的是投遞本地郵件，外地及國際請投左邊。

電壓

德國電壓為220V，插頭為兩支圓柱體。若是筆記型電腦、數位相機、智慧型手機等，都有110V及220V通用的變壓器，所以，只要準備轉接插頭即可使用，一般電器行皆可買到。如欲在德國用自己的筆記型電腦上網，為配合某些旅館的網路插座，可能需在德國的3C電器行，如Media Markt、Saturm或Kaufhof百貨的電器部買cable，才能上網。

貨幣

自2002年起，停用德國馬克(Deutsche Mark，或簡稱D-Mark)，改用歐元(EURO)，貨幣符號為€。紙鈔面額有€500、€200、€100、€50、€20、€10、€5；硬幣面額有€2、€1、50分(Cent)、20分、10分、5分、2分、1分。信用卡在大城市很普遍，但小城鎮或小型旅館可能只收現金。

全國性的大銀行如德意志銀行(Deutsche Bank)，以及大城市的街頭亦有許多匯兌處，方便但較不划算。銀行不收臺幣，須以美金或旅行支票兌換，營業時間大多至下午5點，但中午會休息。提款機通常不會列印明細，即使持有德國銀行的帳戶與金融卡，一律要到銀行的列印明細機(Kontoauszug)自行列印。

季節	冬（寒冷）			春（涼冷）			夏（涼爽）			秋（轉涼變冷）		
低溫／高溫(℃)	12月	1月	2月	3月	4月	5月	6月	7月	8月	9月	10月	11月
東（柏林）	-1/3	-3/2	-2/4	0/8	4/13	8/19	11/22	13/23	12/23	9/19	6/13	2/7
南（慕尼黑）	-4/3	-5/2	-4/4	-1/8	3/13	7/17	10/21	12/23	12/22	9/19	4/14	0/7
西（科隆）	0/6	-1/5	-1/6	1/10	4/14	8/19	11/21	12/23	12/23	10/20	6/15	2/9
北（漢堡）	0/4	0/2	-2/3	0/6	3/11	7/15	11/19	13/22	13/21	11/18	7/13	3/7
平均降雨天數	12	11	10	12	10	12	13	11	10	9	8	11

氣候

德國春秋晝夜溫差大，夏冬則日照時數差異大，盛夏6、7月的晴天，因有夏令時間(撥快1小時)，所以到晚上22:30才天黑，冬天則約下午16:00就天黑了。全年只有夏季不用開暖氣，少數幾天會熱到30幾度，因室內普遍沒有冷氣(但一定有暖氣)，所以需忍耐。陰涼及下小雨的天氣，在德國的夏天亦是常態，短袖外面最好加件薄夾克。冬天一般而言南方雪多，北方、西方雪較少，但都需穿著厚外套或大衣才能外出，室內則十分溫暖。

緊急電話與駐德國代表處

駐德國台北代表處 (Taipeh Vertretung in der Bundesrepublik Deutschland)

Markgrafenstr. 35，D-10117 Berlin
+49(0)30-203610
FAX +49(0)30-20361-101
http www.roc-taiwan.org/de

其他辦事處、外館電話

柏林	手　機：+49(0)1713898257、+49(0)1713898467
漢堡	辦事處：+49(0)40-447788 手　機：+49(0)1715217081
法蘭克福	辦事處：+49(0)69-745734 手　機：+49(0)1713147552、+49(0)1711110148
慕尼黑	辦事處：+49(0)89-5126790 手　機：+49(0)1755708059

旅遊注意事項

- 德國與台灣時差為7小時，夏令時間(約4月中到9月底)為6小時。
- 隨時顧好自身財物，避免到較暗或冷清無人的地方，女性更不要在夜裡單獨行動，以確保安全。
- 建議在出國前就將護照、簽證、機票、旅遊平安保險、信用卡等影印兩份，一份交由家人保管，另一份與正本分開放，並隨身攜帶。
- 重要物品若遺失或遭竊，大火車站內都有設置警察局，雖不一定能找回財物，但警察可開立文件，免除後續旅途的通關問題。
- 在德國除公共廁所外，水龍頭的冷水皆可生飲(連法蘭克福機場洗手間的冷水也可以生飲)。
- 全國各地飲料的價格差異極大，最貴是火車站或旅遊景點的小販，其次是藥妝店，超市最便宜。餐廳的飲料極貴，通常坐下後就需先點飲料，即使白開水也要收費，且幾乎沒有續杯免費的規矩。建議隨身攜帶礦泉水，旅館的水龍頭也可直接生飲。
- 最容易找到廁所的地方是火車站、麥當勞及百貨公司。公共場所的廁所多需付費，通常是20分或50分。有的置於出口的盤子，有的則採投幣。(Herren或H是指男廁；Damen或D是指女廁；FREI表示目前空著可用。)

訂房與住宿

如何訂房

可在旅館網站或訂房網站查詢，詳加比較各旅館的地點、房間概況、設施、價格。旺季時一定要事先訂妥，上網訂通常會有確認訂房成功的E-mail或簡訊，可列印或照相，帶至旅館即可順利Check-in。

相關查詢網站

■城市旅遊網站

各城市網址名皆為www.城市名.de，進入後點選Tourism分頁，即可看到旅館列表。有些城市還有旅館聯網，如科隆是www.koeln-hotels.de。

■全球性訂房網站

http www.booking.com、www.hotel.de、www.expedia.com、www.hrs.com

只要輸入城市名，即列出各級旅館，而且都有地圖可參考，許多甚至已經有APP。在下訂之前，務必詳讀取消或更改的規則，注意罰則。

■米其林網站

http www.viamichelin.com

找米其林旅遊書裡推薦的旅館。

■Accor旅館集團

http www.accor.com

Accor集團在德國有極多的各級旅館，只要輸入城市名，即從5星～2星一一列出，而且各家旅館的位置都有地圖可參考。

住宿類型

德國的旅館一般來説都很重視乾淨，也一定有暖氣(但不一定有冷氣)，且幾乎都有附衛浴及早餐，但通常沒有飲水機，可向櫃檯借煮水器燒開水，此外，大多數的旅館都有提供Wi-Fi，且越來越多是免費。商務或自助的外國旅客，一般以市中心為首選，市區的旅館有些是歷史性建築，通常空間較小，而郊區的較現代，且空間較大。

萊茵河畔老字號的豪華度假旅館Bellevue

有歷史性的豪華旅館

十分華麗且設施齊全，多位於高級地段且有附設高級餐廳，是一些名流的最愛，一般雙人房約€150以上。常見如Kempinski、Vier Jahreszeiten(四季)、Steigenberger。

商務型連鎖旅館

豪華型到經濟型的都有，地點多在火車站前、市中心、商展場、機場或高速公路交流道附近。常見如Accor集團旗下旅館、Radisson BLU、Best Westin、Marriot、Crowne Plaza等。另外，Motel-1則是新興的平價連鎖旅館。

商務型旅館以交通與機能為重

非連鎖型旅館

數量極多，品質不一，但幾乎都有附衛浴及早餐(有的需加價)。

度假區旅館

多位在熱門觀光區，例如海濱或山城，有具備數百間房間的大型旅館，也有溫馨的小型旅館。價位依淡旺季差異可能極大。遇淡季時，有些旅館可能不營業。如果要在度假區待一週以上，可考慮租短期度假屋(Ferienwohnung)，以週計算，通常是私有的空房，須詳加比較與小心接洽。

私家民宿(Pension)

屋主可能亦住於此，可感受其家庭的氣氛，衛浴可能不在房間內。有些屋主人很好，會準備很豐盛的早餐，一晚若€60左右算是合理。

青年旅館

德國的青年旅館(Youth Hostel，又稱Jugendherberger、Jugendgasthaus)是個龐大的組織，到處都有，一個床位約要€30，有些地區(如巴伐利亞邦)會限定26歲以下才能入住。暑假期間時常人滿為患，而且多為年輕人，所以可能不太安靜。有些早餐很豐盛。多有門禁時間，需注意。

城堡旅館

有些古堡開放為旅館，吸引前來感受古代浪漫氣氛的遊客，城堡旅館裡面的陳設典雅，且十分考究，但價格自然不便宜，若欲享受古堡同時省荷包，可考慮科布倫茲的Ehrenbreitstein城堡，有提供青年旅館。

http www.diejugendherbergen.de/jugendherbergen/koblenz

消費與購物

在德國，一般民生用品物美價廉，不論吃的、用的，都有政府嚴格把關，品質大可放心。至於較貴重的如鐘錶、珠寶等，只要在有名氣的店裡購買，則不需擔心買到假貨。

德國的購物方式有一特點，就是每個城市都很像。主要街道通常連接火車站、市中心(Stadtmitte)、市政廳(Rathaus)及市集廣場(Marktplatz)，交織成行人徒步區，有些城市還有別致的室內商場或迴廊(Passage)，十分典雅宜人。

營業時間

大城市的店家營業時間通常為週一～六09:00～20:00，晚上8點過後及週日全天就只能window shopping了。櫥窗晚上也會開著燈，即使閒逛也別有一番樂趣。

換季折扣活動

也許是因為民族性吧！德國人很少討價還價，因此物價穩定而且城鄉差距不大。店家通常會照標籤的售價販售，很少有折扣季，最主要是夏、冬換季之時的拍賣活動(Sommerschlussverkauf、Winterschlussverkauf)。但其實隨時隨地都找得到特價品，通常是較舊的款式，有時甚至只有原價的1/3，但品質依然精良，值得好好選購一番。

退稅流程

辦理退稅需耗費不少時間，尤其是排隊通常會排很久，所以需要提早到機場，否則時間若不夠，就只能飲恨回國了。

退稅文件須確實填寫並妥善保管

STEP 1 單店消費超過€25，先跟商店要TAX FREE的單據

購物時，記得跟店員要退稅單並蓋好店章。憑收據、退稅單及商品辦理退稅，通常可退回約8～10%的現金。

可注意店家是否貼有Tax Free的標誌

STEP 2 到Check-in櫃檯劃位

如果退稅商品要放入託運行李箱，在航空公司櫃檯劃位與拿到登機證後，需拉著託運行李到海關處辦理退稅。

法蘭克福機場第一航廈辦理退稅的海關及退稅窗口

STEP 3 沿TAX FREE的標示到達海關(Zoll)處

通常會要求打開行李查看是否與收據符合，行李將由這裡直接被託運上飛機。所以退稅物品不要塞在行李箱深處，等退完稅再行整理。海關人員檢查退稅單據時，會在所有單據上蓋章。

STEP 4 帶著單據到退稅窗口退稅(Tax Free Refund)

在窗口可選擇美元或歐元現金，但每筆會被扣€3手續費，若選擇退稅入信用卡帳戶，則不會扣手續費。若班機時間很晚，已超過退稅窗口的上班時間，則須完成海關處的蓋章手續，將退稅文件投在退稅處的郵箱內，記得寫上信用卡號碼，退稅款會直接匯入該帳戶，但需等待相當長的時間才會收到。

購買生活用品

德國沒有便利商店，這對臺灣的旅客來說可能會不太習慣，但許多全國性的大型連鎖超市、藥妝店在各城市都有分店。

Media Markt是著名的大型3C連鎖店

百貨商場

各大城市都可看到Galeria KAUFHOF及KARSTADT這兩家百貨公司，KAUFHOF的綠色招牌十分醒目，裡面應有盡有。兩間的樓

德國兩大百貨集團已合併成Galeria Karstadt Kaufhof

層配置都差不多，通常地下樓是超市或禮品區，規模可觀，但價格會稍貴一些。兩家百貨公司集團已於2019年合併成同一個——Galeria Karstadt Kaufhof。有哪些新形態的風貌呢？請進來體驗吧！

Galeria Karstadt Kaufhof的新LOGO

超市(Supermarkt)

通常設在住宅區，較不易看到。商品種類繁多且便宜，如可樂、礦泉水等，可能是一般小販的1/3不到的價錢。超市裡也有沙拉及熟食區，可快速解決一頓午餐。常見的大眾超市有ALDI，SPAR，LIDL，PLUS，EDEKA，Penny Markt等。

旅途中看到超市應多加利用

超市與藥妝店的用品、食品皆琳瑯滿目，且價格合理

藥妝店(Drogerie)

常見的有Rossmann、dm、Müller、Ihr Platz等，專售生活必需品，物價便宜且貨色齊全，因占地面積較小，比超市容易在市區找到。

藥妝店提供旅人所需的各種用品

藥局(Apotheke)

到處都是，十分好找。若無醫師處方，則只能買到劑量輕的基本藥，如一般的阿斯匹林。許多維他命等健康食品、藥品的德文字，都與英文字很像，可放心地採購。

藥局店外常有常用的特價食品藥品

紅色變形的A字樣就是藥局

德國旅行家

10大城市自助行+商務旅行攻略 最新版

作　　者　林呈謙

總 編 輯　張芳玲
書系企畫　taiya旅遊研究室
編輯部主任　張焙宜
企劃編輯　張焙宜、林孟儒
主責編輯　林孟儒、鄧鈺澐
封面設計　何仙玲
美術設計　何仙玲
地圖繪製　蔣文欣、涂巧琳

太雅出版社
TEL　(02)2882-0755　FAX：(02)2882-1500
E-MAIL　taiya@morningstar.com.tw
郵政信箱　台北市郵政53-1291號信箱
太雅網址　http://taiya.morningstar.com.tw
購書網址　http://www.morningstar.com.tw
讀者專線　(04)2359-5819 分機230

出 版 者　太雅出版有限公司
台北市11167劍潭路13號2樓
行政院新聞局局版台業字第五〇〇四號
總經銷　知己圖書股份有限公司
106台北市辛亥路一段30號9樓
TEL：(02)2367-2044／2367-2047　FAX：(02)2363-5741
407台中市西屯區工業30路1號
TEL：(04)2359-5819 FAX：(04)2359-5493
E-mail：service@morningstar.com.tw
網路書店 http://www.morningstar.com.tw
郵政劃撥 15060393(知己圖書股份有限公司)

法律顧問　陳思成律師
印　　刷　上好印刷股份有限公司 TEL：(04)2315-0280
裝　　訂　大和精緻製訂股份有限公司　TEL：(04)2311-0221

二　　版　西元2019年10月10日
定　　價　520元
ISBN 978-986-336-349-1
Published by TAIYA Publishing Co.,Ltd.
Printed in Taiwan
(本書如有破損或缺頁，退換書請寄至：
台中市工業30路1號　太雅出版倉儲部收)

國家圖書館出版品預行編目(CIP)資料

德國旅行家：10大城市自助行+商務旅行攻略 /
林呈謙作. -- 二版. -- 臺北市：太雅, 2019.10
面；　公分. -- (世界主題之旅；98)
ISBN 978-986-336-349-1(平裝)
1.自助旅行 2.德國
743.9　　108012271

填線上回函，送“好禮”

感謝你購買太雅旅遊書籍！填寫線上讀者回函，
好康多多，並可收到太雅電子報、新書及講座資訊。

每單數月抽10位，送珍藏版「祝福徽章」

方法：掃QR Code，填寫線上讀者回函，就有機會獲得珍藏版祝福徽章一份。

填修訂情報，就送精選「好書一本」

方法：填寫線上讀者回函，並提供使用本書後的修訂情報，經查證無誤，就送太雅精選好書一本(書單詳見回函網站)。

＊同時享有「好康1」的抽獎機會

＊「好康1」及「好康2」的獲獎名單，我們會於每單數月的10日公布於太雅部落格與太雅愛看書粉絲團。

＊活動內容請依回函網站爲準。太雅出版社保留活動修改、變更、終止之權利。

太雅部落格 http://taiya.morningstar.com.tw

有行動力的旅行，從太雅出版社開始